Henning Ritter

DIE EROBERER

Henning Ritter

DIE EROBERER

Denker des
20. Jahrhunderts

© Verlag C.H.Beck oHG, München 2008
Satz aus der Stempel Garamond
Druck und Bindung: Ebner & Spiegel, Ulm
Gedruckt auf säurefreiem, alterungsbeständigem Papier
(hergestellt aus chlorfrei gebleichtem Zellstoff)
Printed in Germany
ISBN 978 3 406 57039 1

www.beck.de

INHALT

Freud – ein Eroberer? In seinem Briefwechsel mit dem Berliner Freund Wilhelm Fließ spricht er selbst davon, daß ihn ein «Conquistadorentemperament» auszeichne. Er fühlte sich mehr als ein Eroberer denn als Wissenschaftler. Das war eine Haltung, die er sich aus seiner Jugend bis an die Schwelle des fünfzigsten Lebensjahrs bewahrt hatte. Als er Mitte der siebziger Jahre das Buch «The Depths of the Sea» des Engländers Sir Charles W. Thomson gelesen hatte, das eine dreieinhalb Jahre dauernde Expedition der H.M.S. Challenger veranlaßte, um bei einer Weltumsegelung nach Spuren des Tiefseelebens zu forschen, hatte ihn der Wunsch gepackt, eine solche Schiffsexpedition mitzumachen. Forschung war Abenteuer: Es galt überall neue Kontinente zu entdecken, wie eben die Tiefsee, von der man bislang nicht gewußt hatte, daß es in ihr Lebensspuren gab. Und unter den historischen Gestalten, mit denen Freud sich identifizierte, war es Hannibal, der Rom niederwerfen wollte, der ihn am stärksten zur Identifikation herausforderte. Sein Traum, in Rom einzuziehen, war ein Hannibaltraum. So könnte man fortfahren, um die Bahn von Freuds Forschertemperament nachzuzeichnen, der zum Entdecker des Unbewußten wurde, eines mächtigen Kontinents, von dem vor ihm nur wenige eine Ahnung gehabt hatten. Auf dieser Temperamentsbahn bewegte sich Freud Zeit seines Lebens, auch dann noch, als es ihm in erster Linie um die Sicherung seiner theoretischen Eroberungen ging. Vor allem seine Prosa zeigt die Merkmale seines gebändigten zupackenden Temperaments.

Solchen Eroberträumen sind auch andere der in diesem Band versammelten Köpfe lange gefolgt, ehe sie diese in die ruhigeren Bahnen der Reflexion lenkten. André Malraux war ein Abenteurer, der auf Kunstraub ausging, ehe er sich in einen Literaten und Kunstkenner von Rang verwandelte. Der Schauplatz seiner Abenteuer war das französische Kolonialreich im Fernen Osten, dessen beginnenden Zerfall der junge Malraux erlebte. Es mag diese Erfahrung des Niedergangs und der Unsicherheit gewesen sein, die ihn die Ewigkeit der Kunst Ostasiens und überhaupt die Zeitenthobenheit der Kunst noch einmal mit ungezügeltem Pathos würdigen ließ. Noch der Wille, die Kunst der Welt in ein die Gesamtheit ihrer Erscheinungen umfassendes Imaginäres Museum einzubringen, scheint in sublimierter Form den Traum des Abenteurers, alles an sich zu bringen, zu verwirklichen.

Daß geistige Leistungen ihre Energie gerade einem scheinbar ungeistigen Impuls verdanken können, ist weniger überraschend, als es den Anschein haben mag. Meist tragen die theoretischen Inspirationen und Entwürfe noch die Schlakken solcher irrationaler Quellen, und erst, nachdem sie in geregelter Form in die Welt getreten sind, werden sie als Werke der reinen Reflexion diskutiert und in einem ebenso skrupulösen wie temperamentlosen Exerzitium auf ihre Stichhaltigkeit geprüft. Dann geraten die Antriebe aus dem Blick, die zu den überraschenden und neuartigen Formulierungen geführt haben. Die Geschichte der Entdeckung neuer Wahrheiten verschwindet unter den Bemühungen, sie zu kodifizieren. Bei Außenseitern, wie es Elias Canetti als Erforscher der Masse war, ist dieser Zwang zur Reglementierung meist schwächer ausgebildet, und die Bereitschaft vergleichsweise größer, auf den eigenwilligen Wegen der Konzeption ihren Gedanken zu folgen. Sie zahlen dafür mit dem geringeren Gewicht, das ihren Erkenntnissen zugemessen wird. Übersehen wird dann leicht, was sie an Erkenntnissen beigetragen, vor allem aber, daß sie ein eigenes Thema entwickelt haben, das von der Routine der Forschung auf diesem Gebiet nicht wahrgenommen wurde. Das Vermessene, das man etwa in Canettis Forschungen zu erkennen meinte, findet ein Maß, wenn man bemerkt, daß er über das Überleben in einer Zeit nachdachte, die es mit allen Mitteln zum Schwersten zu machen suchte.

Die Temperamentslinie im Werk von Denkern des zwanzigsten Jahrhunderts nachzuzeichnen, darf als das durchlaufende Thema der hier gesammelten Porträts angesehen werden. Sie wollen jedoch nichts beweisen, handelt es sich doch in den meisten Fällen um Texte aus Anlaß von Geburtstagen oder Jubiläen. Die Gattung des Porträts, die heute noch in Tageszeitungen und Zeitschriften gepflegt wird, hat dabei eine Herkunft, die mindestens zwei Jahrhunderte zurückreicht. Ihre Wurzeln liegen in der Zeit der Aufklärung, im Gelehrtenporträt des achtzehnten Jahrhunderts, der sogenannten «Éloge», einer literarischen Gattung, die von Akademien und wissenschaftlichen Sozietäten gepflegt wurde. Die Lobrede auf Gelehrte war das Produkt einer tiefgreifenden Umwälzung im System des Ruhms, eines dramatischen Personalwechsels, der von der Aufklärung bewußt gefördert, ja propagiert wurde. Nicht mehr die Kriegshelden, nicht die Mächtigen sollten das Pantheon des Ruhms füllen, sondern die denkenden Individuen gleich welchen gesellschaftlichen Ranges. Der Ruhm sollte Männern und Frauen gehören, die sich in ihrem Tätigkeitsfeld Verdienste erworben, durch gedankliche Leistungen auf sich aufmerksam gemacht hatten. Man träumte von einer Demokratisierung des Ruhms durch Würdigung der wahren Verdienste.

Davon ist geblieben, daß in den Feuilletons Wissenschaftler und Literaten das Feld des Ruhms unter sich aufteilen aufgrund persönlicher, nicht streng disziplinär bewerteter Leistungen. Schriftstellerischer und gelehrter Ruhm lagen freilich in den Anfängen viel näher beieinander als heute, wie die dafür exemplarischen Namen Buffon, Humboldt oder Mommsen bezeugen. Alle in diesem Band durch die Zufälle der Geburt vereinigten Namen sind der Beweis dafür, daß solche Durchdringung von literarischen und theoretischen Impulsen auch unter den unvergleichlich stärker reglementierten Bedingungen moderner Wissenschaft möglich bleibt. Welche Rolle auch immer in der Geschichte ihrer jeweiligen Disziplin für Wittgenstein, Aby Warburg, Kojève oder Carl Schmitt vorgesehen sein mag, das Bild, das sich aus dem Entwurf ihres Werkes für den ergibt, der sich ihm gleichsam unbewaffnet konfrontiert, trägt eine eigene Signatur, die es zu lesen gilt. Für eine solche Betrachtungsweise bleiben Person und Werk ungeschieden, wie sehr die Rezeption des Werkes sich auch verzweigt haben mag.

Statt daß der literarische Impuls sich in der Entfaltung eines wissenschaftlichen Werks abschwächen würde, wie man angesichts seiner zunehmend stringenten Formulierung annehmen könnte, verstärkt er sich noch einmal, sobald man die Summe für ein allgemeines Bewußtsein zu ziehen unternimmt. Wittgensteins Werk ist dafür beispielhaft. Je folgenreicher es in der Philosophiegeschichte des zwanzigsten Jahrhunderts wurde, desto mehr hat es sich auch als Teil der Literatur der Zeit erwiesen, indem diese seiner Sprache auch dort folgte, wo gedankliche Gemeinsamkeiten nicht zu verzeichnen sind. Am Ende ist Wittgenstein ein Sprachereignis, sein Werk ein Sprachgebilde, das in den philosophischen Zusammenhängen nicht aufgeht, in denen es sich artikuliert hat. Solche Beobachtungen drängen sich auf, wenn es gilt, ein Bild zu entwerfen, das Werk und Biographie gleichermaßen umfaßt.

Nicht zufällig stellt sich solche Verlagerung von Gewichten an der Schwelle zu Nachleben und Nachruhm ein. Der hunderste Geburtstag ist die erste Hürde, die von den bedeutenden Köpfen einer Zeit als Probe auf ihren Eintritt in die Nachwelt genommen werden muß. In der Regel entscheidet dieses Datum über Art und Dauer des Nachlebens, darüber, ob die betreffenden Köpfe jenseits ihrer wissenschaftsgeschichtlichen Position noch über einen geistigen Überschuß verfügen, der sie dem allgemeinen Bewußtsein gegenwärtig halten wird.

Mit Ausnahme jener «british spies», die in ihren kommunistischen Sympathien einem in ihrer Generation verbreiteten politischen Irrtum erlagen und deren Mentalität hier an dem bedeutenden Kunsthistoriker Anthony Blunt erkundet wird, dürften alle hier versammelten Denker die Chance anhaltenden Nachruhms haben. Der Grund dafür liegt wohl in dem erwähnten geistigen Überschuß, der sie auch aus den Sackgassen ihrer eigenen Theorien herausführt. Wenn die wissenschaftlichen Debatten um das jeweilige Werk mehr oder weniger zuende geführt sind, kann man sich mit besonderer Dringlichkeit die Frage stellen, welche Stützen für den Nachruhm es vorzuweisen hat. Es zeigt sich dann, daß es auch in einem noch so durchgearbeiteten Werk etwas Unerlediges gibt, das sich erst in einer weiter ausgreifenden Zeitperspektive enthüllt. Und dies kann sich in unscheinbaren Details zeigen.

Die wenigen Zeilen, mit denen der Anthropologe Claude Lévi-Strauss mitgeteilt hat, daß er sich von einem unerbittlichen Kritiker der eigenen Kultur zu ihrem ebenso unnachgiebigen Verteidiger gewandelt habe, ist mehr als das biographische Dokument einer Ernüchterung. Es macht das eigene Werk, ohne es in Frage zu stellen oder zu revidieren, zum Schauplatz eines Geschehens, in dem sich das Werk lokalisiert, das aber weit über dieses hinausgreift. Die Vorgänge, die am Ende den Anthropologen zu einer Revision seiner Stellungnahmen zwingen, geben seinem Werk eine dramatische Wendung, die innerhalb seiner keinen Ausdruck finden konnte. Es handelt sich deswegen um eine literarische Geste, die dazu nötigt, das, was in einer wissenschaftlich womöglich unanfechtbaren Form gesagt wurde, von neuem zu

bedenken. Wäre die Verstrickung von wissenschaftlicher Er-
kundung und machtmäßiger Eroberung nicht das Thema der
Forschungen des Anthropologen Claude Lévi-Strauss von
Anfang an gewesen, so stünde die späte Erkenntnis wohl au-
ßerhalb seines Werks. So aber läßt sie sich für dessen weitere
Aneignung fruchtbar machen.

Revisionen wie diese pflegt jedes Nachleben den scheinbar
in sich geschlossenen Werken hinzuzufügen. Mit dem wach-
senden Abstand zur Aktualität der originären Erkenntnis-
leistungen bedeutender Denker kann sich immer noch ein
Gesichtspunkt zeigen, der sie neu zu lesen nötigt.

Frankfurt, 27. Oktober 2007
Henning Ritter

AM SEELENENDE
DIESER WELT

Sigmund Freud

Freud machte sich viele Gedanken über die Gründe und Motive der Abwehr der Psychoanalyse und baute den Widerstand sogar in das Fundament seiner Lehre ein, aber den Gründen für den massenhaften Zulauf, den sie gefunden hat, ist er nicht nachgegangen. Im Rückblick auf das Jahrhundert ist das Ausmaß von populärer Zustimmung das eigentlich erstaunliche Phänomen. Die Widerstandslosigkeit gegen die Denkfiguren der Psychoanalyse ist ihr blinder Fleck. War es zu Freuds Lebzeiten zu früh, um diese heute naheliegende Feststellung zu treffen? Phantasien der Weltgeltung hatten schon die Frühzeit der Analyse begleitet, als man eine Institution zu gründen begann, die der katholischen Kirche glich. Auch hat Freud schon 1909 mit Vorlesungen in den Vereinigten Staaten ein unerwartetes Echo gefunden und eine Vorahnung weltweiter Wirkung gehabt. Daß Amerika die Psychoanalyse gleichsam adoptieren und sie zu einer Säule der demokratischen Massenkultur, zu einem modernen Märchen und populären Verständigungsmittel, machen würde, konnte allerdings nicht einmal geahnt werden.

Was aus der Psychoanalyse in Amerika werden sollte, beruhte nicht nur auf der Faszination durch Therapie, sondern entsprang auch den komischen Wirkungen des «psychoanalytic talk», sobald er aus der analytischen Situation herausgelöst war. Als Bestandteil des Alltagslebens meisterhaft von Woody Allen gehandhabt, ist die Psychoanalyse ein unerschöpflicher Quell der Komik geworden, eine moderne Form des Witzes, ein Volksglaube, der sich selbst parodiert und insofern nicht ohne die therapeutischen Wirkungen des Humors bleibt. Die Psychoanalyse bot nicht nur geistvolle Aufklärung über den Witz, sondern wurde selbst zu einer unerschöpflichen Quelle von humoristischen Wirkungen durch Selbstverkleinerung des Menschen und Parodie seiner Leidenschaften und Triebe. Zustimmung zur Psychoanalyse war also nicht nur, wie Freud meinte, auf dem Weg über den Heilerfolg zu gewinnen.

Als Thomas Mann 1929 zum ersten Mal einen Vortrag über Freud und die Psychoanalyse hielt, kam ihm seine Feststellung, die Psychoanalyse sei dem medizinischen Bezirk entwachsen, wie ein Wagnis vor. Vollends die Nähe Freuds zur Literatur war für ihn eine überraschende Entdeckung; das Interesse von Psychoanalytikern an seinen eigenen Arbeiten hatte ihn zuerst darauf aufmerksam gemacht. Aber noch in der Rede, die er 1936 zu Ehren des achtzigjährigen Freud in der Wiener Berggasse hielt, wunderte er sich über dessen Unbekanntheit mit seinen Vorläufern und sah seinen eigenen Beitrag zur Aufklärung der Psychoanalyse darin, daß er an die Romantik, an Novalis, Schopenhauer und Nietzsche erinnerte, bei denen er Freuds Denken vorgeprägt sah und die ihm den Zugang zu ihm ermöglichten.

Solche Übereinstimmungen mit der psychoanalytischen Lehre fanden so geringes Echo bei Freud, weil er außerhalb der Wissenschaft Wege der Anknüpfung seiner Gedanken an geistige Zeitströmungen nicht suchte. Gleichwohl hatte Thomas Mann übersehen, wie bestimmend Freuds Sympathie für die Literatur von der Antike bis zur deutschen Klassik für die Formulierung seiner Einsichten war. Einer Zeit, die sich mit Bildungszitaten schmückte, konnte leicht entgehen, welch tiefer Glauben an die Macht und aufschließende

Kraft der Phantasie darin lag, wenn Freud den Ödipuskom-
plex nach einer antiken Tragödie benannte, deren nicht nachlassende tragische Wirkung darauf beruhte, daß sie eine uneinholbare Wahrheit über tiefsitzende Affekte des Menschen
zuerst ausgesprochen hatte.

Bestätigung seiner Erkenntnisse suchte Freud in der Literatur, indem er an ihr die Erklärungskraft seiner Einfälle und
Theorien erprobte, von Shakespeares «Hamlet» bis zu Goethes «Werther» oder Schillers «Räubern», aber auch bei
Kunstwerken wie Michelangelos Mosesstatue oder der Mona
Lisa von Leonardo. Was zu ihrer Erklärung Wesentliches
beizutragen vermochte, konnte nicht in die Irre gehen. Die
von Freud geschilderte Szene, wie er sich in San Pietro in
Vincoli Michelangelos Mosesstatue nähert und beim Anblick
des zürnenden und, in seinen Augen, resignierenden Reli-
gionsgründers eine Art Kampf mit dem Engel zu bestehen
hat, gehört zu den eindrucksvollsten Zeugnissen lebendiger
Kunsterfahrung, die mehr ist als ästhetisches Genießen. Von
keinem Bildwerk habe er je eine stärkere Wirkung erfahren,
schreibt Freud: «Wie oft bin ich die steile Treppe vom un-
schönen Corso Cavour hinaufgestiegen zu dem einsamen
Platz, auf dem die verlassene Kirche steht, habe immer versucht, dem verächtlich-zürnenden Blick des Heros standzuhalten, und manchmal habe ich mich dann behutsam aus dem
Halbdunkel des Innenraums geschlichen, als gehörte ich
selbst zu dem Gesindel, auf das sein Auge gerichtet ist, das
keine Überzeugung festhalten kann, das nicht warten und
nicht vertrauen will und jubelt, wenn es die Illusion des Göt-
zenbildes wieder bekommen hat.» Deutlicher könnte man,
in der Mischung von Demut und Selbstbewußtsein, das Gefühl der Isolierung in seiner Zeit nicht aussprechen, aus-
schauend nach Bestätigung und Bewährung im Umgang mit
den großen Menschheitszeugnissen.

Schon 1896, drei Jahre vor Erscheinen der «Traumdeutung», bekennt Freud gegenüber seinem Freund Wilhelm

Fließ, daß es seine geheimste Hoffnung sei, auf dem «Um-
weg über das Arztsein» und das Ideal, «den Menschen als
Physiologe zu verstehen», zu seinem «Anfangsziel, der Philosophie, zu kommen». Für diesen philosophischen Ehrgeiz
wären die von Thomas Mann aufgerufenen Vorläufer kaum
als die Riesen in Frage gekommen, auf deren Schultern man
nur zu steigen brauchte. Denn, was Freud vorschwebte,
sollte eine eigenwüchsige, mit seinen wissenschaftlichen
Ambitionen verträgliche Philosophie sein. Seine Isolierung
beruhte nicht auf einer mangelnden Kenntnis des Zusam-
menhangs mit seinen Geistesverwandten. Sie war der Weigerung entsprungen, diesen schon in seinen Jugendjahren von
ihm bemerkten Affinitäten nachzugehen. Als Student schon
hatte er in dem Lesekreis, dem er angehörte, genügend Gelegenheit gehabt, sich mit den Philosophien Schopenhauers,
Eduard von Hartmanns und Nietzsches vertraut zu machen.
Er hatte dies so getan, wie man den Zeitgeist ohne tiefer ge-
hendes Studium aufzunehmen pflegt.

Die Philosophie hatte für ihn einen so hohen Wert offenbar nur auf den Umwegen über die Physiologie und das
Arztsein. Das machte es einem Zeitgenossen wie Thomas
Mann so schwer, die philosophische Absicht überhaupt zu
erkennen. Zwischen der Absicht und ihrer Mitteilung stand
auch ein Wille zur Isolierung. Er antwortete auf die Erfahrung der beruflichen und politischen Einschränkungen, denen sich die aufstrebenden Juden des Habsburger Reiches
gegenüber sahen, nachdem die Hoffnungen der liberalen
sechziger Jahre enttäuscht worden waren. Die biographische
Isolierung Freuds war offenbar so groß, daß sie zu einem
tragenden Element seiner Theorie wurde. Er sei mit seinen
Fortschritten zufrieden, schreibt er dem Freund Fließ 1896,
habe aber Anfeindungen und lebe «in solcher Isolierung, als
ob ich die größten Wahrheiten gefunden hätte». Noch stärker also als die biographischen Kränkungen wirkte die Überzeugung, daß Wahrheitsbesitz isoliere. Darin lag aber auch

ein Versprechen: daß ein Durchbruch zu bedeutenden Einsichten sich ankündige.

Freuds Briefwechsel mit Wilhelm Fließ ist das einzigartige Dokument einer gedanklichen Gärungsperiode, in der völlig unabsehbar ist, wohin die Einfälle und Hypothesen führen werden. Daß es auf Freuds Seite die «Traumdeutung» sein wird, zeichnet sich erst gegen Ende der Freundschaft ab. Man kann nach beiden Seiten von einer Werkstatt des Wahns sprechen. Nicht nur sind es pathologische Erscheinungen, für die Freud eine Theorie sucht, er selbst gibt sich einer so entfesselten Produktion von Einfällen und Spekulationen hin, daß der Eindruck des Regellosen und willkürlich Phantastischen nicht abzuweisen ist. Während Freud aus dieser aufgewühlten Periode mit seinem Traumbuch hervortritt, muß man Fließ einen tragisch Gescheiterten nennen, der sich mit lauter Themen, die in die Zukunft weisen, in abstrusen Spekulationen verliert. Die Erfolgsthemen des zwanzigsten Jahrhunderts, mit denen er sich beschäftigt, sind Geburtenbeschränkung durch Einfluß auf den Monatszyklus, Geschlechtsbestimmung der Ungeborenen, Sexualphysiologie und Bisexualität. Aber bei keinem der in ihrer Bedeutung richtig erkannten Probleme kann Fließ sich durchsetzen und den ersehnten wissenschaftlichen Ruhm ernten. Am Ende bleibt er stecken in haltlosen Spekulationen, etwa über periodische Beziehungen zwischen Tod und Geburt über die Generationen hinweg.

Als Freud während der Niederschrift der «Traumdeutung» das Vertrauen in die Periodenlehre seines Freundes verliert, der sich als «Kepler der Biologie» sieht, stellt er ihm die Aufgabe, «zu errechnen, wann der alte Bismarck sterben muß» – es ist der Tag, an dem der Kanzler stirbt. Während Freud «vom Seelenende dieser Welt» erzählt, bleibt Fließ mit dem, was er «von ihrem Sternenende» mitteilt, auch bei seinem Freund zunehmend unverstanden. Aber man könne die Leute nicht entbehren, schreibt dieser, «die den Mut haben,

Neues zu denken, ehe sie es aufzeigen können.» Das galt für beide, am Seelenende und am Sternenende. Mit Freundesgeduld haben die beiden Brief- und Gesprächspartner die Einfälle des jeweils anderen zur Kenntnis genommen und kommentiert, kaum aus Überzeugung von der Richtigkeit der Einsichten des jeweils anderen und auch nicht der eigenen. Vielmehr waren es zwei Verschworene, die das Vabanquespiel neuer Erkenntnis spielten und vom Alles oder Nichts ihrer Einsätze gefesselt waren. Freud hat geschildert, wie seine Einfälle kamen und gingen, wie er geduldig wartete, bis ein neuer Schub ihm wieder anderes zutrug, wie Meereswellen, die das aus der Tiefe Hervorgeholte am Strand zurücklassen: «Anbei einige bei dem letzten Schub ans Ufer gespülte Brocken» oder: «Es gibt noch sonderbare Fluten und Ebben, manchmal trägt es mich hoch hinauf zur Sicherheit, dann läuft alles wieder ab, und ich sitze wieder trocken da. Aber ich glaube, das Meer gewinnt an Boden.»

Bei Charcot in Paris hatte Freud gelernt, die Dinge so lange anzuschauen, bis sie ihr Geheimnis von sich aus preisgaben. Aber diese scheinbare Passivität der Erkenntnis war mit dem «Conquistadoren-Temperament», «mit Neugierde, der Kühnheit und der Zähigkeit» eines Abenteurers verbunden, Jugendträume, die sich in der Wissenschaft verwirklichen sollten. «Die Beziehungen wimmeln», schreibt Freud und spricht von dem «Getue in meinem Kopf». Phantasmen oder Erkenntnis? Der Schreiber der Briefe weiß es oft genug selber nicht. Seine Briefe an Fließ sind deswegen ein so einzigartiges Dokument, weil sie mit rücksichtsloser Selbstbeobachtung Erkenntnisprozesse protokollieren, deren Ziel und Art weitgehend undefinierbar bleibt. Auf dem Wege zu dem dann geradezu funkelnd wissenschaftlichen Buch über den Traum, dem das Bemühen anzusehen ist, in unbekanntem Gelände mit der solidesten Ausrüstung voranzugehen, bleiben geniale Gedankenskizzen zurück, die gleichsam auf Vorrat erdacht wurden, beispielsweise die Idee der ersten Emanzipation des Menschen, durch die er wurde, was er heute ist, die Emanzipation vom Geruchssinn und von der Fixierung in chemischen Bahnen. Der Mensch hob die Nase aus der Geruchsspur, der Fährte, und gewann den Abstand für den aufrechten Gang.

Freiheit ist ursprünglich Freiheit von der chemischen Lenkung: Freiheit zu sehen und zu hören. «Man erinnert sich dabei», schreibt Freud Anfang 1897 an Fließ, «daß der leitende Sinn (auch für die Sexualität) beim Tier der Geruch ist, der beim Menschen abgesetzt wird.» Denn solange Geruch und Geschmack herrschten, «wirkten Harn, Kot und der gesamte Körper, auch das Blut sexuell erregend». Gerüche fernzuhalten und über Düfte zu gebieten, das ist Zivilisation. Das «profanum vulgus» ist das, was denen, die sich aus ihm erheben, «stinkt». «Eingeschlagen mit der Gewalt des richtig Geahnten» – so werden die Erkenntnisgewinne dieses abenteuernden Denkens verzeichnet. Die Wissenschaft des Traums ist aus dem Traum von Wissenschaft hervorgegangen. Und sie hat so viele Spuren dieser ahnenden, phantasierenden Erkenntnis bewahrt, daß ihr Niederschlag auch dann noch lesbar bleibt, wenn ein wissenschaftliches Interesse an ihr erloschen ist. Freuds «Traumdeutung» gehört ohne Zweifel zu den Büchern, die jenseits ihres wissenschaftlichen Wahrheits- und Wirkungsinteresses mehr gewinnen als verlieren.

Thomas Mann hätte seinerzeit gezögert, das Werk Freuds als ein literarisches zu bezeichnen, obwohl er die Affinitäten und Sympathien des Autors zur Literatur nicht übersah. Seither ist der Anteil der Literatur an der Psychoanalyse stetig gewachsen – nicht zuletzt durch den Einfluß, den sie auf die Interpretation von Literatur genommen hat. Diese bemächtigte sich bald auch der psychoanalytischen Grundtexte und begann sie wie fiktionale Texte zu lesen. Alle große wissenschaftliche Literatur geht diesen Weg. Ihr Nachleben beginnt, wenn eine symptomatische Lektüre an die Stelle des

Interesses an sachlicher Richtigkeit tritt. So sind die aufschlußreichsten Erkenntnisse über das Werk Freuds von kulturgeschichtlichen Deutungen, vor allem durch Carl Schorske und William McGrath, zutage gefördert worden. Dazu gehört die These, daß Freuds Werk eine Antwort auf die politische Krise der habsburgischen Monarchie gewesen sei, von der die jüdische Minderheit am greifbarsten betroffen war.

Als die liberale Ära mit ihren Versprechungen der Emanzipation und des Aufstiegs endete, traten radikale politische Parteien und Bewegungen hervor, die mit politischen und ideologischen Phantasien auf die Massen einwirkten. Carl Schorske hat dafür den Begriff «politics of phantasy» geprägt und damit das ideologische Flickwerk eines Lueger oder von Schönerer gemeint. Auch die linke Mobilisierung der Massen trug die Züge eines Aufstands der Phantasie. Vor der Verführung durch sie hat Freud immer wieder gewarnt. Die Psychoanalyse war nach dieser Deutung nicht erst in kritischer Anwendung eine Antwort auf psychopolitische Strömungen. Das Befreiungspathos, das Freud schon in seiner Vorliebe für Schillers «Räuber» zu erkennen gab, fand als Programm der Befreiung von Trieben und Triebschicksalen in die Theorie selbst Eingang, so nachdrücklich sie auch von ihrem Autor gegen die Politik abgeschirmt wurde und so düster pessimistisch das Bild auch war, das er von der Menschennatur zeichnete. Aber alle späteren häretischen Versuche glaubten mit einem gewissen Recht, daß sie den politischen Kern der Psychoanalyse nur freizulegen brauchten, um sie mit utopischen und politischen Phantasien kurzzuschließen. Es ist die brillante Einsicht von Schorske, daß Freud mit seiner neuen Theorie einen Ausweg aus dem verhängnisvollen Dilemma der Politik suchte und sich durch die Einsichten, die er gewann, von politischen Neigungen und politischem Ehrgeiz entband.

Zu den Antrieben der Psychoanalyse gehört die Befreiung

von der väterlichen Autorität. Aber zugleich soll eine neue Autorität begründet werden. Das älteste Mittel dazu war die Gründung eines Volkes, wie zu der Zeit, als Freud seine «Traumdeutung» schrieb, Theodor Herzl phantasierte. Den Konflikt zwischen den gegen die Autorität zielenden Strebungen und dem Wunsch, eine Autorität zu begründen, suchte Freud durch seine neue Wissenschaft zu schlichten, aber der Konflikt hatte sich ihr tief eingeschrieben: Die «Psyche» wartet auf Befreiung wie das Volk Israel auf den Exodus. Die Strukturen der Seele erinnern in vielem an die politische Situation der Zeit, in der die liberalen Versprechungen nicht Wirklichkeit geworden waren, so daß man sich mit der fortbestehenden Autorität abfinden mußte. In Freuds Lehre vertritt die Sexualität das antiautoritäre Motiv, aber ihre Gegenkräfte sind mit Zensur und Über-Ich stark vertreten. In seiner Konstruktion der Psyche fehlt, wie in der politischen Welt Österreichs, die liberale Mitte. Aus dem Spannungsfeld des Politischen dürften die Energien stammen, die Freud in neue, scheinbar unpolitische Bahnen gelenkt hat und die ihn zu einer so überragenden Figur des zwanzigsten Jahrhunderts gemacht haben.

Wer die «Traumdeutung» in ihrer Erstausgabe zur Hand nimmt, frei von den Zusätzen und Übermalungen, die von Auflage zu Auflage hinzukamen und sie schließlich zu einem etwa doppelt so starken Buch werden ließen, wird frappiert sein, wie groß der Anteil des Träumers Freud ist, der mangels geeigneter Versuchspersonen die exemplarischen Träume selbst beisteuert und analysiert. «Peinlich, aber unvermeidlich», nennt der Autor diese Prozedur und läßt sie als einen wissenschaftlichen «Selbstversuch» – ein besonders prestigebeladenes forscherisches Verhalten – erscheinen. Die Verlegenheitslösung erweist sich am Ende aber als etwas völlig Neues: Das Buch zur Erkundung des Traums und des Traumlebens wird zu einer neuen Art von Autobiographie. Kaum je hat man in einem wissenschaftlichen Werk so intime Mitteilungen, nie so viele scheinbar gleichgültige und banale Erlebnisse von einer so weitreichenden Bedeutung für die Kenntnis einer Person erhalten. Auch wenn Freuds eigene Träume von ihm nur soweit gedeutet werden, als es für die Analyse des Traums erfordert wird, sprengt ihre Erzählung diese Fessel. Der Selbstversuch eröffnet den Blick auf die Selbstanalyse und läßt ein völlig neuartiges Verständnis des Lebens ahnen.

Freuds Traumstücke sind Bruchstücke einer großen Konfession. Warum teilt er so viel von sich mit? Die angeführten Gründe, etwa der Mangel an geeigneten Träumern, können nicht überzeugen. Denn überall zeigt sich, daß dieser Traumdeuter seine Beweisabsichten auf allen Wegen erreicht. Aber die fremden Träume werden nicht transparent auf den autobiographischen Sinn der Analyse. «Es ist eine Erfahrung, von der ich keine Ausnahme gefunden habe», betont Freud, «daß jeder Traum die eigene Person behandelt», und dieser Egoismus des Traums kann seine völlige Entfaltung erst in der Selbstanalyse des eigenen Lebens gewinnen. Muß nicht also auch die Selbstanalyse, die daran anschließt, in so hohem Maße, so ausschließlich «egoistisch» sein, daß das von ihr erkannte Leben nur exemplarisch, ein Muster für alle, sein kann, ganz so, wie es die großen Autobiographien der Vergangenheit, die «Bekenntnisse» von Augustin und Rousseau waren?

Die Psychoanalyse macht ernst mit dem «Erkenne dich selbst», aber sie tut es in einer Weise, die das Wiedererkennen gefährdet. Sie ist eine neue Form der Autobiographik, die dem herkömmlichen Biographischen das Wasser abgräbt. Das hat Freud deutlich ausgesprochen, als Arnold Zweig sich mit dem Gedanken trug, eine Biographie Freuds zu schreiben: «Die biographische Wahrheit ist nicht zu haben.» Die Wendung «Dies ist nicht zu haben» tauchte schon in der «Traumdeutung» auf. Eine seiner Patientinnen hatte dies als Antwort auf die Erklärung ihres Arztes geträumt, daß «die ältesten Kindererlebnisse nicht mehr zu haben sind, sondern durch ‹Übertragungen› und Träume in der Analyse ersetzt werden». Die neue Autobiographik beruhte auf einer völligen Umwertung des biographischen Erzählmusters: Wie der Traum war auch das Leben aus Zufällen und Entstellungen gewebt, Banalität und Belanglosigkeit bahnten den Königsweg zum Verständnis.

Das Biographische war ohne die Beiträge des Nebensächlichen nicht zu haben. Darin folgt die Analyse dem Imperativ der radikalen Bekenntnisliteratur und deren Forderung, «alles zu sagen», wie es das in der Lebensbeichte vorweggenommene Jüngste Gericht fordert. Die größte Leistung Freuds war es, daß er ungezählte Patienten zu Mitarbeitern an seiner Selbstanalyse machte. In solcher Dienstbarkeit ist die Ähnlichkeit der Psychoanalyse mit einer Religion nicht zu verkennen. Jede Analyse steht in der Nachfolge der ersten Selbstanalyse, die der Gründervater vollständig absolviert zu haben vorgab, und das Gebot der Lehranalyse hat die Funktion, eine Gemeinschaft zu gründen, die sich durch seine Befolgung deutlich von der Außenwelt abgrenzt. Es ist ein Initiationsritus in einen Stamm und stiftet Genealogien. Wer beispielsweise von Ferenczi analysiert worden war, konnte seinen Stammbaum bis zu Freud zurückverfolgen, der Ferenczi analysiert hatte. Daß es sich um die Gründung einer neuen Wissenschaft handeln sollte, kann über solchen Ritualen leicht vergessen werden.

Doch in dem Traum von einer neuen Wissenschaft, der das bürgerliche Zeitalter begleitete, steckte ein verkapptes religiöses Motiv. Auch Auguste Comte, der Vater des Positivismus, hatte sich selbst als Hohepriester eines neuen, wissenschaftlichen Glaubens verstanden und versucht, auf dem Fundament seiner kahlen positivistischen Lehre eine Kirche des Fortschritts zu gründen. Eine solche Gründerfigur eines wissenschaftlichen Glaubens ist auch Freud. Deswegen ist jede Einzelheit an seinem Leben interessant und durch seine

Selbstanalyse bedeutsam geworden. Die religiösen Züge dieser neuen Wissenschaft konnten leicht übersehen oder als zufällige Ähnlichkeiten abgetan werden, da die neue Deutung der Welt durch die Psychoanalyse anfänglich im Zeichen einer sich abschwächenden Bedeutsamkeit der Religion für das Leben stand. Als Freud seine Theorie schuf und ausbaute, war er davon überzeugt, daß die Religion endgültig abgedankt habe. Ihr Platz schien frei zu werden entweder für eine neue Art wahrer Überzeugungen, den rationalistischen Glauben der Epoche, oder für die Entfesselung eines irrationalistischen Gegenglaubens. Es galt also, die brachliegenden religiösen Energien in die Bahnen vernünftiger Einsicht zu lenken und sie dadurch vor neuen Mythologien und politischen Irrwegen zu schützen.

Am Ende, mit «Der Mann Moses», wird das Bekenntnis zur Wissenschaft zwar nicht revoziert, aber doch abgeschwächt. In einer großartigen Identifikation mit Moses sucht Freud die Beziehung zur Gründerfigur des Monotheismus und zur jüdischen Tradition. In der Reihe seiner Identifikationen, an deren Anfang die Bewunderung Hannibals und anderer Befreier gestanden hatte, ist die Identifikation mit Moses am deutlichsten in sich gebrochen, aus Scheu vor dem großen Religionsstifter. Nie war Freud so unsicher, wie eines seiner Werke zu schreiben sei, wie in diesem Fall. Er versuchte, die Studie über Moses zunächst als Roman zu schreiben, diese Form schien am ehesten geeignet, um das Anstößige seiner These, Moses sei ein Ägypter gewesen, abzumildern. Schließlich aber brach er diesen Versuch ab mit dem Bemerken, der Roman bleibe für Thomas Mann. Freud verwandelte sich nun in einen Historiker, nach seinem eigenen Bekunden zum ersten Mal in seinem Leben, vor allem aber, ohne an historischen Tatsachen Halt finden zu können. Das beunruhigende Ergebnis war eine Kreuzung zwischen Historie und Roman von einem Autor, der «weder Geschichtsforscher noch Künstler» war. In Wahrheit muß man das schmale Buch wohl als einen religionsphilosophischen Traktat ansehen, als ein mit vielen Kautelen versehenes Bekenntnis des Autors zur Religion seiner Väter und zum Judentum. Dieser späte, im Zeichen der Bedrohung des jüdischen Volkes unternommene Vorstoß in Gebiete, die Freud wissenschaftlicher Einsicht nicht für zugänglich hielt, bleibt das deutlichste Symptom dafür, daß das Selbstverständnis als Wissenschaft nicht das letzte Wort der Psychoanalyse ist.

Freud ging am Ende sogar das Risiko ein, das mythologische Gewand nicht mehr ablegen zu können, so wie in der Spätantike neue Religionen in der Einhüllung, die sie für sich wählten, verschwanden, um daraus nicht wieder aufzutauchen. So ist es kein Zufall, daß dieses letzte Werk von Freud als ein biographisches Zeugnis rezipiert worden ist, als ein Dokument über den großen Mann und als ein Teil seiner Selbstanalyse, die hier allerdings im Licht der Öffentlichkeit vorgenommen wurde. Aber vielleicht liegt der größte Triumph der Psychoanalyse darin, daß ihr Gründer sie gleichsam von sich selbst befreit hat. Im Zeichen dieser Selbstüberwindung des wissenschaftlichen Glaubens könnte sie in der Zukunft eine neue Rolle übernehmen: die einer Moralistik des modernen Menschen, so wie die klassische französische Moralistik das Wissen ihrer Epoche über Seelisches in sich aufnahm und aufbewahrte. Als Moralistik angeeignet, würde sie mehr gewinnen als verlieren. Sie wäre das unerschöpfliche Reservoir von Einsichten über seelische Regungen und Konstruktionen des modernen Menschen, der sein Schicksal der Gleichheit durch Einsicht in die Virtuosität seines Seelenlebens besser ertragen lernt.

DAS BEHAGEN
IN DER KULTUR

Sigmund Freud

Freud war ein Mann des neunzehnten Jahrhunderts. Als seine «Traumdeutung» im Jahre 1900 erschien, glaubte er, sein Lebenswerk getan zu haben. Es war, als habe er seine Memoiren geschrieben. Denn alles, was ihn als Forscher und persönlich bewegte, hatte in seine Träume und in die Entschlüsselung der Träume anderer Eingang gefunden. Außerdem war er fest davon überzeugt, mit einundfünfzig Jahren zu sterben. Als diese Marke passiert war, setzte er, nicht weit entfernt davon, eine neue. Wäre es nach ihm gegangen, er hätte vom zwanzigsten Jahrhundert kaum mehr als dessen Anfänge erlebt. Aber auch wenn sich die Erwartung kurzer Lebenszeit erfüllt hätte, wäre Freud doch ebenso sehr ein Mann des zwanzigsten wie des neunzehnten Jahrhunderts gewesen. Denn ein Erfolg seiner neuen Wissenschaft war nur in diesem neuen Jahrhundert möglich, das seine Lehren selbst dann, wenn es sie heftig zurückwies, gierig zur Kenntnis nahm.

Diese zwei Stimmen hören wir auch in Freuds «Das Unbehagen in der Kultur» aus dem Jahr 1930. Als Gesamtbild des Kulturprozesses, als Schilderung der Summe von Leistungen und Einrichtungen, «in denen sich unser Leben von dem unserer tierischen Ahnen entfernt und die zwei Zwecken dienen, dem Schutz des Menschen gegen die Natur und der

Regelung der Beziehungen der Menschen untereinander», trägt es die Signatur des neunzehnten Jahrhunderts. Vom Feuer bis zum Grammophon reichen für Freud die technischen Errungenschaften auf diesem Weg. Für das zwanzigste Jahrhundert dagegen steht das Stichwort des Unbehagens. «Es scheint festzustehen», schreibt Freud, «daß wir uns in unserer heutigen Kultur nicht wohl fühlen», wir seien unzufrieden bis zur «Kulturfeindlichkeit» und reagierten auf diese Situation mit Schuldvorwürfen, mit Neurosen und Wünschen nach Rückkehr in einfachere Verhältnisse. Das großartige Bild vom «Prothesengott», der trotz all seiner Hilfsorgane das Gefühl der Ohnmacht nicht ablegen kann, rundet dieses Bild ab, das doch erstaunlich viel Richtigkeit bewahrt hat.

Und doch ist dieser Teil des großartigen Gemäldes, das Freud entwarf, in den Augen des heutigen Lesers fragwürdig geworden. Denn ihm fällt es offenbar viel schwerer als den Zeitgenossen Freuds, sich als Teil eines übergreifenden Prozesses zu sehen, den Freud – in auffälliger Vermeidung des Begriffs der Zivilisation – «Kultur» nennt. Diese Unsicherheit macht sich nicht so sehr fest an dem übergreifenden Ganzen wie an dessen Ausläufern in die Gegenwart. Der Begriff «Kultur», an dem Freud so nachdrücklich festhält als Klammer materieller, zivilisatorischer und im engeren Sinne kultureller Leistungen, mutet die Heutigen fremd an. Es klingt darin das Pathos des Fortschritts nach, während wir uns mittlerweile daran gewöhnt haben, Kultur als Ablenkung, Unterhaltung, Reiz aufzufassen.

Freud hat es sich erspart, die besonderen Ansprüche seiner Gegenwartskultur in dem von ihm geschilderten Prozeß namhaft zu machen. Bezeichnend ist, daß er statt aller sublimen Kulturleistungen nur «Schönheit, Reinlichkeit und Ordnung» hervorhebt, die, jenseits ihres Nutzens, als fraglos gültige Kulturanforderungen gelten sollen. Weggeworfenes Papier auf den Wegen des Wienerwaldes erschien ihm als «barbarisch», als Gegensatz zur Kultur: «Unsauberkeit jeder Art scheint uns mit der Kultur unvereinbar», ein Urteil, das an Gewicht unübersehbar verloren hat. Heute hat sich die Reinlichkeit gegen die Kultur zu verteidigen, die ihr mit Ausdrucksbedürfnissen neuer Art, etwa Graffiti, zu Leibe rückt – mit Hinweisen aufs Zwanghafte des Ordnungssinns, wofür gerade die Psychoanalyse empfänglich gemacht hat.

Was das Unbehagen in der Kultur der Gegenwart so weit entrückt, sind die Erwartungen, die sich immer noch an die Kultur richten, nun aber verkürzt auf Erlebnisse. Kultur ist heute ein Gegenwartserleben, das die vergangene Kultur unter dem Gesichtspunkt ihrer gegenwärtigen Genießbarkeit bruchlos einbezieht. Was dem einen der neueste Film, ist dem anderen die Kathedrale in den Osterferien. Da kommt ein Unbehagen allenfalls durch mißlingende Erlebnisse auf. Für Freud war die höhere Kultur wesentlich Entschädigung für Enttäuschungen und produzierte wiederum Enttäuschungen. Wenn die Menschen mit der Kultur abrechnen könnten, ohne die Elementarfunktionen der Kultur zu gefährden – den Schutz gegen die Natur und die Regelung der Beziehungen der Menschen untereinander –, sie würden es ständig versuchen. Keine kulturelle Leistung könnte sich lange halten, würde nicht das Elend weiter bestehen, für das ein anderes Ventil sich nicht zeigt. Freuds Befund gilt heute in dieser Schärfe nicht mehr. Was wir heute Kultur nennen, scheint von dieser Verklammerung mit dem Elend weitgehend entlastet. Technische und ökonomische Kräfte sind mit ihm befaßt. Sie hat Freud kaum ins Auge gefaßt, das Geld kommt in seinen Erwägungen nicht vor. Wegen dieser Abgehobenheit der Unterhaltungssphäre fühlen sich die Menschen heute in dem, was Kultur heißt, eher wohl.

Und die Künste heute haben sogar Formen ausgebildet, die den Pendelschlag von Entschädigung und Enttäuschung zum Puls des Kulturlebens machen. Das Unbehagen, das

Freud registrierte, bezog sich nicht auf einzelne kulturelle Züge, auf dieses oder jenes Element der Kultur, sondern auf die Kulturanstrengung insgesamt, auf ihren Sinn und das Risiko ihres Mißlingens. Seine Kulturerwartungen waren ganz und gar traditionelle: Das «Unbehagen in der Kultur» ist vielleicht der letzte Traktat über das Glück. Nicht der Lustgewinn aus dem Höheren und Feineren, sondern das schiere Ertragenkönnen des Alltags ist sein Thema. Glücksverheißungen verbieten sich; wer immer sie verkündet, wäre in Freuds Augen ein Betrüger: «Das Leben, wie es uns auferlegt ist, ist zu schwer für uns, es bringt uns zuviel Schmerzen, Enttäuschungen, unlösbare Aufgaben.»

Ganz fremd wäre ihm der Gedanke gewesen, daß die Menschheit als ganze sich in ein ausgleichendes, vielleicht sogar gerechtes Verhältnis zu setzen hätte zur Vielzahl kultureller Herkünfte und Selbstverständnisse, die in einem globalen Rechtszustand zu garantieren wären. Auch hier ist Freud ein Mensch des neunzehnten Jahrhunderts, das nur einen Weg der Kultur kannte. Minderheitenschutz für Kulturen wäre ihm als schiere Illusion erschienen, die vor dem mächtigen Fortgang des umfassenden Kulturprozesses nur vorübergehend die Augen zu verschließen erlaubt. Freud war in der Tat der Ansicht, daß der Kulturprozeß nicht über die einzelnen Kulturen läuft, sondern über die menschliche Gattung als ganze.

Er glaubte dagegen nicht, daß der schmerzhafte Prozeß der Kultur schließlich ein immanentes Jenseits erreichen könnte. Die Idealbildungen der Menschheit, die im Fortgang der Kultur freigesetzt werden mögen, werden von demselben Prozeß wiederum konsumiert. Und auch die Vorstellung eines Zuwachses an individueller Freiheit bleibt eine Illusion. Denn «die individuelle Freiheit ist kein Kulturgut». Sie kann den Ansprüchen der Gemeinschaft allenfalls für Augenblicke abgewonnen werden. Man sieht, daß auch die europäische Sicht auf den Kulturprozeß von dem großen

Wagen der Zivilisation überrollt wird, wie die Visionen, die andere Kulturen diesem Prozeß abgerungen haben.

Das schärfste Zuchtmittel, das die Psychoanalyse bereithält, um die Menschen in den Kulturprozeß zu zwingen, ist die Möglichkeit einer Rückbildung der Gesellschaft, der «Regression», über deren psychische Bedingungen Freud manches zutage gefördert hat. Die Aussichten für die Menschheitskultur und die politischen Institutionalisierungen der Menschheit sieht er ungünstig: «Ist die Kultur der notwendige Entwicklungsgang von der Familie zur Menschheit, so ist unablösbar mit ihr verbunden als Folge des mitgeborenen Ambivalenzkonflikts, als Folge des ewigen Haders zwischen Liebe und Todesstreben die Steigerung des Schuldgefühls, vielleicht bis zu Höhen, die der einzelne schwer erträglich findet.» Die Menschheitskultur, will Freud sagen, werde auf Kosten der Individuen gehen. Man könnte auch sagen: Die Menschheit lastet als Schuldgefühl auf den Menschen. Es war, wie Freud erklärte, die Absicht seiner Untersuchung über die Kultur, «das Schuldgefühl als das wichtigste Problem der Kulturentwicklung hinzustellen und darzutun, daß der Preis für den Kulturfortschritt in der Glückseinbuße durch die Erhöhung des Schuldgefühls bezahlt wird».

Als wäre es mit der Glückseinbuße nicht genug, mußte ein sogar immer noch zunehmendes Schuldgefühl in die Lücke des verminderten Glücks stoßen. Der Aufklärungsglaube, daß die Abschaffung der Religion auch die Abschaffung der Schuldgefühle bedeute, wird hier von Freud gründlich zerstört. Das Schuldgefühl ist nicht an die Religion gebunden, sondern an die Kultur, und es wächst mit ihrer Entwicklung. Die Menschen seien darauf nicht genügend vorbereitet, meinte Freud, sie kämen ihm wie Leute vor, die, mit Sommerkleidung und Karten der oberitalienischen Seen ausgerüstet, auf eine Polarexpedition gehen. Hinzu komme noch, daß das Schuldgefühl nicht ohne weiteres als ein solches zu erkennen sei.

In der Tat hat die Kultur seit Freud eine nicht voraussehbare Sensibilität für Schuld und Schuldarten entwickelt, deren Zurückführung auf konkrete Schuldige einen beachtlichen Teil heutiger Kulturarbeit ausmacht. Die Schuld, die Freud im Individuum aufsuchte, spielt gegenwärtig eine auffallende öffentliche Rolle als Mittel der Moralisierung der Kultur. Vielleicht kann man darin den Versuch sehen, den von der Kulturentwicklung aufgehäuften Schuldgefühlen ein Ventil zu schaffen. Man beschuldigt nicht die zeitgenössische Kultur als solche, weil sie gegen das Böse nichts vermöge, sondern will sie von der Menschheitskultur auf einzelne Schuldige übertragen.

Es kann also so aussehen, als wolle man das Schuldkonto der Kultur begleichen, um an der Illusion festhalten zu können, das Glück liege doch in der Reichweite der Individuen. Dagegen meinte Freud, fast scheine es, «die Schöpfung einer großen menschlichen Gemeinschaft würde am besten gelingen, wenn man sich um das Glück des einzelnen nicht zu kümmern braucht». Heute scheinen sich die Menschen in den westlichen Gesellschaften mit einem vagen Glücksversprechen zufrieden zu geben, solange sie nur die Vorzüge eines gesteigerten Weltverkehrs genießen dürfen.

DIE FURCHT DES VATERS

Franz Kafka

Als der Vater die Schublade des Tisches im Esszimmer gedankenlos aufgezogen hatte, fiel sein Blick auf einen Packen in regelmäßigen Zügen beschriebener Blätter. Das Blatt obenauf wirkte wie ein Brief. Er stutzte, als er die Anrede «Liebster Vater» las. Er nahm die Papiere, wog sie in der Hand, blätterte, zählte Dutzende und Aberdutzende von Seiten, die fortlaufend beschrieben waren, bis am Ende die Unterschrift des Sohnes erschien. Wie konnte ein Brief so lang und wie konnte ein so langer Brief an ihn gerichtet sein. Er legte die Blätter zurück. Nach Tagen nahm er sie wieder vor, sie schienen hier vergessen und verloren. Der Vater begann ein Schriftstudium, er las hier oder dort. Zu seinem Erstaunen stieß er gegen Ende auch auf Sätze, die von ihm sein sollten, die aber viel zu wohlgeformt und gedrechselt waren, als daß sie es hätten sein können. Es war kein Brief, es war eine Anklageschrift. Und er konnte sich nicht verhehlen, daß er selbst der Angeklagte war. Und tatsächlich war er gemeint. Denn er erkannte nicht nur eine, sondern viele Geschichten aus ihrem Familienleben wieder. Da war die komische Geschichte, wie er den Jungen, der in der Nacht immerfort um Wasser winselte, für eine Weile wie einen Blumentopf auf den Balkon gestellt hatte. Es wurde in dieser Anklageschrift sogar eingeräumt, daß das Gewinsel nicht aus Durst geschehen war, sondern teils um zu ärgern, teils zur Unterhaltung. Wie eine Machtprobe sah der Vorfall nun aus, als hätte der

Vater ein für alle Mal am Wehrlosen seine Überlegenheit beweisen wollen, wie Gott, als er das Volk Israel ins Exil gehen ließ.

Der Vater hatte die Geschichte fast vergessen gehabt, als Triumph seiner väterlichen Autorität jedenfalls war sie ihm nicht in Erinnerung, während die Quellen für das Gefühl der Ohnmacht, das sich damals in das kindliche Gedächtnis gegraben hatte, offenbar niemals versiegt waren. Das Gefühl von Ohnmacht und Nichtigkeit konnte offenbar ganz von einer Person Besitz ergreifen, konnte wachsen und wachsen, während das Machtgefühl wie ein Augenzwinkern vorüberging. Das sollte nun der Anfang von allem gewesen sein, was Blatt für Blatt ausgebreitet wurde, unversiegliche Schwäche – der Verkleinerung Anfang. Als der Vater die Anklage Punkt für Punkt durchging, sah er den Sohn wieder vor sich, wie er mit der Schwester in der Zimmerecke am Boden hockte, immerfort tuschelte, und jedes Mal, wenn einer der Erwachsenen vorüberging, verstummten beide und blickten mit großen Augen auf. Jetzt wurde ihm klar, daß diese Kinderkonferenzen in Wahrheit Tribunale über die Erwachsenen gewesen waren, wo vor allem der Vater als Angeklagter vorgeführt wurde und man Punkt für Punkt seine Vergehen verurteilte.

Die parodistische Begabung des Sohnes fiel ihm ein, der die Bekannten nachmachen konnte, wenn sie gegangen waren, so schüchtern er während ihrer Anwesenheit auch gewesen war. Er liebte es, Frauen so zu beschreiben, daß sie den modernen Bildern glichen, die gelegentlich in den Schaufenstern der Kunsthandlungen ausgestellt waren und bei denen ein Blau oder leuchtendes Gelb, ein vorstehendes Gebiß oder zu große Ohren das ganze Gesicht ausmachten. Ihm fiel die Mutter des Komponisten Bittner ein, Frau Hofrat, die er in wenigen Sätzen so beschreiben konnte, daß man sie im Stuhl vor sich sitzen sah mit ihrem riesigen Knochengerüst – wie ein Mann. Der Sohn konnte auch sehr komisch schildern, wie jemand bei einem Wettlauf vom Start weg zurückfiel und dann, als die Sieger, die ihn überrundet hatten, mit Beifall bedacht wurden, verlegen stehen blieb, als wollte er etwas Unverdientes zurückweisen, und schließlich verschwand, als wäre er beim Stehlen ertappt worden. Die Einfälle, die der Sohn hatte, machten den Vater oft sprachlos. Aber so war ja das Leben nicht, dachte er. Man konnte doch nicht immer nur warten, bis man einen Einfall hatte. Aber so war der Sohn, so waren seine Freunde, ein Verein zum Warten auf Einfälle wie auf den Messias. Sie trieben einen Kult mit ihren Einfällen. Ein Geschäftsmann konnte sich so etwas nicht leisten. «Was hätten wir fertig gebracht», pflegte er zu sagen, «wenn wir auf Einfälle gewartet hätten wie Pelzhändler auf den Einfall der Wolfsrudel.»

Hand- und Hausschuhe, Spazierstöcke, Kurzwaren, Schirme, Spazierstöcke gab es in dem Geschäft Zeltnergasse 12, Galanteriewaren. Immerhin waren es sechs Angestellte, auch ein Versand gehörte dazu. Und während das Geschäft florierte, der Vater am Ladentisch in seinem Verkaufseifer schwelgte, brach eines Tages ein Aufstand aus, eine Meuterei, eine Revolution, oder wie man es nennen wollte. Alle Angestellten hatten auf einmal gekündigt. Es war umso unheimlicher, als nicht eigentlich zu ermitteln war, welcher Grund sie dazu trieb. Es war, als hätten alle im selben Augenblick es plötzlich nicht mehr ausgehalten, und es brauchte die ganze Überredungskunst, die guten Reden, aber auch das sichtbar gewordene Elend, damit fast alle Angestellten ihre Kündigung wieder zurücknahmen. Danach war der Vater nicht mehr derselbe. Er traute dem Frieden nicht mehr. Nur zu Hause trumpfte er auf, als könne ihm solches dort nie zustoßen: «Oder wollt ihr etwa auch kündigen», konnte er im Zorn rufen, «tut es, tut es.» Jeden Tag wäre hier eine Rücknahme der Kündigung fällig gewesen.

Der Vater war entschlossen, sein Judentum, soviel es an ihm lag, zu vergessen. Auch auf seinen Sohn hatte er da große

Hoffnungen gesetzt. Er selbst wurde ja, seit er Wossek verlassen hatte, als Jude gar nicht bemerkt. Hätte er nicht gegenüber seinen Leuten immer auf sein Judentum hingewiesen, es wäre bald vergessen worden. Er zog sich nicht in sein Kontor zurück, um dort seine Anordnungen zu geben, er liebte den Umgang mit seinen Leuten, und da wurde natürlich alles erzählt, wo man herkam und wer man gewesen war. Er dachte, daß diese Haltung des Vergessens des eigenen Judentums vererbbar wäre. Das könnte doch der Sohn als Geschenk nicht ausschlagen, wenn er nicht genötigt wäre zu jener schmerzlichen Art der Selbsterkenntnis, die er und die anderen damals durchmachen mußten. Aber das Gegenteil trat ein. Je mehr sich der Vater aus dem Judentum entfernte, desto mehr versuchte der Sohn, in dessen Geheimnisse einzudringen, stürmisch fast, als wäre es eine Festung, die es zu erobern galt. Er umgab sich mit einem Schwarm von Schauspielern des jiddischen Theaters, die ihn mitzureißen schienen. Wenn er ein paar von ihnen mit nach Hause brachte, erinnerte diese kleine Gesellschaft den Vater an eine dionysische Horde, weinlaubumkränzt. Der Sohn wirkte wie verwandelt, er lachte übermütig, wie er es sonst nie tat. Und seine Gefährten schienen die Wohnung und ihre Einrichtung in einem fort auszulachen, daß die Möbel wackelten.

Der Vater hasste diese jüdischen Schauspieler und zog über sie her, wo er nur konnte. Sie erinnerten ihn an seine Heimat im Ghetto von Wossek. Er wurde verletzend und polterte, als könne er diesen Freunden den Sohn abspenstig machen. Ihre Gleichgültigkeit gegen alles, was er sich mühsam erarbeitet hatte, stieß ihn ab. Sie betrugen sich, als wollten sie das Leben in Höhlen verteidigen. Die meisten von ihnen kamen aus Dörfern und Städten in Galizien. Aber während der Vater sich aus der Armut herausgestemmt hatte, machten sie den Eindruck, als hätten sie den Wechsel der Umgebung nicht einmal bemerkt. Er hatte mit einem Bauchladen angefangen, und jetzt gehörte ihm nicht nur das Geschäft, er war

Unternehmer und Hausbesitzer. Die Freunde seines Sohnes dagegen waren Schmarotzer, die sich in dem Wohlleben der anderen suhlten. Der Sohn aber schien diesen Unterschied gar nicht zu bemerken. Die Leichtfertigkeit, mit der er das Erworbene hingab für den moralischen Vorteil, sich ein eigenes Leben auszudenken, erschütterte den Vater. Er spürte das Scheitern seiner bescheidenen Erziehungsversuche, er ahnte sogar, daß der Sohn nach einem anderen Lebensgrund Ausschau hielt. Eines vor allem schien ihn zu beherrschen: der Wunsch, nicht erzogen zu werden.

Die scheiternden Verlobungen sah der Vater mit Befremden und, wo immer Gelegenheit war, sprach er mit Geringschätzung davon. Sie erschienen ihm wie Schattenspiele, weil er keinen Einblick in die Motive hatte. Beim letzten Versuch hatte er sich herausgefordert gesehen einzugreifen. Die Auserwählte war ein achtundzwanzigjähriges Fräulein Julie W., Inhaberin eines kleinen Modeladens. Noch nie hatte sich der Sohn so sehr an die Welt des Vaters herangepirscht, fast hätte er eine Geschäftskonkurrenz in die Familie gebracht. Rasch schob der Vater dem einen Riegel vor, was ihn aber nicht daran hinderte, dem Sohn die Inkonsequenz seiner Entschlüsse vorzuhalten. Er rechne von vornherein mit ihrer Durchkreuzung, um sich nur desto kopfloser in sie hineinzustürzen. In seinem Brief erwähnte der Sohn die letzte Heiratsabsicht als das einzige Unanständige oder Böse, das der Vater ihm je vorgeworfen habe. Worin lag das Unanständige, worin das Böse? Das Unanständige an dieser bestimmten Heiratsabsicht mochte für den Vater darin gelegen haben, daß der Sohn eine Frau heiraten zu wollen vorgab, die in die Welt des Vaters gehörte. Es war ein Übergriff in die Welt des Vaters. War es womöglich ein Versuch, mit dem Vater wiederanzuknüpfen? Als unanständig oder böse gar mochte der Vater empfunden haben, daß die Heiratsabsicht sich auf eine Frau richtete, die der Sohn als ihm ähnlich ansah, deshalb verachtete und vielleicht nur deswegen heiraten wollte, weil er hoffte, sich damit die Welt des Vaters gefügig zu machen. Der bloße Verdacht, es könne so sein, brachte den Vater zur Raserei.

So verschieden Vater und Sohn in allem waren, es gab doch eines, worin ihre Interessen sich trafen: die Theosophie. Hier waren die Rollen wieder in die gehörige Ordnung gebracht. Während der Vater mit seinen sechzig Jahren wie ein Kind jedes Geheimnis zu erlauschen suchte und die theosophischen Lehren behandelte wie ein aufwendig verschnürtes Geschenkpaket, das man sorgfältig aufknotet, als wäre die Hülle kostbarer als jeder denkbare Inhalt, betrug sich der Sohn von Anfang an, als sei er von vornherein eingeweiht in die letzten Feinheiten der Lehre. Er hatte schon bald eine Formel gefunden, die es erlaubte, sich gleichzeitig wissend und unwissend zu stellen. Der Jünger der Theosophie, meinte er, könne nur jemand sein, der immerfort glaubt und immerfort Zweifel hat. Er hatte damit nicht Unrecht. So war nun einmal der Zustand, in dem sich jeder Neuling befand. Aber bei dem Abenteuer ihres gemeinsamen Interesses für die Theosophie konnte die Krise nicht ausbleiben. Sie zeigte sich darin, daß der Sohn sich, ohne viele Worte zu machen, der Anthroposophie zuwandte. Er ließ es nicht als Abtrünnigkeit erscheinen, sondern wie eine Spezialisierung, die seinen Bedürfnissen besser entsprach. Der Vater gab nun seinen theosophischen Neigungen umso größeren Nachdruck, als sei die Theosophie von Natur aus etwas für Väter, für Erwachsene. Der Sohn folgte bloß seiner Neigung zur Verkleinerung, indem er sich ins menschliche Maß flüchtete. Während der Vater die Probleme en gros nahm, entschied sich der Sohn für die Fährnisse im Kleinen. Aber hintersinnig nahm er sich vor zu beweisen, daß es auch im Kleinen keine Lösungen gab.

Eines Tages besuchte er Doktor Steiner in der Jungmannstraße. Er wurde von den dort Wartenden wie ein Erlöser empfangen. Sie machten ihm Platz, sie drängten ihn, vor ihnen in das Sprechzimmer zu gehen, sie reichten ihn von einem Platz zum anderen, als hätten sie nur den Wunsch, ihre Wartezeit noch zu verlängern. Was wohl mochte der Genuss im Warten sein, daß sie sich alle gegenseitig darin zu übertrumpfen suchten? War es die unbestimmte Sehnsucht nach Läuterung, oder wollten sie die Wartezeit nur auskosten? Je länger sie war, desto bedeutsamer mußte schließlich die Begegnung mit Doktor Steiner ausfallen, der eigentlich auf den, der zuletzt kam, am längsten gewartet hatte. Als Doktor Steiner ein paar Tage später dem Vater begegnete, befragte dieser ihn über den Besuch des Sohnes. Zunächst konnte sich Doktor Steiner nicht daran erinnern. Als der Vater aber die literarischen Versuche des Sohnes erwähnte, trat in die Augen von Doktor Steiner ein merkwürdiges Leuchten, hell und kalt wie ein Nordlicht. Er wollte sich nämlich als Schriftsteller selbst erlösen.

Der Vater aber machte sich über das Schreiben vor allem deswegen lustig, weil der Sohn es vergötterte und sich alles davon erhoffte. Er schreibe ja auch, meinte der Vater, die ganze schwierige Korrespondenz, die man nicht, wie der Herr Sohn es tue, unterschätzen dürfe. Da müsse alles genau stimmen, denn jedes Mißverständnis durch eine laxe Ausdrucksweise verursache Kosten. Aber nicht einmal das sei ein Grund, das Schreiben zu vergöttern, wie es die Art des Sohnes sei. Das Schreiben, das sei ja für ihn wie das Einschlafen für den Schlaflosen, während es doch eigentlich zum Wachsein helfen sollte. Immer fasse der Sohn alles vom verkehrten Ende an. Der Vergleich mit der Schlaflosigkeit gefiel dem Sohn, weil ja beides, die Schreibsucht und die Schlaflosigkeit, für ihn zutraf. Ohne Schlaflosigkeit kein konsequentes Schreiben, und doch verhalf eines nicht zum anderen, die Ähnlichkeit war zu groß. Aber daß der Vater die Mystifikation der Schlaflosigkeit durchschaut hatte, irritierte den Sohn. Umso mehr hielt er alles, was mit dem Schreiben zusammenhing, vor ihm geheim. Auch die Krankheiten des

Sohnes beobachtete der Vater genau. Immer wollte er Einzelheiten erfahren. Kranksein gab es für ihn nicht. Der Sohn liebte es, krank zu sein, ohne daß er sagen konnte, welche Krankheit es war. Das war sogar das Erstrebenswerteste für den Kranken, daß er sich durch seine Krankheit in ein Rätsel verwandelte. Fassbare Krankheiten wies er zurück, wie einer, der als Träumer so anspruchsvoll ist, jeden Traum als ungenügend abzuweisen, bis er schließlich schlaflos daliegt. Der Vater allerdings bestand unerbittlich darauf, daß es bestimmte Krankheiten sein müßten, damit man sie überhaupt als Krankheiten anerkennen konnte.

Nachdem der Vater das Manuskript des Briefes gefunden und in Verwahrung genommen hatte, fühlte er sich immer wieder versucht, Blicke hineinzuwerfen. Er dachte darüber nach, was auf die Vorwürfe des Sohnes zu antworten wäre. Auf kleine Zettel schrieb er treffende Erwiderungen, die er in Gesprächen einflocht. Lange Zeit ließ er es bei diesen rhetorischen Übungen bewenden. Aber allmählich entwickelte er, fast ohne es zu merken und ohne dafür eine Form der Mitteilung zu finden, ein heimliches Schriftstellerleben. Es bemächtigte sich seiner ein regelrechter Ehrgeiz. Im Gegensatz zur Schriftstellerei des Sohnes wollte er in seinen Versuchen einen Beweis der Tüchtigkeit sehen. Wenn wieder Briefe eintrafen, die schon auf den ersten Blick als Rücksendungen von Manuskripten des Sohnes erkennbar waren, triumphierte er im Stillen. Dann stellte er den Umschlag mit dem retournierten Manuskript in der Diele so vor dem Spiegel auf, daß der Sohn ihn, wenn er die Wohnungstür öffnete, gleich sehen und erschrecken mußte.

Er stellte sich vor, wie es wäre, wenn er selbst Geschichten in die Welt schicken würde, von der Art, wie Popper-Lynkeus sie in seinen «Phantasien eines Realisten» gesammelt hatte. Es war eines der wenigen Bücher, die er gelesen hatte, die einzige Lektüre, die er mit dem Sohn teilte. Die Anekdoten und Kalendergeschichten, die er in dieser Art schreiben wollte, würden in der Wochenendausgabe der Prager Zeitung erscheinen, unter Pseudonym. Es reizte ihn sogar die Vorstellung, Geschichten des Sohnes, wie er sagte, «in Ordnung zu bringen». Der Sohn merkte nicht, daß neben ihm ein Kollege heranwuchs, er ahnte nicht, daß er selbst den Anstoß dazu gegeben hatte, weil sein Brief, den er der Mutter anvertraut hatte, bei dem Adressaten, der ihn keinesfalls lesen sollte, seine Wirkung zu tun begann. Der Vater hatte die Herausforderung angenommen. Der Brief des Sohnes sollte der Triumph eines Schreibenden werden, am Ende wollte er sich auch noch den geistreichsten Einwänden, die er dem Vater in den Mund legte, überlegen erweisen. Nun schrieb der Vater selbst. An die Seite der Verfehlungen, die er sich dem Sohn gegenüber hatte zuschulden kommen lassen und die ihm ausführlichst vorgerechnet wurden, trat nun ein Fehler des Sohnes: seine Verkennung des Vaters. Indem er ihn in seinem Brief völlig zu durchleuchten glaubte, verdeckte er ihn sich in Wahrheit. Angeblich wurden die Söhne von den Vätern verkannt und mißverstanden, so wollte es das Vorurteil für die Jugend. Von einem Verkennen der Väter war in der Welt der Söhne nie die Rede.

Der Vater erzählte gern von seiner Jugend, um zu erklären, wovor zu fliehen sei und was abzulehnen sich lohne. Darin bestand seine ganze Erziehung. Und weil sich alles, was er zu sagen hatte, auf den Schauplätzen seiner Kindheit abspielte, entstand durch seine Erzählungen das Bild des übermächtigen Vaters, des Herrschers und Tyrannen. An diesem Bild hielt der Sohn auch dann noch fest, als er längst durchschaut hatte, wie es um die Überlegenheit des Vaters wirklich stand. Er hatte Franz einmal gefragt, warum dieser Furcht vor ihm habe. Diese Frage hatte er lange bei sich selbst erwogen und zu beantworten gesucht. Als er den Brief noch nicht kannte, war es ihm nicht leicht gefallen, die vielen Beobachtungen, die für diese Furcht sprachen, auf einen Nenner zu bringen. War es wirklich Furcht, die sich in diesem Ausweichen, der Hochspannung in Kleinigkeiten des alltäglichen Umgangs bekundete? Eine schwer zu fassende Macht suchte ein Ventil in der Angst des einen wie in der Furcht des anderen. Das Thema «Furcht vor dem Vater» war von dem Sohn aufgebracht worden, um die Machtströme lenken zu können, die er zwischen ihnen spürte. Furcht des Vaters sollte nur heißen: Furcht vor dem Vater. Deswegen wollte sich der Sohn die Furcht ganz zueignen. Aus der so erschlichenen Unterlegenheit ließ sich aber eine neue Art der Überlegenheit hervorzaubern, die Durchleuchtung der Macht mit Hilfe der Schrift.

Die Furcht vor dem Vater machte diesen wehrlos, wie ja auch die Götter gelähmt waren, sobald sie Gottesfurcht gewahrten. Gelähmt war der Vater also, als er gleich im ersten Absatz des Briefes in zwölf Zeilen viermal das Wort «Furcht» gelesen hatte. Er fühlte sich entwaffnet. Der Sohn verstand es, jedes Mittel zu nutzen, das ihm einen Vorteil gegenüber dem Vater bringen konnte. Seine Furcht machte ihn zu einem gefährlichen Gegner, der aus der Schwäche alle entscheidenden Vorteile zu ziehen wußte. Schon mit den ersten Sätzen hatte der Sohn den Kampf zu seinen Gunsten entschieden. Aus dem Gefürchteten wurde der Fürchtende, er lehrte den Gefürchteten das Fürchten. Unter dem, was mit dem Namen «Furcht» versehen wurde, verbarg sich, wie der Sohn selbst einräumte, eine solche Fülle von Impulsen und Einzelheiten, daß sie kaum im Reden zusammenzuhalten war. Schon am Beginn des Briefes stand fest, wer Täter war und wer Opfer. Die Furcht vor dem Vater hatte sich zur Ablehnung der Macht an sich gesteigert und war dadurch jeder Diskussion über Einzelheiten entzogen.

Die Furcht vor dem Vater hatte aber einen zusätzlichen Nutzen, der sie unentbehrlich machte: Sie erschien als das tüchtigste Instrument zur Analyse der Macht. Allerdings war es eine Machtfiktion, die dem angeblich hoffnungslos Unterlegenen den moralischen Komfort der Unterlegenheit gewährte. Indem er sich gegen die Macht abschottete, wurde der Sohn zu einem Beobachter der Macht. Dazu war ihm die Verlagerung aller Schuld auf den Vater unentbehrlich. Schuld wurde zum Inbegriff der Vaterschaft. Damit solche Verlagerung der Schuld bruchlos möglich war, mußte der wirkliche Vater zunächst in den Repräsentanten der Vaterschaft verwandelt werden. Das war die eigentliche Verwandlung, um die es ging. Der Vater glaubte, das Opfer einer Verwechslung zu sein mit einer Gestalt, die ihm vertraut vorkam, aber die mit ihm selbst nichts zu schaffen hatte. Im Lauf der Zeit machte er sich deshalb auch von dem Brief frei, denn er hatte immer mehr den Eindruck, er sei an einen anderen adressiert.

Der Sohn warf dem Vater alle möglichen Verbrechen vor und ließ an deren Wirklichkeit keinerlei Zweifel aufkommen. Man hätte denken können, daß die Anklagen nur dazu dienten, die Kluft zum Vater zu vertiefen, sich endlich gar von ihm zu befreien. Doch das Verhältnis der Sohnschaft bestand über diese Anklage hinaus fort. Soeben noch Ankläger, verwandelte sich der Sohn nun in den Verteidiger des Vaters, aber nicht weil sich die Überzeugung von den Verbrechen des Vaters abgeschwächt hatte. Im Gegenteil, die Schuld des Vaters schien so umfassend zu sein, daß kein Raum für seine Verteidigung blieb. Der Sohn war Ankläger und Verteidiger des Vaters zugleich, er beschuldigte ihn und wollte im gleichen Zuge an seine Schuldlosigkeit glauben. Schuld und Unschuld hatten dieselbe Ausdehnung. Aber damit nicht genug. Nach allen Schuldvorwürfen gegen den Vater wollte der Sohn, daß dieser nicht nur in seinen eigenen Augen schuldlos war, sondern auch noch an seine eigene Schuldlosigkeit glaubte. Diese Schuldlosigkeit sollte ebenso im Wesen des Vaters begründet sein wie die Schuld, nicht etwa einem bloßen sich Herausreden entspringen. Dem Vater erschien diese angebliche Schuldlosigkeit sofort wie eine Falle, damit der Sohn ein für alle Mal seiner Schuld habhaft würde.

Nahm er die Schuldlosigkeit in Anspruch, so war dies, fürchtete er, ein Schuldbekenntnis. Man unterschied nicht zwischen Schuld in der einen Hinsicht und Unschuld in einer anderen. Nach derselben Logik, wonach das Schuldbekenntnis die Schuld tilgte, weil es sie vom eigenen Wesen trennte, sollte hier die Versicherung der Schuldlosigkeit ein Bekenntnis zur Schuld sein, weil das eigene Wesen durch sie mit sich zusammengeschlossen wurde. Gegen das vom Sohn bei seinem Versuch, das eigene Leben und das Leben des Vaters vollkommen zu durchdringen, in Anspruch genommene Prinzip der Transparenz vertrat der Vater das Prinzip der Verschlossenheit. Den Zugang zu seinem Wesen hatte er ganz tief in sich verborgen. Gleichwohl behauptete er, sich nicht verstellen zu können. Er hatte sein Wesen so verdünnt, daß er nicht glaubte, sich seiner selbst entfremden zu können. Weil er sich nicht verstellen konnte, meinte er zu seinem Sohn nicht dasselbe Verhältnis haben zu können wie die anderen Väter. Der Sohn bestritt die Unfähigkeit zur Verstellung zwar nicht, wohl aber trat er der Behauptung entgegen, die anderen Väter verstellten sich. Der Unterschied beruhe weder auf der Nicht-Verstellung des einen noch der Verstellung der anderen, sondern darauf, daß in einem fundamentalen Sinne zwischen ihnen etwas nicht in Ordnung sei.

Vom Vater, der, wie es im Brief immer wieder hieß, als Erzieher völlig versagt hatte, wurde verlangt, daß er ein beispielgebendes Leben hätte führen sollen. Die späte Forderung der Kinder, sie wären gerne anders und besser erzogen worden, verwirrte ihn, zumal es sich nicht um irgendeinen Unterricht handelte, den er seinen Kindern hätte geben sollen, sondern um ein beispielhaftes Leben. Ihm kam es vor, als würde er gebeten, doch ein anderer zu sein. Er sollte erziehen und sollte nicht erziehen, er sollte erziehen, aber nicht indem er etwas Erzieherisches tat. Er sollte sich einfach in ein Beispiel verwandeln. Aber dem Beispiel der Väter würden die Söhne keinesfalls folgen. Sie hatten den Reiz entdeckt, anders zu sein, während die Väter das Widrige des Anderssseins bis zur Neige ausgekostet hatten. Die Generation der Söhne entdeckte ihr fast schon vergessenes Judentum als eine Quelle der Ehre und Auszeichnung, während die Väter es als Last und Gefährdung erfahren hatten. Was für sie gemeinschaftlicher Brauch war, wurde für die Söhne eine Virtuosität. Ihr Verlangen nach Auszeichnung entdeckte die Sorge um sich selbst als unendliche Aufgabe, deren Unabschließbarkeit die Garantie dafür war, die Fallstricke der Assimilation zu vermeiden. Ihr Selbst, das sie kultivieren wollten, war das schlechthin nicht Assimilierbare.

Alles, was man tat und um dessen Gelingen man bangte, wurde getan um des letztlichen Mißlingens willen. Alles Gelingen war von der Überzeugung begleitet, daß je mehr gelinge, desto schlimmer schließlich der Ausgang sein müsse. Beispielhaft für ein solches aufgipfelndes Mißlingen war die übermenschliche Anstrengung zu heiraten. Als Versuch, dem Vater zu entgehen, waren die Heiratsversuche prächtig geeignet und hoffnungsreich, aber nicht weniger großartig war dann auch das Mißlingen. Der ideale Zuschauer dieses Mißlingens war der Vater. In all den Heiratsversuchen eine Reihe sich steigernden Mißlingens zu sehen, ließ freilich auch einen Funken von Gelingen aufleuchten, indem alles früher vorgefallene Scheitern das letzte Mißlingen als ein von langer Hand vorbereitetes erscheinen ließ. Im Universum des Scheiterns war dem Vater nur eine Rolle als Zeuge zugedacht. Die eigentliche Anstrengung, das Alltägliche und Normale zum Allerschwersten zu erklären, mußte ihm entgehen, so daß er die Größe der Hoffnung im Alltäglichen auch nicht ermessen konnte. Am Normalen gibt es so wenig eine Autorschaft wie am Wahren. Deswegen kommt es für den Schreibenden seelisch nicht in Frage. Allenfalls im Mißlingen des Gewöhnlichen leuchtet das Außerordentliche auf, dem sich der Schreibende hingibt. Im Heiratswunsch überlagert sich der Wunsch der Loslösung vom Vater und der nicht weniger starke Wunsch, die Beziehung zu ihm enger zu knüpfen. Es galt zu heiraten, um nur recht Sohn werden zu können. Die Heirat sollte die Ebenbürtigkeit mit dem Vater erwirken. Zum vordringlichen Ziel geworden, machte der Heiratswunsch die Verwirklichung der Heiratsabsicht unmöglich, da sie die Ablösung vom Vater forderte. Die Heiratspläne des Sohnes waren ein Vorstoß in die Domäne des Vaters. Alles war in Gebiete aufgeteilt, aber das Gebiet des Heiratens war besetzt, es war das Gebiet des Vaters. Das war nichts für Söhne.

Gerade weil das Schuldgefühl nicht aus evidenter Schuld und eigenem Gefühl kam, sondern etwas Angenommenes, Übertragenes war und wie eine Ansteckung erlebt wurde, konnte es das ganze Gewicht seiner Einzigartigkeit annehmen. Das Schuldgefühl wurde deckungsgleich mit dem Erleben der Einzigartigkeit: Es war die Erscheinung der Individualität und in gewisser Weise die negative Seite der Auserwähltheit, ihre Gestalt als Individualität. Da die Auserwähltheit nicht mehr religiös und kollektiv erfahren wurde, verwilderte sie zu einem Gefühl individueller und außeralltäglicher Befindlichkeit. Gegen Ende des Briefes kam der Vater selbst zu Wort in einer erdachten Antwort, die den Brief des Vaters vorwegnahm, als wollte der Autor seinen Sieg doppelt sichern, indem er auch noch die Argumente des Vaters, die auf seine Strategie antworten würden, niederwarf. Er ging ein großes Risiko ein, indem er seine geheimsten Absichten und die von ihm verfolgte Strategie in der erdachten Antwort des Vaters aufdeckte. Er wollte dadurch ein noch nachdrücklicheres Unterliegen vorbereiten. Er ließ den Vater auf so häßliche Weise, wie dieser mit seinen Freunden umgesprungen war, den Vorwurf des Schmarotzertums erheben und gegen den Brief und seinen Verfasser richten. Hier wie in allem anderen wollte er nichts anderes beweisen, als daß alle seine Vorwürfe berechtigt waren, daß aber ein besonders berechtigter Vorwurf fehlte, nämlich der Vorwurf der Unaufrichtigkeit und Liebedienerei, des Schmarotzertums: «Wenn ich nicht irre», ließ er den Vater sagen, «schmarotzerst Du an mir auch noch mit diesem Brief als solchem.» In der Antwort kam das Motiv zum Durchbruch, das den ganzen Brief antrieb: Daß alles, was Vater wie Sohn bewegte, seinen Ursprung in dem Autor des Briefes hatte. Am Ende trat Autorschaft an die Stelle der Vaterschaft.

Der Vater spürte, daß er nichts anderes gewesen war als ein Realitätsanker für die Phantasien von einem, der auf keinen Fall ein Realist sein wollte. Als der Vater dieser Einsicht nahe gekommen war, wurde ihm klar, wie er den Brief beantworten mußte: von dem kleinen Terrain aus, das als Realität ihm noch geblieben war, nachdem er durch den Brief des Sohnes eine tiefgreifende Verwandlung durchgemacht hatte. Da setzte sich der Vater an den Esszimmertisch und begann mit der Niederschrift seiner Antwort: «Liebster Sohn, ich hätte Dir antworten sollen, auch wenn Du nicht den Mut hattest, mir Deinen Brief zu übergeben …»

WO ANDRE WEITERGEHN,
DORT BLEIB ICH STEHN

Ludwig Wittgenstein

Kurz vor Ende des Krieges traf sich der Philosoph mit einem
seiner Schüler, mit dem er freundschaftlichen Umgang hatte,
in London. Nach den Jahren der Unsicherheit gab es vieles,
was in Briefen und Karten, die sie gewechselt hatten, nicht
hinreichend zur Sprache gekommen war, was sich allenfalls
aus deren Ton herauslesen ließ. Ludwig Wittgenstein hatte
1938 die britische Staatsbürgerschaft angenommen, um nicht
Deutscher werden zu müssen – eine für ihn entsetzliche
Vorstellung –, während sein Schüler Drury schließlich mit
der britischen Armee in Deutschland einmarschierte. Die
schweren Kriegsjahre schienen nun zu enden. «Was für eine
schreckliche Lage», sagte da Wittgenstein, «in der sich jetzt
ein Mensch wie Hitler befindet.» Wohin Mitleid führen
kann. Als all dies begann, hatte Wittgenstein Weitsicht bewiesen. Demselben Freund gegenüber äußerte er, daß es ihn
nicht überraschen würde, «wenn wir noch solche schrecklichen Dinge erleben würden wie etwa Hexenverbrennungen».
Auf die Frage, ob er glaube, daß Hitler das, was er in seinen
Reden sagte, aufrichtig meine, antwortete er mit einer ve-
xierbildartigen Gegenfrage: «Ist ein Balletttänzer aufrichtig?» Wie die merkwürdige Bekundung des Mitleids für Wittgensteins ethische Haltung charakteristisch ist, ist diese
Antwort Teil seiner philosophischen Betrachtungsweise. Sie

weist darauf hin, daß bestimmte Voraussetzungen erfüllt sein müssen, um den Ausdruck «aufrichtig» sinnvoll zu gebrauchen. Gegenüber einer zum Exzess gesteigerten politischen Rhetorik hat es ebenso wenig Sinn, nach der Aufrichtigkeit des Redners zu fragen, wie man die Bewegungen eines Balletttänzers aufrichtig nennen kann.

Im Jahr 1903 wurde der Privatunterricht der Brüder Paul und Ludwig Wittgenstein abgebrochen, weil die Resultate zu wünschen übrig ließen, und Ludwig ging auf das Linzer Realgymnasium, zwei Klassen über seinem Altersgenossen Adolf Hitler. Wäre der eine etwas weniger begabt, der andere etwas begabter gewesen, so hätten sie dieselbe Klasse besucht. Ob dies Wittgenstein von der immer wieder eigensinnig vertretenen Überzeugung abgebracht hätte, «nette Menschen» müßten im April geboren sein? Aber auch dieser biographische Zufall hätte ihn wohl kaum in größere Nähe zu dem historischen Geschehen gebracht, in das seine Lebenszeit fiel. Das Maß seiner Unbeeindruckbarkeit vom Gewicht des Geschehens – nicht freilich von dem der Welt – wird deutlich, wenn man sich vergegenwärtigt, daß er seine «Logisch-philosophische Abhandlung», den «Tractatus», während des Ersten Weltkriegs an der Front niedergeschrieben und in die definitive Fassung gebracht hat. Vom Weltkrieg, in dem er sich als Soldat auszeichnete, soll er gesagt haben: «Mir hat er das Leben gerettet; ich weiß nicht, was ohne ihn aus mir geworden wäre.» Die Jahre 1914 bis 1916 waren die wohl produktivste Phase seines Lebens. Nicht nur konnte er «arbeiten», das heißt nachdenken, etwas auf Zettel notieren, in sein Tagebuch eintragen und schließlich sogar die Reinschrift seiner Ergebnisse anfertigen. Es war auch die Phase einer völligen Reform seiner Lebensführung, am Ende des Krieges verschenkte er sein Vermögen und gab die Philosophie auf, um Dorfschullehrer zu werden. Erst 1929, als er das Gefühl hatte, gescheitert zu sein, kehrte er zur Philosophie zurück, möglicherweise unter dem

Eindruck von Vorlesungen des Mathematikers Brouwer in Wien.

Niemand von den damals in Mitteleuropa Geborenen konnte ein Leben führen, in dem das, wofür der Name Adolf Hitler stand, keine tiefen Spuren hinterließ, und doch ist das Leben des Philosophen von all dem rätselhaft unbeeindruckt geblieben. Nur in einem einzigen Moment scheint das Politische in den innersten Bezirk seines Lebens eingegriffen zu haben. In der Mitte der dreißiger Jahre suchte Wittgenstein, der seit 1929 wieder in Cambridge lebte, einige seiner engsten Freunde auf, um vor ihnen ein «Geständnis» abzulegen. Fania Pascal, damals seine Russischlehrerin, war eine dieser Vertrauten, denen der, wie sie schreibt, gefürchtete (warum eigentlich der gefürchtete?) Verfasser des «Tractatus» sein Geständnis vortrug. Als einzige hat sie ihre Erinnerungen an den berühmten Mann nicht in rein verehrender Haltung, sondern zugleich mit erfrischender Distanz niedergeschrieben: «Er war – um es in der Sprache der Schulkinder auszudrücken – eine Nervensäge und ein Besserwisser.» Lytton Strachey pflegte ihn als «Herr Sinckel-Winckel» zu bezeichnen, und Julian Bell verfaßte ein Gedicht über die «ethischen und ästhetischen Ansichten» des Mannes, weil er, wie Fania Pascal berichtet, «allen Leuten wegen des Missbrauchs der Sprache eine Standpauke hält, ohne sie überhaupt zu Wort kommen zu lassen». Dieser gefürchtete Mann – «sein Kommen und Gehen war geheimnisumwittert» – machte nun ein Geständnis, und eine seiner «Untaten» hing mit seiner jüdischen Abstammung zusammen. Seine Bekannten glaubten, so beichtete er, «er sei zu drei Vierteln Arier und zu einem Viertel Jude. In Wirklichkeit sei das Verhältnis umgekehrt, und er habe nichts unternommen, um dieses Mißverständnis zu verhindern.» Die russische Jüdin, die dieses Geständnis anhörte, glaubt sich zu erinnern, daß er durchweg von «Arier» und «Nichtarier» sprach. Es war diese Übernahme der Sprachregelung, die sie erschreckte, während die anderen

Freunde Wittgensteins sie kaum bemerkt haben dürften. Es bleibt beunruhigend, daß der Sprachphilosoph sich dieser politischen Unterscheidung beugte.

Die Unterscheidung rührte an andere Unterscheidungen, die Wittgensteins Leben bestimmten, zunächst an jenes sonderbare Universum der Verzweiflung, das Otto Weininger in seinem Buch «Geschlecht und Charakter» entworfen hatte. Die Rückführung aller Unterschiede auf den der Geschlechter und die manichäische Entwertung des einen der beiden Geschlechter führte Weininger mit so zwingender Gewalt durch, daß er sich dem dort lauernden Verhängnis durch Selbstmord entzog. Wittgenstein gehörte zu den frühen Lesern des Buches. Die Mischungsverhältnisse von Männlichem und Weiblichem (beispielsweise MMMW oder MWWW), mit denen Weininger operiert, sind ihrer logischen «Form» nicht unähnlich jener Wittgensteinschen Erfindung der Wahrheitstafeln – beispielsweise FWWW oder WFFFF – in seinem «Tractatus» von 1921. Die Scheidung der Welt in das Positive und das Negative, in das Gute und das Triebhafte, in das Wahre und Falsche hat wie jede absolute Grenzziehung das menschlich Verhängnisvolle, daß sie das Unreine in dem Maße wachsen läßt, wie das Reine erstrebt wird.

Von solchen Ausweglosigkeiten, von solcher Verzweiflung sind Philosophie und Leben Wittgensteins von Anfang an gezeichnet. Deswegen begleitete ihn immer die Frage, ob das, was er da trieb, wirklich Philosophie, wirklich philosophisch war. Wichtig war ihm die Unterscheidung, ob einer ein «äußerst gescheiter Mann» ist oder ein Philosoph. Zwischen Gescheitheit und Philosophie *mußte* eine unüberbrückbare Kluft liegen, und Philosophie konnte nur sein, was sich ganz außerhalb des Bezirks bewegte, in welchem man sie geläufigerweise ansiedelt. Die erste philosophische Äußerung Wittgensteins, in einem Brief an Russell von 1912, schließt denn auch mit der vorweg feststehenden Gewißheit: «Es muß sich herausstellen, daß die Logik von völlig anderer

Art ist als jede andere Wissenschaft.» Gleichsam über dem Logischen und dem Ethischen und der im «Tractatus» zwischen ihnen gezogenen Grenze ist die Kategorie des «Echten» angesiedelt. Auch das Echte ist ein Relationsbegriff, und doch besetzt mit einer eigenen Evidenz, die es aus der Beziehung zum Unechten heraushebt.

Die Sicherheit, mit der Wittgenstein das Echte zu erkennen glaubte, ist eines der eindrucksvollsten Kennzeichen seiner Zugehörigkeit zur Wiener Moderne, die ihn mit Karl Kraus, Adolf Loos, dem jungen Kokoschka, in dieser Hinsicht auch mit Sigmund Freud verbindet. Die große Strömung der Erneuerung der Philosophie durch die Reflexion auf die Sprache, zu der Wittgenstein als eine der radikalsten Gestalten gehört, hat ihre Wiener Spielart in der Orientierung auf «Stilfragen» und ihr Charakteristikum in der Ausdrucksstärke des Stilistischen. Diese Sicherheit ist aber auch die jener von der Aristokratie geprägten Welt, in der Wittgenstein großgeworden war. Zu ihr gehört ferner die panische Sorge, dem Unechten zu verfallen. Sich vor dem Unechten zu bewahren, sich ihm zu entwinden, war einer der stärksten Antriebe der intellektuellen und künstlerischen Produktivität dieses Fin de siècle. Es war das Problem des Stils, das alle Großen dieser Übergangsepoche leidenschaftlich beschäftigte. Wie sehr Wittgenstein von einer Stil-Panik ergriffen war, zeigt eine eher beiläufige Bemerkung aus der Mitte der dreißiger Jahre: «Nie im Leben könnte ich in der heutigen Zeit ein Kreuz entwerfen; lieber würde ich zur Hölle fahren, als ein Kreuz zu zeichnen versuchen.»

Aus verwandten Gründen hielt er die Architektur im Vergleich zur Philosophie für die schwerere Aufgabe, da man heute in ihr einen Stil nur nachahmen, nicht aber schaffen könne. «Stil» war aber etwas Übergeordnetes, nicht beschränkt auf die Künste. Von ihm ist die Rede, wenn Wittgenstein sagt, der religiöse Glaube könne nur etwas sein, «wie das leidenschaftliche Sichentscheiden für ein Bezugssystem». Solche Leidenschaft ist die für das «Echte», eine Obsession, die den Logiker und strengen Sprachanalytiker sogar in den gefährlichen Rousseauschen Sog der autobiographischen Reflexion trieb. «Es ist unmöglich, wahrer über sich selbst zu schreiben, als man *ist*», notiert er im Dezember 1937 und fährt zwei Monate später fort: «Sich über sich selbst belügen, sich über die eigene Unechtheit belügen, muß einen schlimmen Einfluß auf den Stil haben; denn die Folge wird sein, daß man in ihm nicht Echtes von Falschem unterscheiden kann.» Diese Unterscheidung brachte ihm sogar Sokrates nahe, über den er sonst wenig Gutes zu sagen wusste (vor allem, weil Sokrates sich mit den Antworten der Leute auf seine Fragen nach der Verwendung der Worte nicht zufrieden gab). Sokrates habe sich gefragt, ob er zum Teil ein vernünftiges Wesen und zum Teil ein Ungeheuer sei – Wittgenstein glaubte, daß dies auch auf ihn zutreffe. Mit diesem Zweifel hing die «Entdeckung» seines Judentums zusammen. Die antisemitischen Etikettierungen, die schon Weininger aufgegriffen und unerbittlich in Sonden der Selbsterkenntnis verwandelt hatte, waren Wittgenstein Anlaß zu ernsthaftem Zweifel über die Art seiner «Geistesrichtung», zum Verdacht, daß der Jude in seinem Denken bloß reproduktiv sei, daß er kein eigenes Werk hervorbringen, bestenfalls das Werk eines andern besser verstehen könne als dieser selbst. Und die Verwechslung der «Art des jüdischen mit der des nicht-jüdischen Werks» schien ihm die höchste Gefahr, «besonders wenn das der Schöpfer des ersteren selbst tut, was so nahe liegt».

In der Zeit, als Wittgenstein die Autobiographie oder die vollständige Beichte als einen Ausweg auch aus den ihm von außen aufgedrängten Ungewißheiten hinsichtlich seines Judentums ins Auge faßte, hat er eine eigenwillige Antwort gefunden. Der doppelte Imperativ, einerseits: «Du darfst weder wünschen noch versuchen, ein anderer zu sein, als du wirklich bist!», andererseits: «Versuch, ein anderer Mensch zu werden!», muß als ein und derselbe erkannt und anerkannt werden. Für seine abweichende Art, diesen Fragen nachzugehen, hat Wittgenstein die Formel gefunden: «Wo Andre weitergehn, dort bleib ich stehn.» Im Innehalten ließ sich vielleicht ein Weg finden, Auseinanderstrebendes zusammenzuführen. In dem Versuch, sich selbst gleich zu bleiben *und* ein anderer zu werden, erkennt Rush Rhees einen zentralen Impuls der Philosophie Wittgensteins – ganz in dem Sinne, wie dieser in den frühen Jahren in Cambridge auf die Frage Bertrand Russells, ob er in seinem stundenlangen Schweigen über die Logik oder seine Sünden nachdenke, geantwortet hat: Über beides.

Der Wille, nicht nur sich auszumalen, sondern zu wissen, was dem Leben Bedeutung verleiht, bringt philosophisch einen absoluten Individualismus hervor. Es ist die solipsistische Versuchung, «die Welt» zu beschreiben, «wie ich sie vorfand» (Wittgensteins ehrgeizigstes Projekt, das nie zur Ausführung kam). Es ist aber auch die besonnene Einsicht, daß das Unvergleichbare den Vorrang vor dem Vergleichbaren hat. Diese Einsicht wurde von Wittgenstein in die überraschend bündige Formulierung eines Programms gebracht. Es scheine ihm, bemerkt er im Herbst 1948 zu Drury, Hegel wolle immer sagen, «daß Dinge, die verschieden aussehen, in Wirklichkeit gleich sind, während es mir um den Nachweis geht, daß Dinge, die gleich aussehen, in Wirklichkeit verschieden sind». Es ist leicht zu sehen, daß eine Welt, die unter dem Aspekt der Ähnlichkeit beschrieben wird, eine ganz andere sein muß als eine Welt, die unter dem Aspekt der Unähnlichkeit beschrieben wird. Während die Darstellung unter dem Aspekt der Ähnlichkeit auf eine ursprüngliche Verkettung von Sprache und Welt, von Sehen und Sagen, zurückführen wird, wird diese ursprünglichste aller Verknüpfungen in Wittgensteins Spätphilosophie der Diversität – einer Gegen-Philosophie gegen den «Tractatus» – gelöst. Mühsam und schrittweise werden diese Bande zwischen Wort und Bedeutung neu verknüpft – und nur soweit, wie solche Verknüpfung für das Funktionieren unserer Alltagssprache unentbehrlich ist.

Denn alles Zur-Deckung-Bringen von Gesehenem und Gesagtem führt zu einer Philosophie, die eine «Verhexung» unseres Verstandes ist. Als deren Therapie begriff Wittgenstein seine sprachphilosophischen «Landschaftsskizzen». Der von dem Philosophen selbst veröffentlichte Teil seines Werkes umfaßt wenig, neben dem «Tractatus logico-philosophicus» nur einen kleinen Zeitschriftenaufsatz «Bemerkungen über logische Form» aus dem Jahr 1922. Die zwei Jahre nach Wittgensteins Tod 1953 erschienenen «Philosophischen Untersuchungen» waren von ihrem Autor für eine Veröffentlichung zwar vorgesehen, aber seine Praxis in diesen Dingen macht es nicht gerade wahrscheinlich, daß er diesen Schritt dann wirklich selbst getan hätte. In dem Entwurf eines Vorworts für dieses Buch schrieb er: Durch Weitergabe der Ergebnisse seines Unterrichts, durch Verstümmelungen und Mißverständnisse «wurde meine Eitelkeit aufgestachelt, und ich hatte Mühe, sie zu beruhigen». Da er Eitelkeit für den «Tod des Denkens» hielt, hätte er wahrscheinlich einen Weg gefunden, sie niederzuschlagen, statt ihr durch eine Publikation nachzugeben.

Schon die Veröffentlichung des «Tractatus» verdankte sich der unübersichtlichen Lage nach dem Ersten Weltkrieg, mehr dem Zufall als dem Willen ihres Verfassers. Dieser hatte ein schlagendes Argument gefunden, um sich der Entscheidung darüber zu entziehen: «Meine Arbeit ist nämlich entweder ein Werk ersten Ranges, oder sie ist kein Werk ersten Ranges. Im zweiten – wahrscheinlicheren – Falle bin ich selbst dafür, daß sie nicht gedruckt werde. Und im ersten ist es ganz gleichgültig, ob sie 20 oder 100 Jahre früher oder später gedruckt wird ... Ja, eigentlich brauchte sie in diesem Falle auch nicht gedruckt zu werden.» Der Autor maß sein Buch an einem absoluten Maßstab, und wenn man dies tue, meinte er, dann wisse Gott, wo es zu stehen komme. Heute gibt es etwa zehn Bände Schriften des Philosophen, Entwürfe zu Werken über die Grundlagen der Mathematik, zur Sprachphilosophie, Ethik und Ästhetik, Aufzeichnungen, die wie weniges sonst in der philosophischen Literatur der genaue Abdruck eines Denkens sind.

Vor allem aber gibt es in der ungewollten Fülle des Nachgelassenen, gleichgültig ob im Tagebuch, in Briefen oder auf Notizzetteln, kaum einen Satz, der nicht makellos wäre. Die gestochene Schärfe jeder dieser Gedankenphotographien kann dazu verführen, in Wittgenstein einen Aphoristiker, einen der großen, durch seine Bewunderung für Lichtenberg geschulten Stilisten der deutschen Sprache zu sehen. Er ist es. Und wie sein großes Vorbild kann er von sich aus nicht als ein Verfertiger von Sinnsprüchen gelesen werden. «Geschäftsmäßig» sollte seine Philosophie sein – und dies im Umgang mit Problemen, die sich jeder geschäftsmäßigen Behandlung verschließen. So als wollte einer der Verzweiflung Herr werden, indem er ihrem Sog durch «Starren» Einhalt gebietet. Es ist die Spur der Verzweiflung, die die grammatische Schönheit der Sätze und die aus der Sparsamkeit der Mittel gespeiste Kraft der Sprachbilder davor bewahrt, daß sie mit dem Erbaulichen verwechselt werden können. Der Leser sieht sich in eine frappierende Nähe zu Kafka versetzt. Ohne die geringste Änderung könnten viele dieser Sätze auch in den Tagebüchern Kafkas stehen. Wittgensteins älteste Schwester Hermine hat eine Äußerung von ihm überliefert aus der Zeit, als er ihr den Entschluß mitteilte, Volksschullehrer zu werden: «Du erinnerst mich an einen Menschen», sagte er zu ihr, «der aus dem geschlossenen Fenster schaut und sich die sonderbaren Bewegungen eines Passanten nicht erklären kann; er weiß nicht, welcher Sturm draußen wütet und daß dieser Mensch sich vielleicht nur mit Mühe auf den Beinen hält.»

Das ist keine beiläufige Ähnlichkeit mit Bildern Kafkas,

sondern Symptom einer Verwandtschaft ihrer Einstellung zur Welt. Sie findet ihren Ausdruck nicht nur in dem inneren Belagerungszustand, der Versuchung zur Selbstüberrumpelung im Selbstmord, der Hoffnung auf eine innere Durchbruchs- oder Vernichtungsschlacht – so die dominierenden Sprachbilder Wittgensteins während des Ersten Weltkrieges – sondern in den überwältigenden Phantasmen der Auswegslosigkeit bei beiden Schriftstellern. «Ich fühle», notiert Wittgenstein 1916, «daß ich *an dem Tor daran* stehe, kann es aber nicht klar genug sehen, um es öffnen zu können. Dies ist ein ungemein merkwürdiger Zustand, den ich noch nie so klar empfunden habe als jetzt.» Auch seine um die Möglichkeit des Glaubens kreisenden Gedanken zielen auf eine Erlösung durchs Mechanische, die an Apparaturen der Selbstquälerei gemahnt: «Es ist ja klar, daß der Mensch, der, so zu sagen, eine Maschine erfinden will, um anständig zu werden, daß dieser Mensch keinen Glauben hat.» Man kann die Ähnlichkeit zwischen den beiden Unähnlichen bis in Wittgensteins Bilder von der Philosophie verfolgen, wenn er sie etwa einem Tresorschloss vergleicht, das sich erst öffnen läßt, wenn alle Stifte eingerastet sind. Die Leichtigkeit, mit der dies am Ende geschieht, steht in einem grotesken Mißverhältnis zu der bis dahin schier aussichtslosen Mühe, die Kombination zu erraten. Die Beschreibung der merkwürdigen Manöver, die dem verzweifelten Bemühen entspringen, das Unbekannte zu ergreifen, das gleichzeitig unendlich fern und nah ist, entwirft ein in seiner Wirkung humoristisches Tableau der Welt, wie man es vielleicht nur noch bei Kierkegaard und gelegentlich bei Schopenhauer trifft.

Es gibt zwei Arten von Philosophie. Die eine will mit den elementaren Fragen rasch und einvernehmlich fertig werden, um zu den wichtigsten Fragen zu gelangen. Die andere will die Grundprobleme ein für alle Mal lösen. Die großen Fragen werden ihr darüber gleichgültig. Das ist Philosophie, wie Wittgenstein sie verstand. Mancher «bürgerliche Denker», hat Wittgenstein einmal gesagt, bringe diesen Teil der Untersuchung möglichst rasch hinter sich, um Fortschritte innerhalb der Wissenschaft zu machen. Wittgenstein dagegen, so betont Brian McGuinness in seiner Biographie, ging es um Klarstellungen im Bereich des Elementaren, auf Kosten der Wissenschaft, und so hielt er deren Fortschritt durch entmutigende Fragen über das scheinbar Einfache auf. Die Aussichtslosigkeit, zum Einfachen vorzustoßen, bei doch nie versagendem sprachlichem Vermögen, zum Einfachen Zugang zu finden – dieses beklemmende und befreiende Schauspiel bieten die Texte Wittgensteins. Der Anlaß dafür kann gar nicht gering genug sein, und die Darstellung der Komplikationen, die sich ergeben, ist immer so groß, als gehe es um die Letzten Dinge.

DER PHILOSOPH

ALS ARCHITEKT

Ludwig Wittgenstein

Bei einer Besprechung mit der Firma, die mit der Anfertigung
der für den Bau vorgesehenen Türen betraut war, bekam der
zuständige Ingenieur vor Erregung einen Weinkrampf. Er
wollte den Auftrag nicht zurückgeben, verzweifelte aber doch
an der Möglichkeit, ihn wunschgemäß auszuführen. Das berichtet in einem Kapitel ihrer Familienerrinerungen Hermine
Wittgenstein, die Schwester der Bauherrin Margarete Stonborough und von Ludwig Wittgenstein, der es übernommen
hatte, das Haus für seine Schwester zu bauen. Mit den Türen
hatte es eine besondere Bewandtnis, Türen und Fenster waren
«ein großes Problem», sie waren aus Eisen, und «die Konstruktion der abnorm hohen Glastüren mit den schmalen ei-
sernen Teilungsleisten zwischen den Gläsern war übermäßig
schwierig, denn die Leisten laufen nur senkrecht, sind von
keiner waagrecht laufenden gestützt, und es wurde da eine
Präzision gefordert, die unerreichbar schien». Acht Firmen
fühlten sich dem nicht gewachsen, und die Tür, für die man
Monate gebraucht hatte, wurde schließlich als unbrauchbar
zurückgegeben. So ging es mit allen Bauelementen und Baudetails. Unendlich lange wurde experimentiert und an Model-
len erprobt, was dann mit einer unerbittlichen Genauigkeits-
forderung in die Wirklichkeit übertragen wurde. Als stärksten
Beweis für «Ludwigs Unerbittlichkeit» führt die Schwester

die Tatsache an, daß er die Decke eines saalartigen Raumes noch um drei Zentimeter heben ließ, als das Haus für den Einzug fertig gemacht wurde: «Sein Gefühl war absolut richtig, und diesem Gefühl mußte gefolgt werden.»

Die ihren Bruder grenzenlos bewundernde Schwester folgte seiner Ästhetik der Präzision und Klarheit, mit der das Haus den «einfachen, inoffensiven Häusern» in der Umgebung des Grundstücks in der Kundmanngasse entsprach. Minutiös verzeichnet Hermine auch jedes Detail der von Ludwig entworfenen Heizkörper. Sie erinnert sich genau an jede der Schwierigkeiten, die Röhrenstücke ineinander zu passen. Aber sie kann doch den Eindruck nicht bannen, ihr Bruder habe da versucht, mit Präzisionsinstrumenten Kisten zu öffnen. «Sagen Sie, Herr Ingenieur, kommt es Ihnen denn da wirklich auf den Millimeter an?» fragte einer der Schlosser, der ein Schlüsselloch genau einzurichten hatte, «und noch ehe er ganz ausgesprochen hatte, fiel ein lautes, energisches ‹Ja›, so daß der Mann beinahe erschrak. Ja, Ludwig hatte ein so empfindliches Gefühl für Maße, daß es ihm oft auf einen halben Millimeter ankam.» Zeit und Geld durften keine Rolle spielen, jedem Detail wurde eine fast grenzenlose Aufmerksamkeit gewidmet, «denn alles war wichtig, es gab nichts Unwichtiges außer Zeit und Geld». Das war die Einstellung, die sich die Familie noch aus den Zeiten bewahrt hatte, als sie ein ungeheures Vermögen besaß, von dem nach dem Krieg noch ein beträchtlicher Reichtum blieb.

Der Vater Karl Wittgenstein, der Krupp Österreichs, war ein Selfmademan, der, als Junge nach Amerika entlaufen, nach einigen Jahren wie ein verlorener Sohn zurückkehrte. Die sechs Söhne und drei Töchter aus dieser schon in der dritten Generation assimilierten jüdischen Familie hatten fast alle eine hohe musikalische, künstlerische Begabung. Im Palais Wittgenstein in der Alleegasse 16 (heute Argentinierstraße) befand sich eine beachtliche Sammlung zeitgenössischer Bilder aus den Jahren zwischen 1870 und 1910, Ge-

mälde von Segantini und Klimt, Plastiken von Rodin, Me-
strovic und die Beethovenbüste Max Klingers. Die «Alleegasse», wie das Stadthaus der Wittgensteins genannt wurde,
war ein Mittelpunkt des Wiener Musiklebens. Bruno Walter
berichtet, er sei vom «echten musikalischen Gefühl» der
Wittgensteins angezogen gewesen, Brahms ging ein und aus,
und der junge Pablo Casals spielte dort. Der musikalisch be-
gabteste der Brüder Wittgensteins, der älteste, Hans – das
erste Wort, das der kleine Hans lernte, soll «Ödipus» gewesen sein –, dem es, so die ältere Schwester Hermine, an «Lebenswillen» und «Lebenskraft» mangelte, nahm sich 1902
das Leben. Ein Jahr später tat dies auch Rudolf, der dritte der
Brüder, und schließlich der zweite, Kurt, als Offizier am
Ende des Weltkriegs, als es ihm nicht gelang, für einen gere-
gelten Rückzug seiner Leute von der italienischen Front zu
sorgen oder weil er die Niederlage nicht zu ertragen vermochte. Der Zweitjüngste, Paul Wittgenstein, der als Pianist
ausgebildet war und im Krieg einen Arm verloren hatte, hat
als berühmter einarmiger Virtuose – für ihn schrieb Ravel
1931 das Klavierkonzert für die linke Hand – einen unglaub-
lichen Lebenswillen bewiesen.

Die Familie besaß ein starkes soziales Verantwortungsge-
fühl, das sich vor allem im karitativen Wirken ihrer weib-
lichen Mitglieder äußerte. Aber auch der Jüngste, der Philosoph, neigte zu ungewöhnlichen Gesten. Im Jahre 1914
machte er dem Herausgeber der Zeitschrift «Der Brenner»,
Ludwig von Ficker, eine Schenkung von hunderttausend
Kronen, die dieser an einige Schriftsteller seiner Wahl verteilen sollte, ohne den Spender zu nennen. Darunter waren
Rilke und Trakl, zu Wittgensteins Bedauern auch Albert
Ehrenstein. Nach dem Krieg überschrieb er seinen Anteil
des Familienvermögens an die Verwandtschaft und lebte von
seinen bescheidenen Einkünften als Volksschullehrer und
später von Stipendien der Universität Cambridge, ehe er
dort Professor wurde. Während er von 1926 bis 1928 das

Haus baute, besaß er nur noch geringe eigene Mittel. Als nach all der Mühe, die er und alle Beteiligten sich gegeben hatten, schließlich nur noch ein einziges Stiegenfenster seinen ästhetischen Ansprüchen nicht genügte, spielte Wittgenstein, so erzählt Hermine, in der Lotterie, um es mit dem Gewinn am Ende doch noch in Ordnung bringen zu können. Daß Wittgenstein für den Bau des Hauses zwei Jahre seines Lebens opferte, war also nicht Übermut eines Reichen, für den Geld und Zeit keine Rolle spielten. Zu Opfer hat er notiert: «Wenn du ein Opfer bringst und dann darauf eitel bist, so wirst du mitsamt deinem Opfer verdammt.»

Sonderbarer als das Haus war sein Erbauer. Aber den Sonderling, der er zweifellos auch war, überragte seine eminente philosophische Begabung. Als die älteste Schwester den gerade Dreiundzwanzigjährigen 1912 in Cambridge besuchte und seinem Mentor Bertrand Russell – damals schon auf dem Gebiet der mathematischen und philosophischen Logik ein weltberühmter Professor – vorgestellt wurde, sagte dieser: «We expect the next big step in philosophy to be taken by your brother.» Diesen Schritt tat Wittgenstein 1921 mit seinem «Tractatus logico-philosophicus», doch er tat ihn in einer so unerwarteten Weise, daß selbst Russell ihn nicht verstehen konnte. Russell begann sich damals vorzugsweise mit moralischen und politischen Fragen zu beschäftigen, was ihm bis ins hohe Alter ein zweideutiges Ansehen gab. Dem Weltruhm Wittgensteins nach dem Zweiten Weltkrieg ist es zu verdanken, daß das Haus in der Kundmanngasse, das die Familie Stonborough nach 1938, als Hitler den «Anschluß» vollzog, verlassen mußte, um sich in England in Sicherheit zu bringen, nicht unbemerkt abgerissen werden konnte. Als aber 1971 Wittgensteins Neffe Thomas Stonborough das Grundstück verkaufte, schien der Abriß doch unausweichlich. Daß es nicht dazu kam, war vor allem das Verdienst von Bernhard Leitner, der in einer englischsprachigen Zeitschrift den ersten Aufsatz über das Haus in der Kundmanngasse und im Verlag des Nova Scotia College of Art and Design in Halifax ein hervorragend dokumentiertes Buch über Ludwig Wittgenstein als Architekten publizierte.

Damit waren die Wittgensteinverehrer aufmerksam geworden, die sich für jede Einzelheit seiner Biographie interessierten und sogar nach Exemplaren der Schulfibel Ausschau hielten, die Wittgenstein als Grundschullehrer verfaßt hatte, oder das Kloster aufsuchten, in dessen Garten er als Hilfsgärtner gearbeitet hatte. Das Haus in Wien ist, neben einer Hütte, die Wittgenstein sich 1914 in Norwegen baute, das einzige Stück Architektur des in Berlin und Manchester ausgebildeten Ingenieurs. Es ist für das Verständnis seines Lebenswerks kein beiläufiges Zeugnis. Zu seinem Freund und Schüler M. O'Drury hat Wittgenstein einmal gesagt: «Sie glauben, die Philosophie sei ein schwieriges Geschäft, aber ich kann Ihnen sagen: Verglichen mit den Schwierigkeiten, die in der Architektur stecken, ist das gar nichts.» Er war ja auch der Ansicht, daß Philosophen kein höheres Ansehen genießen sollten als Klempner – und dies war ernst gemeint, nicht versteckte oder gar verletzte Eitelkeit, die er für die «fürchterlichste Kraft auf der Welt» hielt. Er ging bis zur Selbsterniedrigung, um sie niederzuhalten.

Einer seiner Studenten in Cambridge berichtet, wie sie sich darüber wunderten, daß ihr Lehrer, der über die «moderne» Architektur so abfällig zu urteilen pflegte, selbst ein «modernes» Haus gebaut hatte, wie die aus Wien mitgebrachten Fotos zeigten. Bei einem Besuch in Dublin, erzählt Drury, sprach Wittgenstein im Hof des Trinity College von dem Ausdruck des «protestantischen Machtgewinns» und bescheinigt dem gegenüber den Erbauern der georgianischen Architektur, sie hätten immerhin so viel guten Geschmack besessen, um zu erkennen, «daß sie nichts sonderlich Wichtiges zu sagen hatten», und hätten «daher gar nicht erst den Versuch gemacht, etwas zum Ausdruck zu bringen». Als man den Gebäuden näher kam, meinte er angesichts der dürftigen

Details: «Habe ich es nicht immer gesagt? Die Nacht ist des Architekten Freund!» Aber nicht einmal sie konnte dem zu Hilfe kommen, was sich mit lautstarker Rhetorik auf dem Trafalgar Square darbot. Der Maßstab war groß und sollte einer großen Kultur gemäß sein. Aber konnte er das noch? Auf das im Bau befindliche Canada House zeigte Wittgenstein mit wedelnder Hand: «Das da ist Schwulst; das ist Hitler und Mussolini.» Bemerkenswert an diesem Urteil ist nicht so sehr, daß er meinte, die Architekten hätten in dieser Zeit gar nicht anders gekonnt. Vielmehr wollte er zeigen, warum Hitler und Mussolini gar nicht umhin konnten, mit dem Mittel des Schwulsts zu arbeiten.

Wittgensteins Urteile konnten selbst seine nächsten Freunde erschrecken. Wenn er von seiner Rußlandreise im Jahre 1935 sprach, pflegte er die Basiliuskathedrale im Kreml als eines der schönsten Bauwerke zu rühmen, das er je gesehen habe. «Es gibt eine Geschichte», sagte er 1949 zu Drury – er wisse zwar nicht, ob sie zutrifft, hoffe aber, daß sie stimmt – «wonach Iwan der Schreckliche, als er die vollendete Kathedrale sah, den Architekten blenden ließ, damit dieser nie etwas Schöneres entwürfe». Er zeigte Verständnis für den Zaren, aber nicht, weil er, wie ein Surrealist, die Provokation um ihrer selbst willen liebte: «Was für eine *schreckliche* Art», seine Bewunderung auszudrücken. Wer sich für alle menschlichen Ausdrucksformen der Bewunderung interessiert, so kann man sich diese Äußerung zurechtlegen, wird auch die Formen der Bewunderung würdigen müssen, die er nicht nachvollziehen kann.

Das Staunen soll zur Philosophie führen, aber die Fähigkeit zu staunen setzt viel Philosophie voraus. Wittgenstein, der keinen Respekt vor den großen Philosophen hatte, ja ihnen gegenüber zu respektlosen und rüden Äußerungen neigte – über die sokratischen Dialoge sagte er, daß er sie mit dem Gefühl las: «Welche fürchterliche Zeitvergeudung! Wozu diese Argumente, die nichts beweisen und nichts klären?» – war anderem gegenüber zu größter Bewunderung fähig. Wenn seine Bewunderung enttäuscht wurde, quittierte er dies mit Sarkasmus. Als er den von ihm, neben Karl Kraus, sehr geschätzten Architekten Adolf Loos nach dem Ersten Weltkrieg wieder sah, war er von seinem Besuch bei ihm «entsetzt und angeekelt», Loos sei «bis zur Unmöglichkeit verschmockt» gewesen. Die Schriften von Adolf Loos, seine als Feuilletons getarnten Traktate, blieben gleichwohl ein Vorbild für Wittgenstein.

Loos wird heute meist nur mit dem Satz «Ornament ist Verbrechen» zitiert, den er so nicht gesagt hat, und ihm wird leichthin Schuld gegeben an den lieblos kahlen Bauten unserer Städte. Das berühmte Haus am Michaelerplatz von 1911, das der nur zwanzig Jahre älteren barockisierenden Hofburg gegenüberliegt und während seiner Errichtung einen Aufstand der Wiener Bevölkerung gegen die Moderne auslöste, wird immer als ein Beispiel für die Austreibung des Ornaments genannt. Für Loos war das Ornament ein Residuum, ein atavistisches Relikt, wie die Tätowierung, aber das Schmuckbedürfnis war davon zu unterscheiden: Es hatte sich in einen Respekt vor den Dingen und vor ihrem Material verwandelt. Dem wurde nur das alte Handwerk gerecht, und so war als Ausdruck der Freude am Handwerk durchaus legitim, was als Protz mit dem Bann belegt war. Als Loos gefragt wurde, warum gerade er Schuhe mit Lochmuster trage, meinte er, es geschehe seinem Schuster zuliebe, der sonst keine Freude an seiner Arbeit hätte. Dieser Funktion sollte die Form folgen. Wer sich das lange umstrittene Haus am Michaelerplatz ansieht, wird bei genauem Hinsehen, wie in einem Suchbild, eine Fülle «ornamentaler» Details entdecken. Das auffälligste Ornament sind die über zwei Geschosse reichenden, in die Fassade hineingedrückten monumentalen Säulen, die nichts tragen, vergleichbar dem Entwurf von Loos für einen Wolkenkratzer des Gebäudes der «Chicago Tribune»: ein absolutes Ornament, in dem die Funktion verschwunden ist.

Durchblättert man die Akten des Skandals um das Loos-Haus, so ist man überrascht, daß nach der Auffassung des Erbauers ein bürgerliches Nutzgebäude in seinem Stil hinter einem Monumentalgebäude, der Hofburg, bescheiden zurücktreten sollte, wie es in der Vergangenheit die «schmucklosen Bürgerhäuser» zu tun pflegten. In dem Streit, an welchem sich die Öffentlichkeit bis zur Selbstentlarvung beteiligte – weshalb Karl Kraus ihn wie einen Kriminalprozeß verfolgte – ging es nicht zuletzt auch um die preziöse Form «englischer bow-windows». Sie sollten das «Gefühl der Sicherheit» vermitteln, daß man nicht aus dem ersten Stock auf die Straße stürzen konnte! Und der umständlichen Rechtfertigung bedurfte der horizontale Mäanderstreifen auf der glatten Putzfassade, vor allem aber die Wirkung des seltenen, für ein monumentales Gebäude noch nie verwendeten Cippolini-Marmors. Vertraut mit den Ansichten von Loos war Wittgenstein vor allem als Leser der «Fackel», wo immer wieder von ihm und über ihn zu lesen war. Schon 1909 zitierte Karl Kraus das Wort von der «Verschweinung des praktischen Lebens durch das Ornament», die Adolf Loos «nachgewiesen» habe; die journalistische Phrase sei das «Ornament des Geistes». In dem großen Essay «Heine und die Folgen», den Karl Kraus 1911 nach dem Loos-Skandal geschrieben hatte, wurden diese Formulierungen wieder aufgenommen und zugespitzt zu einer lasziven Polemik gegen die Presse. Ihre Säfte seien «aus der Literatur ‹gepreßt›, ihr erpreßt von dem modernen Geist, der dem Geist erstohlen ward», Formulierungen, die noch Adorno in seinem Werk an zentralen Stellen variiert hat. Das alles schloß sich an Loos an und führt auch zu Wittgenstein. Der Gebrauch, sagt Loos, sei die Form der Kultur, «die Form, welche die Gegenstände macht». Von diesem Satz ist es nicht weit zu dem semantischen Hauptsatz des späten Wittgenstein, die Bedeutung eines Wortes sei die Weise seiner Verwendung.

Seit dem ersten Jahr des Weltkriegs stand Wittgenstein in

einer indirekten Beziehung zu Loos durch dessen Schüler, den Architekten Paul Engelmann, mit dem er befreundet war und der bei dem Bau des Hauses in der Kundmanngasse offiziell sein Partner war. Zunächst hatte Engelmann den Auftrag erhalten, das Haus in der Kundmanngasse zu bauen, dann aber nahm sein Freund an dieser Aufgabe immer mehr Anteil, bis er sie ganz an sich zog. Von Engelmann stammt auch einer der eindrucksvollsten biographischen Berichte über den jungen Ludwig Wittgenstein. Im Jahre 1911 hatte «Die Fackel» ein Gedicht Engelmanns auf das Haus am Michaelerplatz veröffentlicht, in einer Sprache der Bewunderung, die nicht mehr leicht zugänglich ist, und doch eine Miniatur der Philosophie jenes Bauens gibt, von dem auch Wittgensteins Haus Zeugnis gibt: «Aus dem Geschnörkel wesenloser Hirne/erhebt sich eine Tat, so scharf umrissen,/so schön und reinlich, wie ein gut Gewissen,/wie unter Gaunern eine freie Stirne.» Die Gleichung von Werk und Tat, von Wort und Tat ist, mit den explosiven Folgerungen, die aus ihr sich ergeben, von Karl Kraus in einer beispiellosen Weise polemisch instrumentalisiert worden. Sie steht aber in lakonischer Unerbittlichkeit auch in Wittgensteins späten «Philosophischen Untersuchungen»: «Worte sind Taten.» Engelmanns Sonett schließt mit der Terzine «Sie mögen weiter schrein und weiter schreiben:/Du stehst für dich, gewaltig aufgerichtet/als erstes Zeichen einer neuen Zeit!»

Wer den Lektionen von Loos folgt, wird an Wittgensteins Haus vielleicht nicht Baudetails entdecken, die sich auf ihn zurückführen ließen, wohl aber eine vergleichbare Einstellung zur Bauaufgabe. Ein Haus ist kein Kunstwerk, das war einer der Grundsätze von Loos, an den sich auch Wittgenstein hielt: «Das Haus hat allen zu gefallen. Zum Unterschiede vom Kunstwerk, das niemandem zu gefallen hat», erläutert Loos. Aber ist Wittgensteins Haus nicht doch ein Kunstwerk, folgt es nicht einem Kunstanspruch? Der Architekt schließt dies mit Nachdruck aus: «Das Kunstwerk ist revolutionär, das Haus konservativ.» Das gilt ohne Zweifel für Wittgensteins Haus. In der Linie, die Loos, unter der Maske des Feuilletonisten, von der Schöpfung bis zum Knopf gezogen hat, steht es am Ende, etwa dort, wo bei Loos der Knopf kommt: «Gott schuf den Künstler, der Künstler schafft die Zeit, die Zeit schafft den Handwerker, der Handwerker schafft den Knopf.» Allenfalls Handwerkerethos würde der Philosoph als Architekt für sich in Anspruch nehmen, und auch als Philosoph hat er sich an diesem Ethos gemessen. Und so wurden der Bau des Hauses zu einem philosophischen Exerzitium. Philosophie und Architektur sind durch die Forderung absoluter Präzision verbunden. Hinzu kamen eine Schönheit, die nicht «erpreßt» war, ein Gebrauch, der nicht auffiel, und der Versuch, Raum für das Selbstverständliche zu schaffen. All dies sind Forderungen, die Wittgenstein auch an die Philosophie stellte.

Wenn man heute das Haus besucht, findet man es zwar gut erhalten und in den Details respektiert, doch die Atmosphäre, zu der auch Klimts Porträt der Hausherrin Margarete Stonborough beitrug, ist ebenso wie die Einrichtung, zu der Wittgenstein durch eigene Sesselentwürfe beitragen wollte, verlorengegangen. Wie der Handschuh auf die Hand habe die «hausgewordene Logik», so Hermine Wittgenstein, zu ihrer Schwester Margarete gepaßt. Aus dieser Logik wurde im Zweiten Weltkrieg Logistik, als das Haus zunächst in ein Heereslazarett des Roten Kreuzes, dann in ein Quartier von russischen Soldaten mit ihren Pferden verwandelt wurde, später kamen die Heimkehrer. Nach der Rettung des Hauses zog die Botschaft einer osteuropäischen Volksdemokratie ein, die Räume schienen sich widerstandslos den bürokratischen Erfordernissen anzupassen. Bei den Eisentüren und Eisenfenstern sprach nun die Kälte des Materials stärker als die subtilen Maßverhältnisse, die nuancierte Farbgebung war ohnehin verschwunden. Wittgensteins Bau, der eine deutliche Absage an alle moderne Serienfertigung war und in scheinbar modernem Gewand seinen Abstand zur modernen Zivilisation deutlich bekundete, scheint dies nun zu büßen, indem seine Nuancen dem Geist der Uniformität geopfert werden.

Egalitäre Phantasien waren Wittgenstein nicht fremd. Aber auch sie entsprangen einem Zweifel an der Moderne, waren ein Protest gegen sie. Seine Pläne, Mitte der dreißiger Jahre, als Stalin die Sowjetunion dem Westen zu öffnen schien, nach Rußland zu gehen, waren seiner Verehrung Tolstois und Dostojewskis geschuldet. Nachdem er die Sowjetunion einmal besucht hatte, bewarb er sich, einwandern zu können, um an den äußersten Rändern des Landes, in den «Kolonien», als Arzt zu arbeiten. Der Nationalökonom John Maynard Keynes, der 1925 ein Buch über seine Eindrücke von der Sowjetunion veröffentlicht hatte, schrieb an den russischen Botschafter Maiski, Wittgenstein empfinde «sehr viel Sympathie für die Lebensform, für die die neue russische Regierung seiner Überzeugung nach einsteht». Worauf beruhte diese Sympathie? Negativ war sie getragen von der Verzweiflung an der eigenen «halbverfaulten» Kultur. Demgegenüber schien die «Leidenschaft» Rußlands einiges zu versprechen.

Die einzige Stelle in seinen Aufzeichnungen, an der Wittgenstein sein Haus in der Kundmanngasse erwähnt, ist eine Abrechnung am Maßstab von Leidenschaft und Wildheit. Die Notiz von 1940 findet sich in den nachgelassenen «Vermischten Bemerkungen», einer einzigartigen Sammlung von Abdrücken, die der Philosoph von seinem Denken genommen hat: «Mein Haus für Gretl ist das Produkt entschiedener Feinhörigkeit, *guter* Manieren, der Ausdruck eines großen *Verständnisses* (für eine Kultur etc.) Aber das *ursprüngliche* Leben, das *wilde* Leben, welches sich austoben möchte – fehlt. Man könnte also auch sagen, es fehlt ihm die *Gesundheit* (Kierkegaard) (Treibhauspflanze.)»

HOROSKOP DES
BRIEFMARKENHIMMELS

Aby Warburg

Laßt, die ihr eintretet, die Hoffnung fahren, möchte man, mit Dantes Worten am Eingang der Hölle, dem Leser zurufen, der dieses Buch aufschlägt, um sich darein zu vertiefen. Denn aussichtslos von vornherein muß es erscheinen, in das Innerste jener legendären Bibliothek Warburg einzudringen, in ihr Tagebuch, das Aby Warburg und seine engsten Mitarbeiter Fritz Saxl und Gertrud Bing vom Juli 1926 bis zu Warburgs Tod im Oktober 1929 führten. Fünfhundert enge Druckseiten mit Mitteilungen über den Bibliotheksalltag, über Vorgänge und Personen, die zu einem großen Teil vergessen sind, mit Notizen über Einfälle und Arbeitspläne, mit Kommentaren zu Vorträgen und Lektüren, Anweisungen und Hinweisen auf lange gesuchte und endlich gefundene Bücher – wer, möchte man fragen, wird sich heute noch, bald achtzig Jahre später, in einem solchen Labyrinth von Kleinigkeiten zurechtfinden?

Entmutigend kann schon der Auftakt wirken: «Das Greuel der schief stehenden Bücher muß aufhören, da es der Bibliothek den Ausdruck eines Zigeunerwagens gibt. – Jedermann mache es sich zur Aufgabe, die Bücher, wo sie im Hinfall sind, aufzurichten. Warburg.» Dann folgt eine Anweisung, daß verspäteter Dienstantritt mit einer Geldstrafe belegt werden könne, eine Mark für die halbe Stunde, wie in anderen Betrieben üblich. Doch kaum hat der Leser die Schwelle überschritten, wird er zum Teilnehmer eines über alles Erwarten lebendigen und nicht im mindesten verstaubten Bibliotheksgeschehens, das Einblick gibt in eines der aufregendsten Kapitel der deutschen Geistesgeschichte des vorigen Jahrhunderts. Nicht nur die Theater, Varietés, Kinos und Ausstellungssäle waren die Schauplätze der zwanziger Jahre, sondern auch, wie man hier erfährt, die stille Bibliothek des Privatgelehrten Aby Warburg in der Hamburger Heilwigstraße. Sie wurde im Sommer 1926 eröffnet, und die Büchersammlung, die Aby Warburg als Privatmann zusammengetragen hatte, wurde aus dem Nachbarhaus in das neue Bibliotheksgebäude gebracht und begann nun in die Öffentlichkeit zu wirken. Sie suchte einen Platz nicht nur in der geistigen Landschaft Deutschlands, sondern Europas, und rasch streckte man Fühler bis nach Amerika aus.

Die Bibliothek Warburg, die nach ihrer Vertreibung 1933 in London eine neue Heimat gefunden hat, ist heute eine der international angesehensten geisteswissenschaftlichen Forschungsstätten. Ihr früher, etwas exzentrischer Ruhm hat sich mit der Solidität jahrzehntelang beharrlich verfolgter Forschungen verbunden. Aus der Büchersammlung eines Privatgelehrten, die primär seinen eigenen Forschungsinteressen diente, ist ein vielfältig benutzbares Instrument für die unterschiedlichsten Fragestellungen geworden. Damit wurde auch der Preis entrichtet, den jede Normalisierung kostet: Entspannung der Probleme. Die Einzigartigkeit dieser Bibliothek, deren Werden in der vorliegenden Publikation Tag für Tag zu verfolgen ist, beruhte jedoch auf einer ungewöhnlichen Aufgabenstellung und einer nicht weniger eigenwilligen Art, sie auszuführen. Aby Warburg hatte in einer legendären Transaktion sein Erstgeburtsrecht, das ihn in die Leitung der Warburg Bank geführt hätte, an seine Brüder abgetreten, die im Gegenzug seine Bücherkäufe finanzierten. Als seine Forschungsinteressen sich immer mehr ausdehnten, war die Weitsicht des mit seinen Brüdern abgeschlossenen Vertrages nicht mehr zu übersehen.

Warburgs Themen hatten die Eigenart, aus kleinen, eng umrissenen Fragen ins Uferlose zu wachsen. Aus einer Untersuchung über einige antikisierende Bewegungsmotive in der Kunst Botticellis wurde bald ein ausgreifendes Forschungsprogramm über das Nachleben der Antike in der Kunst der Renaissance und darüber hinaus. Hinzu kamen Untersuchungen zur Geschichte der Astrologie und der Wege, auf denen sie das Weltbild der Antike unterwanderte und wiederum zum Transportmittel für antike Bildprägungen wurde. Wanderwege von Bildern und Bildgedanken wurden zu einem der Lieblingsthemen Warburgs. Bald kamen Forschungen über deren materielle Träger hinzu, zur Überlieferung von Wort und Bild, über deren Wechselwirkung und Schicksale. Eine Frage führte zur nächsten, und allmählich wuchs ein Geflecht von Problemen heran, das der Bibliothek und ihrer auf sie ausgerichteten Ordnung bedurfte, um nicht vollends unübersichtlich zu werden.

Was Warburg, der als Kunsthistoriker begonnen hatte, betrieb, war nicht mehr Kunstgeschichte, sondern eine neue Kulturgeschichte, in deren Zentrum das Verhältnis von Wort und Bild stand, die aber weiter ausgriff, indem sie den Beziehungen der unterschiedlichsten kulturellen Strömungen und Kräfte nachging. Zu dem Zeitpunkt, als das Bibliothekstagebuch einsetzte, war Warburgs publiziertes Werk abgeschlossen, aber nicht gesammelt. Seine Aufsätze waren verstreut, seine mit ihnen verbundenen Forschungsideen meist nur Andeutung geblieben. Der Druck, der auf ihm lastete, muß ungeheuer gewesen sein: Ein in seinem Kopf fertiges Gedankengebäude verlangte nach einer gültigen Formulierung. Es war so verzweigt wie die immer rascher wachsende Bibliothek. Sie war der Grundriß seiner Ideen. So kommt es, daß man es bei dem, was sich in ihrem Tagebuch spiegelt, nicht mit einem normalen Bibliotheksalltag zu tun hat. Was sonst

Routinearbeit ist, die Aufstellung der Abteilungen, ist hier ein sorgfältiges Abwägen von Zusammengehörigkeit und Abgrenzungen im Hinblick auf die Probleme, deren Klärung die Bibliothek dienen sollte.

Es sind die drei letzten Arbeitsjahre Warburgs, die das Tagebuch dokumentiert. Da seine Person mit der Bibliothek nahezu verschmolzen ist, handelt es sich bei seinen Eintragungen um fast intime Äußerungen, ein fortlaufendes Protokoll seiner Einfälle und Überlegungen. Es ist umso wertvoller, als Warburg sonst unendliche Schwierigkeiten hatte, eine abschließende Formulierung seiner Gedanken zu finden. Der Briefschreiber Warburg, das hat Ernst Gombrich in seiner Biographie angemerkt, gebe den leichtesten Zugang zu seinem geistigen Temperament. Jetzt kann man hinzufügen: Warburg, der Hauptautor des Bibliothekstagebuchs, läßt den Leser, an den nie gedacht war, auf faszinierende Weise an seinen spontanen Gedanken und Aktivitäten teilnehmen. Allein der Ertrag an Anekdotischem macht die Lektüre zu einem Vergnügen. Warburg liebte es auch, die Besucher, die er durch die Bibliothek führte, mit wenigen Strichen im Tagebuch zu charakterisieren. Er tat es mit der Sicherheit eines erfahrenen Karikaturisten. So heißt es über einen baltischen Adligen: «Ein ganz verstümmelter Schnurrbart als Deflationswerk feudaler Ausdruckswährung.»

So entstanden Miniaturporträts von Hamburger Größen, aber auch von jungen Wissenschaftlern wie Hans Freyer oder Erich Rothacker. Während seines Aufenthaltes im Spätsommer 1929 schreibt Warburg im Bibliothekstagebuch, das ihn und Gertrud Bing auf dieser Reise begleitet, über Benedetto Croce: «Ein knorziger Mann. Wenn es zwei Aufklärertypen gibt: Engel der Verkündigung mit krachender Offenbarungsfeuererscheinung oder Gnom mit unheimlichem Gefunkel aus den Tiefen der Erde aufsteigend, so ist er das letztere.» An den vielen, immer originellen Charakterisierungen fällt ihre Promptheit auf. Wie ein Horoskopsteller war dieser Erforscher der Astrologie stets zu einer Expertise bereit.

Wenn es des Beweises noch bedurfte, so wird es an Warburgs Tagebucheintragungen überwältigend deutlich, daß er, wie er selbst gesagt hat, von seinen Problemen «kommandiert» wurde. Für das Zusammenwirken von Zufällen, von einer eigentümlichen Tageshellsichtigkeit und produktiven Einfällen enthält es zahllose Beispiele. So läßt er Ende 1926 eine Briefmarke entwerfen – «unten das Meer und darüber das steil auffliegende Flugzeug» mit dem Schriftzug «Briand Chamberlain Stresemann». Die Marke soll den Vertrag von Locarno und die Idee Europa feiern. Warburg wird einen späteren Entwurf Stresemann, der im Dezember den Friedensnobelpreis erhalten hatte, bei dessen Besuch in der Bibliothek Warburg übergeben. «Idea vincit» lautete die Devise des Blattes. Der Kunsthistoriker als Entwerfer von Briefmarken: der Wille, den «flauen Kitsch», wie er die Briefmarken der Zeit nannte, durch eine anspruchsvolle Symbolisierung nicht nur der modernen Technik, sondern der «humanen Eigendynamik» zu ersetzen, brach bei dem Symbolforscher Warburg auch einem allgemeinen Interesse an der Kunstgeschichte der Briefmarke Bahn.

Von nun an wurden Briefmarken, die er als Ideenträger entdeckt hatte, zu einem festen Bestandteil seiner Bilderforschung. Sie gehörten zum politischen Festwesen und hingen damit nicht nur mit der heraldischen Symbolik der Vergangenheit zusammen. Briefmarken wurden für Warburg zu einem bevorzugten Mittel, seine «Geistespolitik» darzulegen. So notierte er sich für die Studentengruppe, die mit Hans Freyer aus Leipzig angekündigt war: «die Briefmarken-Schöpfung als System der symbolischen Gestaltung in Augenschein nehmen», und fand auch rasch eine soziologische Fassung seiner Ideen: «Der politische Machtgedanke besticht durch das antikisierende Hoheitszeichen – das moderne Landesvater-Gremium lockt durch die Ansichtspostkarte. Die

Luftpostmarke setzt die energetische Verkehrs-Dynamik an Stelle der staatspolitischen Willensübertragung.» Damit war ein neues Instrument der Zeitdiagnose gefunden, das Warburg bald in Rom auf die Marken des faschistischen Italien anwenden konnte. Indem das Henkerbeil zum Staatssymbol erhoben wurde, huldigte man einem «Machtkult polizeilicher Struktur» und zeigte durch Rückgriff auf ein römisches Symbol, wie «völlig cäsarenwahnsinnig» man war. Briefmarken wurden zu einem besonders auffälligen Element jenes Bilderatlas, an dessen Fertigstellung Warburg in seinen letzten Lebensjahren arbeitete. Auf großen Stellwänden in der Bibliothek waren Photographien von Kunstwerken angeordnet, um ein bestimmtes Problem zu dokumentieren. Das Tagebuch der Bibliothek enthält die ausführlichste Dokumentation der Arbeit an diesem ehrgeizigen Projekt, in dem Warburg seine Lebensarbeit zusammenfassen wollte. Gegen Ende des Tagebuchs verfaßt er die Einleitung, die dem kürzlich publizierten Bruchstück vorangestellt wurde, eine ungemein komprimierte Zusammenfassung seiner Ideen.

Im Tagebuch kann man nun verfolgen, wie an diesem Projekt gearbeitet wurde, von dem Warburg und seine Mitarbeiter annahmen, daß es kurz vor der Vollendung stehe. Ähnlich wie bei den Briefmarken gibt hier ein Stichwort das andere, ein neuer Deutungseinfall führt dazu, ganze Tafeln zu revidieren. Auch die Aktualität, wie zuletzt das Konkordat zwischen der italienischen Regierung und dem Vatikan, an dessen feierlicher Verkündung Warburg in Rom als Zuschauer teilnimmt, trägt neue Bildgedanken bei. Im Tagebuch schlägt sich nicht nur dieser Arbeitsprozeß des Aussonderns und Vernichtens von Photographien nieder, sondern parallel dazu die Suche nach einprägsamen, die Fülle der Gedanken in größter Knappheit bündelnden Formulierungen.

Nur der Obertitel des Atlas stand frühzeitig fest: «Mnemosyne», das griechische Wort für Erinnerung. Alles andere war bis zuletzt im Fluß, obwohl das Ziel greifbar nahe schien.

In wahren Kaskaden von Formulierungen wurden Überschriften für die einzelnen Tafeln und für das gesucht, was sie demonstrieren sollten. Dabei trat nun neben der improvisierenden Beweglichkeit eine andere Seite der Sprache Aby Warburgs hervor, sein manisches Bemühen um begriffliche Eindeutigkeit. Er selbst nannte es seinen «Klarmachefimmel». Warburg glaubte, daß geisteswissenschaftliche Erkenntnis von mindestens ebenso großer Präzision sein müsse wie die Naturwissenschaften. Einige Hauptbegriffe wie «Mneme» oder «Engramm» entlehnte er der Biologie und Physiologie seiner Zeit, heute würde er auf Neurologie und Computersprache zurückgreifen. Die Mischung von Begriffen unterschiedlichster Herkunft mußte zwangsläufig zu einem schwer verdaulichen Jargon führen. Berühmt geworden ist Warburgs verzweifelter Seufzer, den er einen Monat vor seinem Tod ausstieß: «Ich kann meine alten aus Edelblech gestanzten Ausdruckswerte nicht mehr hören.»

Zumal unter den spätesten Formulierungen sind manche, deren gedrängte Fügung aufzulösen aussichtslos erscheinen kann: «Die Philosophie des Pendelns zwischen Eignung und Grenzung skizziert. Das ‹Symbol› der Gegebenheit nach präsente Eignung, der Gespanntheit nach futurale Grenzung.» In solcher Kurzschrift wird vieles notiert, und besser als jede gelungene Definition zeigen Warburgs tastend-gewaltsame Anstrengungen, daß er unter Bildern etwas ganz anderes verstand als seine Zeit, vor allem als die Kunstgeschichte und das kunstgenießende Publikum. Der moderne Kunstgenuß steht bei ihm immer in Anführungszeichen. Kunstwerke waren für Warburg wirksame Bilder, und sie zu erkennen hieß, durch sie durchzublicken auf tiefere Schichten, auf das Prägwerk ihrer Ausdruckswerte, und ihre Verwandlung in andere Bilder verständlich zu machen. Kunstwerke und Bilder überhaupt wollten etwas mitteilen, was in ihnen verkappt enthalten war und aus ihnen erst befreit werden mußte.

Das war für Warburg etwas anderes als die Lösung von Bilderrätseln. Die Botschaft der Bilder ließ sich nämlich nur erraten und entschlüsseln, indem man ihnen auf den Wegen ihrer historischen Wirksamkeit folgte. Dann gaben sie ihre Botschaft wie von selber preis. Man kann im Bibliothekstagebuch verfolgen, wie der Atlas zu einem Auffangspiegel für die Eigenbewegungen der Bilder wird und wie sie sich dem Spannungsbogen ihrer Energie, ihrer Ladung und Entladung folgend, gruppieren und immer wieder umgruppieren. Dabei läßt sich der Eindruck nicht abweisen, daß das ganze Unternehmen Züge des Protestes gegen ein entspanntes Kulturverständnis hatte, gegen die nachlassende Macht der Überlieferung und ihrer prägenden Bilder. Das energetische Vokabular, das Warburg in die Symboltheorie einführte, war eine einzige Beschwörung der Wirkungsmacht der Bilder, eine vehemente Abweisung alles Gefälligen und Behaglichen. In einer Frauenfigur mit wehendem Gewand auf einer Briefmarke die Spuren einer Mänade zu erkennen, kam dem für Warburg triumphalen Beweis gleich, daß noch in den banalsten Bildern die Spuren von uralten Prägungen nachwirkten.

Oft wird behauptet, daß Warburg die astrologische, magische und rituelle Bildwelt vom Stigma der Verächtlichkeit befreit habe. Tatsächlich wollte er, wie im Tagebuch seine verzweifelten Bemühungen um das richtige Wort zeigen, den Sinn für die Anstrengung schärfen, die es gekostet hat, sich daraus zu befreien. Er wollte vor der Unterschätzung der Gegenkräfte der Rationalität warnen und hat sich dabei weit vorgewagt. Seine Forschungen sind Warnungen vor dem Hochmut der Aufklärung, vor ihrer Vermessenheit, für bewältigt zu halten, was historisch hinter ihr lag. Daher sein berühmtes Wort: Athen will immer neu aus Alexandria zurückerobert werden.

WIDER

DAS GEFÄLLIGE

Aby Warburg

Als der alte Jacob Burckhardt Anfang der achtziger Jahre zum ersten Mal das Puppentheater aus Goethes Kindheit sah, entrang sich ihm der Seufzer: «Das ist also der Apparat, welcher in Wahrheit und Dichtung so pietätvoll besprochen wird und dessen Beschreibung im Wilhelm Meister zuerst die arme Marianne und seither so viele tausend Leser eingeschläfert hat.» So könnte man jetzt auch versucht sein auszurufen: Das ist also der berühmte Bilderatlas des großen Hamburger Kunst- und Kulturhistorikers Aby Warburg, das Vermächtnis seines Forscherlebens: Fotografien von großen, schwarz bespannten Holztafeln, worauf wiederum Fotografien von Kunstwerken, Bildern unterschiedlichster Art, Herkunft und Stillage angebracht waren.

Was nun in einem großformatigen Bildband vor uns liegt, umfaßt die an einigen Stellen lückenhafte Folge von 79 Atlastafeln, außerdem drei mit Buchstaben bezeichnete einleitende Tafeln, die den Leser über das Unternehmen orientieren sollten. Ein Brief von Fritz Saxl um 1930, in dem er dem Verleger Teubner den Atlas erläutert, der zur baldigen Publikation vorgesehen war, und eine Einleitung, die Warburg kurz vor seinem Tod 1929 verfaßt hatte, sind die einzigen zusammenhängenden Erläuterungen, die dem Leser an die Hand gegeben werden. Hinzu kommt freilich die nahezu vollständige Identifizierung der auf den Tafeln versammelten Bilder, und zu jeder Tafel gibt es Stichworte, die von Gertrud Bing stammen, Warburgs Sekretärin und Mitarbeiterin, die in alle seine Arbeitsvorhaben eingeweiht war.

Dieser asketische Auftritt des legendären Bilderatlas muß zunächst verwirren angesichts der Legenden, die sich um den Atlas rankten. Nicht erst in der jüngsten Warburg-Renaissance, die einsetzte, nachdem Ernst Gombrichs Biographie des Hamburger Gelehrten und Gründers des nach London exilierten Warburg Instituts 1981 auf Deutsch erschienen war. Zunächst war man auf Gombrichs Darstellungen des «Mnemosyne» betitelten Atlas-Projekts angewiesen, aber bald erschienenen die ersten Dissertationen und Aufsätze, dann folgten Ausstellungen (in Wien und Hamburg) der erhaltenen Fotografien der Tafeln, die in Katalogen und einer prachtvollen Sammlung von Faltblättern mit einer Fülle von Texten aus Warburgs Nachlaß und von späteren Interpreten erschienen.

Warburgs Atlas hatte den Weg in die moderne Theorie der Medien und in die aktuelle Kulturwissenschaft gefunden. Sein Leitwort «Mnemosyne» schien wie geschaffen, ihn zu einem Heiligen der neuen «Gedächtnisgeschichte» zu machen. Aber es war nicht zu übersehen, daß es weniger die Inhalte der Forschungen Warburgs waren, die so große Anziehungskraft ausübten, als vielmehr die Energetik seiner Bildkombinationen. Die Nähe zu einem Bilder aus Bildern collagierenden Verfahren springt jedem ins Auge. So wurde der Atlas nicht als gelehrtes Navigationsinstrument, sondern als ästhetisches Reizmittel genutzt – ein Gebrauch, der Warburg gewiß sehr fern gelegen hätte und zu dem er auch nicht beizutragen glaubte, wenn er nach seiner Rückkehr aus dem Sanatorium in Kreuzlingen seinem Denken mit Bildern Raum gab in Ausstellungen, wie sie die Kulturwissenschaftliche Bibliothek in den zwanziger Jahren mehrfach veranstaltete und bei denen dasselbe Verfahren wie für die

Vorbereitung des Bilderatlas angewandt wurde: Serien, Nachbarschaften und Gegenüberstellungen von Bildern, die meist – darauf konnte man sich bei Warburg verlassen – zum ersten Mal miteinander in Berührung kamen.

Die gemessen an dem bisher erkennbaren wissenschaftlichen Nutzen immense Wirkung des Atlas hängt zweifellos mit der intellektuellen Magie seines nicht-illustrativen Bildgebrauchs zusammen. Warburg war in der Tat der Ansicht, daß er nicht etwa nur Bilderrätsel löste, Einflüssen nachspürte oder kunstpsychologische Einzelfragen aufwarf, sondern ein umfassendes Projekt verfolgte, in dem seine oft auf Winzigkeiten konzentrierten Einzelforschungen ihren Platz finden würden. Da es, bei den Schwierigkeiten, die ihm die endgültige schriftliche Fassung seiner Gedanken bereitete, absehbar war, daß dies kein umfassendes gelehrtes Werk sein konnte, wurde der Bilderatlas zur rettenden Idee. Die unerläßlichen Erläuterungen ließen sich, soweit sie sich auf seine publizierten Arbeiten bezogen, auch von den Mitarbeitern formulieren, und soweit sie neues Bildmaterial betrafen, konnte es durchaus genügen, es bei Kommentaren von aphoristischer Kürze bewenden zu lassen.

In der Tat hat sich eine Fülle solchen Materials in Warburgs Nachlaß erhalten und wird in dem angekündigten Textband zum Bilderatlas hoffentlich bald veröffentlicht werden. Denn, so sehr die von den Bildtafeln ausgehende Faszination einer intellektuellen Bezauberung gleichen mag, bleibt doch der Sinn des Unternehmens der einer Philologie mit Bildern. Nicht zufällig hat die erste große Welle der Wirkung Warburgs, die maßgeblich von Erwin Panofskys ikonologischer Methode bestimmt wurde, einen Vorrang von Texten gegenüber Bildern begründet, wie es ihn bis dahin nur in der theologischen Beschäftigung mit Bildern gegeben hatte. Nach dem Abklingen der Ikonologie steht die Warburg-Renaissance heute ganz im Zeichen des «Bildes» im weitesten Verstande und kaum noch im Zeichen der Kunst.

Warburg als Kunst-Anthropologe, das wäre die Figur der Stunde.

Warburgs Einleitung zum Mnemosyne-Atlas enthält viele Hinweise darauf, daß ihm eine umfassende Theorie des Bildes im Übergang von der Natur zur Kultur vorschwebte und darüber hinaus eine Theorie des kulturellen Gedächtnisses, die erklären würde, wie es beispielsweise in der Renaissance zu einem energetisch aufgeladenen Wiederaufleben bestimmter «echt» antiker Bildformeln kommen konnte. Die Schwierigkeiten bei der Klärung dessen, was Warburg wollte, liegen auf der Hand. Es kostete ihn unendliche Mühe, seinen eigenen Forderungen nach Klarheit zu genügen, aber zugleich versuchte er, jeden seiner noch unausgegorenen Gedanken in eine prägnante Formel zu pressen, so daß der Weg vom Einfall bis zur gültigen Formulierung auch für den mit Warburg vertrauten Leser ein dorniger ist. In seine Einleitung packte er so viele Ideen wie nur irgend möglich hinein, verschaffte dort aber vor allem den Lieblingsformeln seines experimentierenden Denkens ein Unterkommen. Das alles wartet darauf, in eine Sprache übersetzt zu werden, die sich dem Bann der suggestiven Formulierungen zu entziehen weiß.

Ernst Gombrich, der 1937 unmittelbar nach seiner Ankunft in London einen (nie veröffentlichten) Kommentar des Atlas erarbeitete, hat mehrfach einen solchen Versuch unternommen. Zu den Ergebnissen gehört sicherlich, daß man Warburgs theoretische Versuche im Zusammenhang mit dem Evolutionismus sehen muß, der bei ihm ausdrücklich so wenig zur Sprache kommt, weil er seinerzeit zur kulturellen Grundausstattung gehörte. Ein anderes Ergebnis der Bemühungen des skeptischen Warburglesers Gombrich ist die Feststellung, daß seine Kunstauffassung in diametralem Gegensatz zur Ästhetik seiner Zeit stand. Warburg macht sich in seiner Einleitung lustig über «die Haltung hedonistischer Ästheten und eines kunstgenießenden Publikums», die in allem nur die «Pläsierlichkeit der dekorativen größeren Linie» sehen wollen.

Evolutionist in der Theorie der Kultur, war Warburg ein Gegner der Lehre von der allmählichen, organischen Stilentwicklung. Kunst, die er ernst nahm, suchte den Bruch mit Konventionen und wollte als Befreiung wirken von uralten Prägungen, die von der Bildüberlieferung verdeckt und eingeschnürt wurden. Warburgs Revision des Renaissancebildes, die in den am ehesten zu entschlüsselnden Teilen des Bilderatlas dargelegt wird, gehört zu den leidenschaftlichsten Zeugnissen eines Glaubens an die Kraft der Kunst und der Kultur, die in der europäischen Geistesgeschichte anzutreffen sind. Sie ist in ihrer geistigen Energie nur mit künstlerischen Zeugnissen vergleichbar. Die Anstrengung, die von Bildern auf Warburg ausstrahlenden Impulse in wissenschaftliche Prosa zu bringen, ist selbst eine Leistung des zivilisatorischen Distanzierens, über die er in seiner Kulturtheorie nachdachte.

Die Wirkung der Bilder auf das Denken Warburgs dürfte heute die besondere Anziehungskraft des Bilderatlas ausmachen. Was ist es gewesen, das die Bilder mit so starken Spannungen auflud, daß von der kühlen, sachlichen Dokumentation dieses Vorgangs noch heute ein Funke der Erleuchtung überspringt? Warburgianisch wäre solche Ansteckung durch Bilderregungen aber nur dann, wenn der Weg zum klärenden Wort gesucht würde, zur Tatsachenfeststellung und zur Theorie. Doch die Tafeln und der Eindruck, den sie in Umrissen von Warburgs Ideen geben, bieten genügend Stoff, über unser heutiges Verhältnis zum Bild nachzudenken und die Frage zu stellen, wie die entfesselten Bilder gelesen und durch spannungsgeladene Konstellationen dazu gebracht werden können, ihren Sinn zu verraten. Die asketische Präsentation des Bilderatlas von Aby Warburg mag zunächst wie ein Akt der Entmythologisierung wirken. Sie dürfte aber den heilsamen Effekt haben, wieder auf die Hauptsachen hinzulenken.

INKOGNITO

DES DENKENS

Walter Benjamin

Wenigem gegenüber war Benjamin so unaufgeschlossen wie Einflußnahmen auf seine Arbeit. Seine Antwort auf den langen Brief Adornos vom August 1935 ist ein Beispiel für vorgespiegelte Bereitschaft, sich dreinreden zu lassen, bei völliger Intransigenz gegen Einreden. Wo aber Benjamin sich fremdem Diktat unterwirft und contre cœur schreibt, wie über Eduard Fuchs, werden die Widerhaken so vollkommen verborgen, daß der Leser meinen kann, es mit einer Äußerung sehr persönlicher Vorlieben des Autors zu tun zu haben. In Zustimmung gießt er, was ihm gegen den Strich geht. So kann man, wo Benjamin sich ablehnend äußert, Nähe vermuten, und wo er emphatisch lobt, Distanz. Als er Hofmannsthals «Turm» zur Rezension annimmt, schreibt er, die Sache habe er noch nicht gelesen, sein «privates Urteil» stehe ihm aber von vornherein fest, sein entgegengesetztes publizistisches ebenfalls. Ähnlich muß es bei der verlorenen Rezension von Blochs «Geist der Utopie» gewesen sein, wo aus Zustimmung, Vorbehalten und Ablehnung offenbar eine Mischung zustande kam, die nicht mehr erraten ließ, wie jene sich verteilten. Dieser Kritiker überstellt dem Leser, der sich ihm anvertraut, das Urteil als ein zu erratendes. Für das Beste werde der Leser auf sich selbst angewiesen bleiben, bekennt Benjamin gegenüber Siegfried Kracauer, als er nach der Moskaureise plant, «Zusammenfassendes über Moskau» zu schreiben.

Die Ratlosigkeit des Lesers ist umso unausweichlicher, als er sich einer Schriftstellerei gegenüber sieht, die es nicht erlaubt, ein Gemeintes zu extrahieren. Es ist eine kommentierende Schriftstellerei. Sie läßt aus Kommentiertem und Kommentar etwas hervorgehen, was diese Unterscheidung nicht mehr kennt. Auch Benjamins Schriften lassen sich nicht eigentlich kommentieren. Denn sie verstehen sich als letzte Kommentare, so als hätten sie dem Kommentarbedürftigen, auf das sie reagieren, endgültigen Bescheid erteilt. Die Benjaminrezeption hat dies verfehlt. Sie hat seine Schriften als philosophische Entwürfe behandelt. Benjamins kommentierende Schriftstellerei mag aus dem Unwillen entsprungen sein, den herkömmlichen Anforderungen an den Kritiker zu genügen. Im Trauerspielbuch entzog sich der Autor dem akademischen Urteil schon im voraus, indem er so verwegen war, aus poetischen Gedankenfiguren eine argumentierende Prosa, eigentliche Prosaverse, bilden zu wollen.

So wie die Anlage seiner Arbeiten kam auch Benjamins Art, die fertigen Bücher zu beschreiben, einer völligen Verrätselung gleich. Gegenüber Hofmannsthal umriss er den Gegenstand der «Einbahnstraße»: «Die Aktualität als den Revers des Ewigen in der Geschichte zu erfassen und von dieser verdeckten Seite der Medaille den Abdruck zu nehmen.» Was wäre aus dieser Beschreibung für die Anschauung des Buches zu gewinnen – außer dem, daß hier alles bedeutsam im höchsten Sinne ist? Die Beschreibung versiegelt das Beschriebene. Als erstes Zeugnis der Wendung Benjamins zum kommentierenden Denken handelte schon die Abhandlung über die «Wahlverwandtschaften» nicht eigentlich von Goethes Roman, sondern nutzte diesen zur Verschlüsselung eigener Erfahrungen. Scholem glaubte, der Essay sei nur dann verständlich, wenn man ihn so lese. Sogar der thesenhaft argumentierende Reproduktionsaufsatz läßt sich, entgegen seinem objektiven und programmatischen Duktus, als ein Kommentar zur Situation seines Autors lesen, als eine Meditation über das Ende, das Benjamin über seine Autorschaft verhängt sah.

In einer Bemerkung über Briefwechsel hat er deren Unterschied zu Werken formuliert. Daran wird die Nähe seines Schreibens zu Briefwechseln deutlich: Sie gehörten, sagt er, zur Gattung der Zeugnisse, deren Beziehung auf das Subjekt so bedeutungslos sei wie die Beziehung irgendeiner Inschrift auf die Person ihres Urhebers. Die Zeugnisse gehörten, so Benjamin, zur Geschichte des Fortlebens eines Menschen, und wie in das Leben das Fortleben mit seiner eigenen Geschichte hineinrage, lasse sich am Briefwechsel studieren. Gesagt wird dies nicht vom Brief, sondern vom Briefwechsel. Gemeint ist eine vom Briefschreiber wie vom Adressaten unterschiedene, über die Subjekte hinausweisende Bedeutung, eine Dimensionen des Geschriebenen ähnlich dem «Gedichteten» in Benjamins Hölderlindeutung. Die Vorstellung, daß dieses mit dem Fortleben zu tun habe, wird mit dem Gedanken begründet, daß das Fortleben nicht etwas vom Leben Abgesetztes und an das Leben sich Ansetzendes sei, das ihm etwa nachfolgte. Vielmehr soll es ein dem Subjekt entzogener Teil seines Lebens sein, ein Unpersönliches im Persönlichen.

Benjamins Schriften zielen offenbar auf ähnliches. Sie enthalten einen Anteil von subjektiv Unfaßbarem, suchen dem mit der Erfahrung des Subjekts nicht Vermittelbaren Raum zu geben und das Subjekt zum Schauplatz von etwas ihm Inkommensurablen zu machen. Solche Schriftstellerei wäre eine Art Briefwechsel mit einem schlechthin Anderen. Diesem Verkehr gewinnen sie Zeugnisse ab, die von vornherein der Sphäre des Fortlebens angehören. Dem Mißtrauen Benjamins gegen das Nachleben der Werke als gegen ein ihnen Fremdes antwortet seine Absicht, in seinen Schriften authentisch Fremdem Einlaß zu verschaffen. Darauf verweist eine

Eigenart, die Scholem an ihm bemerkte: die Verwechslung von Persönlichem und Unpersönlichem. In einer der wenigen direkten Aussagen Benjamins über sich selbst, einer Notiz zu einem Selbstporträt, sieht er die Auflösung des Rätsels, warum er niemanden erkenne, die Leute verwechsle, darin, daß er nicht erkannt sein, selber verwechselt werden wolle. Dieser Wunsch nach Verwechslung äußert sich in einer unwillkürlichen Vertauschung von Persönlichem und Unpersönlichem. Erkanntes konnte er zu einem persönlichen Geheimnis machen oder intim Persönliches wie einen geschäftlichen Vorgang behandeln. Einen Brief, in dem er zentrale Fragen seiner Beziehung zu Scholem formulierte, diktierte er einer Sekretärin. Ratlos spricht Scholem von diesem «so tief ins Persönliche» gehenden – und doch «zutiefst unpersönlichen Brief».

Auf solcher Verwechslung beruht auch Benjamins Unverstehbarkeit. Man mag herausgreifen, was irgend ihm wichtig war, immer ist die Formulierung wie versiegelt gegen ein natürliches Verständnis, als sei es ihm darum gegangen, den Gedanken unbrauchbar zu machen für jede ihm zugedachte Verwendung. Eine ähnliche Funktion hat das nackte, ungedeutete Zitat. Es sollte sich nicht möglichen Deutungen öffnen, sondern ungedeutet verharren, stillgestellt sein. Zeitweilig wollte Benjamin, zu Adornos Beunruhigung, die Passagenarbeit nur als Konstellation von Zitaten publizieren. Diese sollten nichts veranschaulichen, sondern in ihrer Konstellation bloß sein. Ein Beispiel für solche dem Anschaulichen abgewonnene Unanschaulichkeit ist die Skizze zu einer Theorie des Erwachens, die er zu seinen wertvollsten Gedanken zählte: «Das dialektische Bild malt den Traum nicht nach – das zu behaupten lag niemals in meiner Absicht. Wohl aber scheint es mir die Instanzen, die Einbruchstelle des Erwachens zu enthalten, ja aus diesen Stellen seine Figur wie ein Sternbild aus den leuchtenden Punkten erst herzustellen. Auch hier will noch ein Bogen gespannt, eine Dialek-

tik bezwungen werden: die zwischen Bild und Erwachen.»
Der angestrebte Effekt wäre als ein Verrücken des Geläufigen zu beschreiben, als ein Umlenken nicht ins Praktische,
sondern ins Esoterische.

Hierher gehört auch Benjamins merkwürdige Begabung
für glasklar wirkende Definitionen, die freilich nicht erhel-
len, sondern verdunkeln. In einer Diskussion über «Anschauung» formuliert er: «Gegenstand der Anschauung ist
die Notwendigkeit eines sich im Gefühl als rein ankündi-
genden Inhalts, wahrnehmbar zu werden. Das Vernehmen
dieser Notwendigkeit heißt Anschauen.» Wegen solcher Ge-
gensinnigkeit fügt sich Benjamins Denken auch keiner der
ihm nahestehenden Gattungen. Es zielt weder auf den Aphorismus noch das Fragment noch die Reflexion. Allenfalls
wäre es als «Maxime» im Sinne Chamforts zu fassen, die dieser auch als «Axiom» bezeichnete, denn sie wollte etwas Ge-
setzesähnliches im Kontingenten ausdrücken, war abstrakte
Anschauung oder anschaubares Gesetz. Man könnte sich
Benjamins Denken in Form von Maximen à la Chamfort tra-
diert vorstellen. Auch hier sollten Gesetz und Anschauung
ununterscheidbar sein.

Alle Umwege sind recht, solange sie nicht zum Ziel führen, so könnte Benjamins Devise gelautet haben. Sie hätte
ihren rationalen Kern in der Einsicht, daß die moderne Wirklichkeit für den einzelnen kaum mehr erfahrbar ist und daß
man sie sich deshalb, wie Kafka lehrt, nur durch eine noch-
malige Steigerung ins Künstliche zugänglich machen könne:
Die phantastische Deutung des unmittelbar Erfahrenen
sucht an einem Rest von scheinbar Vertrautem die unabseh-
bare Kompliziertheit der Wirklichkeit zu verdeutlichen. Das
Nächste wird angeblickt wie ein Fernstes. In keinem anderen sonst hat Benjamin sich selbst so unverhüllt porträtiert
wie in Kafka: «Um Kafkas Figur in ihrer Reinheit und in
ihrer eigentümlichen Schönheit gerecht zu werden, darf man
das Eine nicht aus dem Auge lassen: es ist die von einem Ge-

scheiterten. Die Umstände dieses Scheiterns sind mannigfache. Man möchte sagen: war er des endlichen Mißlingens erst einmal sicher, so gelang ihm unterwegs alles wie im Traum. Nichts denkwürdiger als die Inbrunst, mit der Kafka sein Scheitern unterstrichen hat.» Eine solche Beschreibung konnte nur als Selbstbeschreibung ihre Sicherheit gewinnen. So erkennbar hat Benjamin sich nirgends sonst beschrieben. Vielleicht aber war er sich des «endlichen Mißlingens» weniger gewiß, als er es Kafka zusprach. Scholem konnte sich auf diese Figur des Scheiterns keinen Reim machen. Sein Versuch, in diesen Gedanken logische Schlüssigkeit zu legen, lief darauf hinaus, daß das Scheitern Bemühungen auf sich ziehen müsse, die ihren Erfolg im Scheitern einlösen und zunichte machen – «daß das Scheitern der Gegenstand von Bemühungen war, die doch, wenn erfolgreich, natürlich scheitern». Inbegriff des Scheiterns ist für Benjamin die Kindheit. Alles, was er über sie sagt, steht im Zeichen der Versäumnis. Denn eines lasse sich nie wieder gut machen: versäumt zu haben, seinen Eltern fortzulaufen, wie es in «Einbahnstraße» heißt. Und wofern dieses Versäumnis versäumt war, ermäßigt Benjamin die Forderung des Entlaufens zu einer inneren Entfernung: «Aus achtundvierzig Stunden Preisgegebenheiten in diesen Jahren schießt wie in einer Lauge das Kristall des Lebensglücks zusammen.»

Aus genauer Kenntnis der Bedeutung, die das Scheitern in der Lebensökonomie Benjamins hatte, erklärt Adorno das Mißlingen der Passagenarbeit an einer exponierten Stelle seiner eigenen Philosophie, in der Einleitung zur «Negativen Dialektik», zum Ausweis ihres Gelingens. Die «eigentlich metaphysische Schicht» seiner Arbeit habe Benjamin zurückgewiesen als «unerlaubt dichterische». Dies nennt Adorno eine «Kapitulationserklärung». Sie bezeichne die Schwierigkeit einer Philosophie, die nicht abgleiten wolle, wie den Punkt, an dem ihr Begriff weiterzutreiben sei. Das Scheitern der Passagenarbeit Benjamins wird zu einem Erweis ihrer philosophischen Dignität. «Gezeichnet» war dieses Scheitern in Adornos Sicht freilich «von der gleichsam weltanschaulichen Übernahme des dialektischen Materialismus mit geschlossenen Augen». Demnach hat Benjamin zwar kapituliert, aber daß er den dialektischen Materialismus blind übernahm, wird zum Beweis, daß sich in dieser Geste eine originäre Idee von Philosophie verbarg: «Daß aber Benjamin zur endgültigen Niederschrift der Passagentheorie nicht sich entschloss, mahnt daran, daß Philosophie nur dort noch mehr als Betrieb ist, wo sie dem totalen Mißlingen sich exponiert, als Antwort auf die traditionell erschlichene absolute Sicherheit. Benjamins Defätismus dem eigenen Gedanken gegenüber war bedingt vor einem Rest undialektischer Positivität, den er aus der theologischen Phase, der Form nach unverwandelt, in die materialistische mitschleppte.» Alle Äußerungen Benjamins, so hat Adorno im Einklang mit diesem Gedanken auch gesagt, seien gleich nahe zum Mittelpunkt. Dies läßt aber auch die Auffassung zu, daß dieser Mittelpunkt ein zersprengter war.

Durch Benjamin ist es populär geworden, sich mit der Geste der Aufklärung auf die Theologie zu berufen und sie für ein Interesse in Dienst zu nehmen, dem nichts so fremd ist wie die Überschreitung des Innerweltlichen. Adorno hat diesen Gestus zur Selbsterhöhung des Denkens gesteigert: Im Angesicht der Verzweiflung sei es einzig noch zu verantworten, «alle Dinge so zu betrachten, wie es vom Standpunkt der Erlösung aus sich darstellt». In der These, daß Erkenntnis kein Licht habe als das, welches von der Erlösung her auf die Welt scheine, tritt Aufklärung aus ihrem Urgegensatz zur Theologie heraus, indem sie sich umstandslos als Offenbarung deklariert. Sie eignet sich ein messianisches Ingenium zu. Benjamin, der dem Katastrophischen geschichtstheologische Würde gab, hat auch zu dessen Inflationierung durch seine Verehrer beigetragen. Und in ihm hat sich für die Nachgeborenen die Katastrophe individualisiert.

Der Messianismus Benjamins ist die subjektive Darstellung einer theologischen Figur, die Kundgabe einer persönlichen Erfahrung, in der sich ihm etwas Unnennbares anzukündigen schien. Sein Messianismus ist die der Hoffnung zugewandte Seite der Erwartung der Katastrophe. Benjamin eignete sich den Messianismus als ein persönliches Ingenium zu. Dieses gab sich ihm im Alltäglichen in zwangsneurotischen Zügen zu erkennen. Aber, anders als bei Freud, dessen Abhandlung über Religion und Zwangsneurose Benjamin aufmerksam studiert hat, wird die Religion nicht auf die Zwangsneurose zurückgeführt, sondern aus ihr restituiert. Der messianische «Aufschub» findet im subjektiven «Zögern», in den kleinsten Hemmungen gegenüber dem Gegenwärtigen seinen Schauplatz im Subjektiven. Für dieses Spiegelverhältnis von subjektiver Erfahrung und Theologie hat Benjamin ein merkwürdiges Bild gefunden: «Mein Denken verhält sich zur Theologie wie das Löschblatt zur Tinte. Es ist ganz von ihr vollgesogen. Ginge es aber nach dem Löschblatt, so würde nichts, was geschrieben ist, übrig bleiben.» Aber die Theologie ist das Geschriebene, nicht die Tinte. Hierher gehört auch die merkwürdige Überzeugung, daß im Verfall der Tradition als einzig Lebendiges nicht etwas aus ihrem Bestande übrig bleibt, sondern allein die Idee der Tradierbarkeit. Man sollte meinen, daß Tradierbarkeit mit der Tradition selbst hinfällig würde. Am Ende seiner Bahn scheint sich jener Idealismus, der in seiner Ablehnung jeder «Positivität» vor allem traditionskritisch war, in einen Idealismus der Tradierbarkeit zu verwandeln. Ähnlich steht am Ende der Religionskritik Freuds die Idee der Tradierbarkeit für die Religion selbst ein. Auch Scholems Idee einer Auflösung der Tradition in Erkenntnis gehört hierher, insofern damit nicht die Zerfällung der Tradition durch Erkenntnis gemeint ist, sondern deren Übertragung in Erkenntnis, so als wäre Erkenntnis die vollendete Tradition: Kabbala.

Benjamin hatte keinerlei tagespolitische Interessen. Das

ging alles, wie Scholem aus den Jugendjahren bezeugt, an ihm vorbei. Als er 1932 auf Ibiza Zuflucht vor den deutschen Verhältnissen suchte, stellte er sich den sich abzeichnenden Geschehnissen mit einem Einfall, auf den er stolz war und der sich als ebenso hellsichtig wie falsch herausstellte: Das Dritte Reich sei ein Zug, der nicht eher abfahre, als bis alle eingestiegen seien. Er ist dann jedenfalls eher abgefahren, vor allem aber: Er ist abgefahren, auf daß nicht alle einstiegen. Das Mißglückte des Bildes bezeugt die Ferne Benjamins zur Aktualität. Anläßlich seiner «Capreser Wende» bemerkt er, daß er bis dahin die «aktuellen Momente» seiner Gedanken «altfränkisch zu maskieren» pflegte (so wie er seinen gescheiterten Habilitationsversuch als «altfränkische Postreise durch die deutsche Universität» schilderte). Das war alles andere als ein abschätziges Urteil über seine Haltung. Denn als er sich entschloß, die aktuellen Momente seiner Gedanken zu entwickeln, diente das nun forcierte Extreme ebenso der Maskierung wie zuvor das Altfränkische. An dessen Stelle traten «kommunistische Signale». Auch sie waren ein Inkognito des Erkennenden. Die marxistischen Akzente in Benjamins Schriften seit 1929 wahren dieses Inkognito seines Denkens. Beurteilen lassen sie sich nur mit Rücksicht auf seine prekäre Stellung zwischen Brecht und Adorno. Beide rieten ihm zu einer Annäherung an den Marxismus, der eine, damit er seiner Position die Angreifbarkeit von dieser Seite her nehme, der andere, damit sie von dieser Seite gestürmt werde. Beiden widersprechenden Postulaten entsprach Benjamin durch entschlossene Unentschlossenheit. Von Brecht war er angezogen, weil er in dessen entschiedener Sprache etwas zu verbergen hoffte, was mit ihr nicht fassbar wäre. Während Brecht die Position Benjamins offen geschleift sehen wollte, gedachte dieser sich unter völliger Preisgabe seiner Stellung in Brechts Materialismus zu verbergen.

Auch im Verhältnis zu Horkheimer waltete in der Frage des Materialismus ein Mißverstehen vor, beide waren im ge-

genseitigen Mißverstehen so einverständig wie nur sonst zwei. Von Horkheimer war Benjamin die Aufgabe zugedacht, dem kruden Materialismus einen subtilen entgegenzusetzen, eine Aufgabe, deren Gelingen Horkheimer schon im Vorhinein zu quittieren wußte: «bin ich sicher, daß Ihr Unternehmen ein für die materialistische Denkart ausgezeichnetes Ergebnis haben wird» (18. September 1935). Anziehend am Materialismus war für Benjamin die Entlastung vom Subtilen, die dieser versprach, aber auch die Chance, in ihm dem Subtilen einen Unterschlupf zu verschaffen. Seine Erwägungen, in die kommunistische Partei einzutreten, erinnern an die buchhalterisch-kasuistische Verrechnung eines riskanten geschäftlichen Manövers. Doch die Kalkulation wird um so rechenhafter vorgenommen, als in ihr lauter Faktoren auftauchen, die durchaus unberechenbar sind, außerhalb der eigenen Verfügung oder auch nur Beeinflußbarkeit liegen.

Über sein Verhältnis zur kommunistischen Partei, zum Marxismus und Materialismus hat Benjamin schon früh, im Tagebuch von 1919, eine genaue Vorausahnung notiert. Er schreibt über das Schicksal des geistigen Menschen im Sozialismus: «Der Geistige wäre in solcher Ordnung nur als der Wahnsinnige zu fassen.» Seine Capreser Wende, seine Annäherung an den Kommunismus, gleicht einem Selbstversuch, um diese Vorausahnung zu bewahrheiten, als wolle er sich seinen prognostischen Einsichten gemäß machen. Dabei kann sein Materialismus den Idealismus seiner Herkunft nicht verleugnen. Was ihn mit diesem verbindet, ist das Geistreiche. Es ist eines, unter dem Peinlichen und Unzulänglichen idealistischer Auffassungen zu leiden, ein anderes, diesem Peinlichen durch einen kruden Materialismus entgehen zu wollen, als sei dieser selbst als eine geistige Äußerung zu vernachlässigen. Die Zurückführung auf materielle Bedingungen und durchschlagende Ursachen ist geistigen Phänomenen nur dann gemäß, wenn sie ein Moment von Überraschung hat, also selbst geistreich gehandhabt wird. Als geistreicher widerlegt sich der Materialismus aber selbst. Nur in einer Umgebung, die nicht materialistisch gesinnt ist, kann er, wie es in den Salons des achtzehnten Jahrhunderts der Fall war, geistreich wirken, ohne sich selbst Abbruch zu tun. Als solcher bleibt er jedoch bürgerlich, Ausdruck einer geistigen Beweglichkeit, die, wie Gide es sich ausmalte, zu jedem Gedanken dessen Gegenteil denkt. Benjamin aber suchte dieses Gegenteil in der Auswechslung der früheren altfränkischen Maskierung seiner Gedanken.

Diese Maskierung dürfte es gewesen sein, die seinen Marxismus für die Achtundsechziger so anziehend machte. Nur war der Preis für ein solches Maskenspiel zu Benjamins Zeiten unvergleichlich höher. Die Aneignung Benjamins als eines marxistischen oder materialistischen Autors blieb Episode. Aber sie war symptomatisch darin, daß sie die Weigerung einschloß, alles dem entgegen Stehende zur Kenntnis zu nehmen, und seien es auch nur die Hemmungen, die Benjamin zeigte trotz der Festigkeit seines Entschlusses, diesen Ausweg zu wählen. Er folgte dabei einer echten prognostischen Eingebung, die ihn bewog, die Gegenwart aufzugeben und nun direkt in die Zukunft eintreten zu wollen, so wie er sich in der Vergangenheit als «zweiter Gegenwart» bewegte. Die Idee der zweiten Gegenwart, einer Gegenwart aus erinnerten Vergangenheiten, antwortete auf die Erfahrung eines Überhangs unwirksam gewordener Traditionen, welche die moderne Gesellschaft wie einen Kometenschweif hinter sich herzieht. Während es der Grundgedanke von Marx war, das Bewußtsein der Lebenden vom Alb der toten Vergangenheit zu befreien, sollte Benjamins zweite Gegenwart das Gewissen des Fortschritts mit obsolet gewordenen Vergangenheiten beschweren.

Mit seinem Materialismus wollte er sich zum Objekt der Brechtschen Kunst des Umfunktionierens machen. Dieser hatte es fertig gebracht, Kafka zum «einzig echten bolschewistischen Schriftsteller» zu erklären. Im Selbstversuch suchte Benjamin dies an sich selbst zu vollbringen. Aber all dies war ihm nur ein Mittel. Bei Gelegenheit der Lektüre von Lukács' «Geschichte und Klassenbewußtsein» findet sich das Geständnis, er müsse sich täuschen, wenn sich in der gegnerischen Auseinandersetzung mit den Hegelschen Begriffen und Behauptungen der Dialektik gegen den Kommunismus nicht die Fundamente seines Nihilismus manifestieren würden. Um seinen Nihilismus auf dessen Fundamente hin zu durchstoßen, war ihm jedes Mittel willkommen, auch der Materialismus. Nichts kennzeichnet Benjamins Verhältnis zu seinem Materialismus genauer als die Tatsache, daß er in dem Augenblick, als er sich im Besitz einer avancierten materialistischen Theorie glaubte, von dieser einen Gebrauch machen wollte, wie er privater und intimer nicht gedacht werden kann. Sie sollte ihm den Weg zu einer Geliebten öffnen. In einem nicht abgesandten Brief vom 24. November 1935 an eine unbekannte Freundin schreibt er, durch Überlegungen über die Lebensbedingungen der Kunst in der Gegenwart habe er die Waage der geschichtlichen Erkenntnis in der Schale, die mit der Erkenntnis der Gegenwart belastet sei, mit «einigen wenigen schweren massiven Gewichten beschwert». Er sei zu außerordentlichen und von gänzlich neuen Einsichten ausgehenden Begriffen und Formulierungen gekommen. Jetzt könne er behaupten, «daß es die materialistische Theorie der Kunst, von der man viel hatte reden hören, die aber noch niemand mit eigenen Augen gesehen hatte, nun gibt». Und dann folgt eine Konjunktion von Materialismus und Liebe, als sei sie das der Theorie bestimmte Glück: «Da sie das beste ist, was ich gefunden habe, seit ich Sie fand, so denke ich manchmal daran, sie Ihnen zu zeigen.»

Als Benjamin noch kaum wiederentdeckt war und nur zwei bescheidene Bände «Schriften» von ihm erschienen waren, wirkten seine Texte wie die Flaschenpost einer untergegangenen Epoche mit ihren glücklichen Kompliziertheiten, die sich abhoben von den aufgeregten Direktheiten des Existentialismus. Bevor die Benjaminmode der Studentenbewegung sich dieses Werks bemächtigte, ehe es in das schwache Licht eines akademischen Kultes gehüllt wurde, hatte es in seiner preziösen Schwerverständlichkeit etwas durchaus Unangestrengtes. Es entsprach dem Titelwort einer der frühen Textsammlungen: «Illuminationen». Zu den Rätseln, die es dem naiven Leser damals stellte, gehörte das schier unauflösliche: wie es sein konnte, daß es verfolgt wurde. Eine Brücke zu Brecht zu schlagen, wäre dem Leser damals undenkbar erschienen; von Materialismus keine Spur. Fast vierzig Jahre später ist über Lebens- und Gedankenumstände des Autors schier unerschöpflich vieles bekannt. Was ausstünde, wäre nun, den Eindruck des Unüberschatteten der ersten Begegnung mit ihm wiederzugewinnen. Benjamin gehörte für die Nachkriegsgeneration zu jenem Bereich, den Charles Péguy als «le mystique» bezeichnet hat, vor dem Absturz in «le politique», mit allen seinen Taktiken, Rücksichten und Instrumentalisierungen.

Zu erklären wäre aber auch, wie es zu dem vertraulichen Umgang der Nachkriegsgeneration mit Benjamin kam. Woher der Mangel an Scheu, woher die Intimität, obwohl kaum einer sonst so viel Wert legte auf den «Sinn für Schwellen und Distanzen»? Im Falle Benjamins hat sich so etwas wiederholt wie die Taktlosigkeit einer «Intimität mit dem Heiligen», die er an Max Brods Verhältnis zu Kafka hervorhob und als religionsgeschichtliche Signatur des Pietismus charakterisierte. Im Benjaminkult mag sich durchaus eine solche pietistische Prägung noch einmal gemeldet haben, auch in der entschlossenen Verwischung der Grenze von Werk und Leben in einer rückhaltlosen Aneignung des Werks mittels der Heiligung der Person. Die Benjamin zu seinen Lebzeiten versagte Aufmerksamkeit ist umstandslos durch Verehrung ersetzt worden: Diese nahm einfach die Stelle ein, die jene leer gelassen hatte. So teilt die eifrig bekundete Nähe der Heutigen die Unzuständigkeit mit der geringen Beachtung durch die Zeitgenossen. Ein authentischer geistiger Gehalt in der Zuwendung der Heutigen zu seinem Werk läßt sich nicht fassen, weil sie nicht ihren Abstand zu ihm bestimmen, sondern ihn distanzlos verehren. In jeder Verehrung liegt ein Mangel an Takt gegenüber dem Geistigen. Benjamin, der nur, wie Scholem glaubwürdig gemacht hat, im Medium der Freundschaft zu erkennen war, wird in einer von Freundschaft verlassenen Öffentlichkeit ins Licht gestellt.

Eine Annäherung an Benjamin hätte zunächst alle Sätze zu verzeichnen, die sich dem Verständnis der Heutigen verschließen. So würde man die Entdeckung machen, daß der Autor eine Spur des «Falschen» durch sein Werk gelegt hat, von Äußerungen, die auf das hinweisen, was sie umgehen. Benjamin hat dem Falschen mehr zugetraut als sonst ein Schriftsteller. Der gegen dieses erhobene Einspruch könnte auf das führen, worum es ihm zu tun war: Es ist im Falschen verschlüsselt. Das macht das Hasardhafte seiner Texte aus. Sie setzen auf einen ungewissen, ja unabsehbaren Gewinn und verteidigen noch im Verlust die Richtigkeit der Berechnung. Vergleichen ließen sie sich auch Anamorphosen, bei denen aus dem Gewirr unsinnig scheinender Linien plötzlich, wenn man den richtigen Standort einnimmt, ein Bild von bestechender Klarheit hervortritt. Um solche virtuelle Wahrheit ging es Benjamin.

STATTHALTER EINER
UNMOGLICHEN PHILOSOPHIE

Walter Benjamins Nachruhm

Zuflucht im Abgrund. – Ein Ruhm Walter Benjamins zu seinen Lebzeiten war seinem Nachruhm nicht eigentlich vor-
ausgegangen. Wenige wußten, sogar in der Zeit seiner aus-
gebreiteten kritischen Tätigkeit, wer er war. Theodor W.
Adorno hat dies, mit Gründen, schon in seinen frühesten öffentlichen Äußerungen über seinen Freund bestritten. Aber
sogar in der Bewunderung seiner nächsten Freunde hatte er
immer etwas Unfassbares behalten, so, als gelte ihr Respekt
einem noch kommenden Benjamin. Er war für Gershom
Scholem wie für Adorno, die für sein Bild in der Nachwelt
wirksamsten seiner Freunde, so etwas wie ein immer unein-
gelöstes Versprechen. So kam es, daß die nächsten seiner
Freunde ihm in ihrem eigenen Denken ein Unterkommen
verschafften. Es gibt den Benjamin Adornos, wie es den
Scholems oder den von Hannah Arendt gibt, drei miteinander schwer in Einklang zu bringende Figuren. Der Philosoph, den Adorno zeichnete, war ein Bruder Becketts, Verkörperung der Philosophie, die ihrer Unmöglichkeit
innewurde, eine Gestalt auf der Endspielbühne der Nach-
kriegszeit. Wie von Zauberhand gewannen die verstreuten
und literarisch vielgestaltigen Arbeiten Benjamins durch
Adornos Charakteristik eine ungeahnte Schlüssigkeit. Kaum
suchten Adornos Beschreibungen dieses Denkens die Be-

rührung mit der wirklichen Existenz des Freundes oder mit den Zeitbedingungen. Der Generation der in den vierziger und fünfziger Jahren Geborenen, die die Benjamin-Renaissance seit Beginn der sechziger Jahre trug, kam solche Zeitenthobenheit entgegen. Sie schloß sich diesem Bild von Benjamin an und erfand sich damit eine Genealogie. Im unbedingten Vertrauen zu seinen Wahrnehmungen und Innervationen bewegte sie sich durch das verminte Gelände der Erfahrung ihrer Väter. Sie glaubte sich bei Benjamin im sicheren. Zum Merkwürdigen dieses rückhaltlosen Anschlusses an ihn gehörte aber, daß seine unübersehbare Nähe zum metaphysischen Philosophieren dieser Generation ganz fremd war. Auch viele der literarischen und philosophischen Gestalten, zu denen Benjamin eine deutlich erkennbare Affinität besaß, der Georgekreis, ein Florens Christian Rang oder Max Kommerell, blieben ganz außerhalb des geistigen Horizonts seiner Bewunderer.

Verschlüsselte Botschaft. – Der Sprachgestus Benjamins wirkte ansteckend. Aber nur im Umgang mit Benjamin selbst ließ er sich glücklich anwenden, als wäre es eine nur für ihn vorgesehene Sprache. So blieb der Benjaminismus durchaus auf die Rezeption Benjamins beschränkt, ein Erkennungszeichen für Benjamin-Leser, die einen Zugang zu den bevorzugten Gegenständen Benjamins nur als zu Facetten seiner Existenz suchten. So in vielem: die Befassung mit Benjamins Städtebildern oder seinen «Denkbildern» trug nicht etwa dazu bei, sie als Gattungen des Feuilletons, die sie in den zwanziger und dreißiger Jahren gewesen waren, wiederzubeleben. Die Beschäftigung mit ihnen diente einzig der Erkundung jenes Denkraums, der mit dem Namen «Benjamin» bezeichnet war, ein Gebiet, das nur in einer einzigen Karte verzeichnet schien und von dem unklar blieb, wo es sich befand. Die den Stadtimpressionen Benjamins verwandten, aber ungleich weniger verklausulierten Glossen, die Siegfried Kracauer regelmäßig für die Frankfurter Zeitung geschrieben hatte, blieben dagegen so gut wie unbeachtet, als sie gesammelt erschienen. Daß aus ihnen handwerklich ungleich viel mehr zu lernen gewesen wäre, gereichte ihnen nicht zum Vorteil, sondern wurde, im Sinne des Titels von Adornos Kracauer-Essay, mit dem Stigma eines wunderlichen Realismus versehen. Siegfried Kracauers Treue zum Gesehenen und die Faßlichkeit seiner Wahrnehmungen machten sie für die Nachgeborenen unbrauchbar. Dagegen sorgte das Verrätselte der Wahrnehmung Benjamins, ihre allegorisierende Abgründigkeit, dafür, daß die Texte selbst zu den eigentlichen Stätten ihrer Epiphanien wurden. Bald wurde es bei jungen Leuten üblich, sich die Topographie der Stadt in Erinnerungen Walter Benjamins und an ihn zurechtzulegen. Da störte es auch nicht, daß von den Schauplätzen der «Berliner Kindheit» und anderer topographischer Skizzen Benjamins so gut wie nichts mehr erhalten war. Der Lebendigkeit des Benjaminschen Itinerars kam es zugute, daß es ursprünglich schon als Leitfaden zum Untergegangenen gedacht war. Dem imaginierten Untergang hatte die wirkliche Zerstörung nichts Wesentliches hinzugefügt. So wurden seine Texte als Erinnerungen an von jeher schon Untergegangenes gelesen und als Erinnerungen, die immer zuletzt auf ihren Autor führten.

Autorität im Zerfall. – Daß diese Generation mit Benjamin immer nur bei Benjamin blieb, wiederholte sich im Umgang mit allen seinen Arbeiten, gleich ob man sich mit dem Trauerspielbuch befaßte, mit der Abhandlung über Goethes Wahlverwandtschaften oder seinen Thesen über Reproduzierbarkeit. Sie alle wurden zum Gravitationszentrum einer eigenen Literaturgattung: der von Benjamin inspirierten Studie, und im Übrigen zu einem Fundus preziöser Zitate. Eine eigenständige Befassung mit ihren Gegenständen begründeten sie kaum. Dies dürfte ein Hinweis sein auf das Unsachliche der Essayistik Benjamins, die ihren Gegenstand so lange umkreist, bis sie sein Zentrum ganz in den Bezirk des eigenen Nachdenkens verlagert hat. Benjamin selbst hat die Erfahrung gemacht, daß sein Denken – darin der Frühromantik verwandt, der seine frühesten Interessen galten – ihm jede Annäherung an anderes mit einer umso größeren Nähe zu ihm selbst entgalt. Anders: daß es ihn nirgendwohin führte, daß seine eigentümliche Kraft darin lag, Texte hervorzubringen, die mindestens so auslegungsbedürftig waren wie das von ihnen Ausgelegte. Seine Fixierung auf «heilige Texte» mag in dieser Erfahrung gründen, daß ihm selbst alles zu letzten Texten geriet. Diese Qualität haben die Leser einer späteren Generation sich vorzüglich angeeignet und auch zunutze gemacht: Die Befassung mit Walter Benjamin verbürgte eine Unangreifbarkeit, wie sie den Texten der Tradition nach dem Ende der Tradition nicht mehr eigen war. Adorno hat in diesen Gebrauch der Schriften Benjamins als erster eingeführt, ihm hat man ihn wohl abgelernt. Aber er verfuhr dabei ungleich vielstimmiger, literarisch beweglicher als die späteren Adepten. Während Adorno die Spur des Autoritätszerfalls der Tradition in Benjamins Werk verfolgte, es als Leuchtspur dieses Zerfalls deutete und ihm eine geheime Komplizenschaft mit diesem Geschick zusprach, wurde Benjamin danach so etwas die letzte Autorität nach dem Zerfall der Autoritäten. Die Leichtigkeit, mit der die Generation, die das Epitheton des «Antiautoritären» auf sich zog, mit dem längst Überfälligen abrechnete, nach der Devise: Was fällt, muß man noch stoßen, kontrastiert mit der intellektuellen Haltung, mit der Benjamin auch das Hinfälligste unter dem, was der Zeitgeist zur Disposition stellte, noch bedachte.

Einladung zur Enthauptung. – Streitigkeiten der Interpreten um Benjamin hat es erstaunlicherweise kaum gegeben, sieht man einmal von dem Versuch ab, einen marxistischen Denker aus ihm zu machen. Die große, von 1972 an erscheinende Ausgabe war zudem von Beginn an ein Bollwerk gegen eine krude marxistische Einvernahme, obwohl die Kommentare des Herausgebers die materialistischen Motive im Denken Benjamins kräftig herausstrichen, aus Vorbehalt gegen den theologischen Zug, den Benjamins Freund Scholem betonte. Zu einer Erstürmung der Bastion der Benjaminiten ist es nicht gekommen, trotz des Verdachts, daß Adorno und Scholem – ansonsten durchaus nicht einig in ihrem Bild Benjamins – einen marxistischen Benjamin unterschlugen oder jedenfalls kaschierten. Scholem hat sich mit der ganzen rechthaberischen Energie, die ihm als dem ältesten überlebenden Freund Benjamins eigen war, gegen alle Versuche gestellt, ihn dem Marxismus einzugemeinden. Und auch Adorno war hier unnachsichtig, wie er sich schon seinerzeit der Annäherung Benjamins an Brecht in den Weg gestellt und für Benjamins Angezogensein vom Marxismus die Formel gefunden hatte, er habe seine Theorie gegen Angriffe von marxistischer Seite zu immunisieren. Der seit Ende der sechziger Jahre unternommene Versuch, die Anhängerschaft Benjamins in eine «bürgerliche» und eine «marxistische» zu spalten, fiel schließlich in sich zusammen, letztlich deswegen, weil es Benjamins Annäherungen an marxistische Positionen an Eindeutigkeit mangelte. Seine Lektüregewohnheiten führten ihn auch hier sogleich auf die abgelegensten Aspekte, und nach raschester Kenntnisnahme hatte er die Lehre in eine theologische verwandelt. Seine Bereitschaft, sich über die politische Realität des Kommunismus zu täuschen, war seit seiner Begegnung mit Asja Lacis eine nahezu uneingeschränkte, und er schreckte auch nicht davor zurück, den Preis, den einer wie er dafür zu entrichten hätte, illusionslos ins Auge zu fassen. Unter Bedingungen, die der Gefährdung Benjamins durch sein zeitweiliges Angezogensein vom Kommunismus hohnsprachen, hat die Benjaminsche Linke in der Sekurität der Bundesrepublik mit seinen proletarischen Sympathien kokettiert. Man übersah zunächst, daß der Kult des Proletarischen sich inzwischen dem spätbürgerlichen Nippes angenähert hatte, und bald ließ man Benjamin als für die

Politisierung untauglich fallen. Wiederum bestätigte sich, daß man mit Benjamin immer woanders ankommt als bei dem anvisierten Ziel. Für Stadtteilarbeit, Kitas und Initiativgruppen erwies er sich als wenig brauchbar. Allenfalls zur Initiation konnte er denen dienen, die sich über die Realität ihrer Entschlüsse tiefsinnig betrügen wollten. Benjamin ist der Meister der Umwege, die am Ende das Ziel sind. Sie verlieren sich in einem Labyrinth, das die Idee des Ziels chiffriert.

Fromme Fälschung. – Wie hat sich die unmerkliche, aus der Verehrung einiger weniger Freunde für einen Vergessenen bruchlos hervorgehende intellektuelle Heiligsprechung vollzogen? Der Kulturbetrieb allein hätte dies kaum vermocht. Es mußte der Verehrungswille einer Institution hinzukommen, die seit je in ihrer Mitte allerlei Heroen auf den Schild zu heben weiß. Nach dem unübersehbaren Niedergang des Vermögens, Würde und Respekt zu verteilen, hat die akademische Institution es nur noch in wenigen Fällen bewiesen, mit unbestrittenem Erfolg wohl nur in dem einzigen Walter Benjamins, den sie vor Zeiten durch die ihm verweigerte Habilitation aus ihren Reihen ausgeschlossen hatte. Zu einem Heiligen der akademischen Institution wurde Benjamin nicht zuletzt auch durch die Vorbehalte gegen sie, die er seit seinen Studienjahren geäußert hatte. Der Benjamin-Kult der sechziger und siebziger Jahre hat fraglos auch von der Schwäche und dem schlechten Gewissen der Institution gelebt. Durch ihn wurde eine Sphäre der Unangreifbarkeit geschaffen, und näher besehen, ersetzte er auch etwas von der Fähigkeit zur Verehrung, die der Universität im Ganzen abhanden gekommen war. In ihm bekundete sich der Wunsch nach unangreifbaren Traditionen, wie sie sonst nur mit schlechtem Gewissen – etwa im Kreis der Heideggerianer – gepflegt werden konnten. Dieser Benjamin-Kult hatte etwas von einer um den Verehrten unbekümmerten Verehrung, auch darin glich er dem von Heiligen: Jeder Blick wurde da zum medusischen, jeder Erfahrung eignete etwas Schockhaftes. Das Mißverhältnis zwischen dem akademischen Betrieb, in dem solche Reverenz sich ausspricht, und der Existenz des Verehrten hat auf seine Verehrer geringen Eindruck gemacht.

Kult der Nichtidentität. – Es ist ein bedenkenswertes Faktum, daß Benjamin für die Nachkriegsgeneration das Bild vom jüdischen Denker ungleich stärker prägte als etwa sein mit jüdischer Religionsgeschichte und Theologie befaßter Freund Gershom Scholem, der sich vergebens bemüht hatte, der jüdischen Identität Benjamins zum Durchbruch zu verhelfen. Die Unbefangenheit, einen Denker als «jüdisch» zu apostrophieren, wurde an Benjamin eingeübt. Vielleicht boten sich die Gebrochenheit und energisch festgehaltene Unklarheit der Stellung Benjamins zu seinem Judentum für die Nachkriegsgeneration als Spiegel an für ihre eigenen «Identitätsprobleme». Denn er vermochte sich zu seinem Judentum ebenso wenig in ein entschiedenes Verhältnis zu setzen, wie die Nachkriegsgeneration überhaupt «identisch» sein wollte. Mit der Philosophie der Nichtidentität arbeitete die kritische Theorie Adornos dem zu. An Benjamins Unfaßbarkeit ließ es sich anschaulich machen.

Das unbekannte Meisterwerk. – Als Gershom Scholem sich zum ersten Mal als Benjamins Vertrauter zu Wort meldet, gibt es schon so etwas wie eine Benjamin-Rezeption, ist das von Adorno gezeichnete Bild bereits etabliert. Die verglichen mit den «Schriften» von 1955 monumentale Ausgabe der «Gesammelten Schriften» wird es dann, unter Mitwirkung Scholems, kanonisieren. Diese Kanonisierung läuft, gegen mancherlei Bedenken, auf das «Passagenwerk» zu, als Schlußstein von Benjamins Intention. Dieser vorgeschobenen Position Benjamins hatte Scholems Mißtrauen schon im Briefwechsel mit seinem Freund gegolten. Die «Passagen» waren das Hindernis, das Benjamin dem Drängen Scholems, daß er Hebräisch lernen und nach Palästina kommen sollte, in den Weg legte, ein Alibi auch, um eine Klärung seiner Lage und seiner Entschlüsse zu unterlassen. Mißtrauisch machte Scholem auch, daß diejenigen unter den Benjaminiten, die ihn als Marxisten auferstehen lassen wollten, in dem Fragment gebliebenen Hauptwerk den Schauplatz der Entscheidungsschlacht sahen. Vielleicht war es auch die Befürchtung, das veröffentlichte Fragment könnte zu einer nachhaltigen Enttäuschung werden und dem Respekt vor Benjamin abträglich sein, die Scholem dazu führte, den Bericht von Lisa Fittko über Benjamins letzten Gang über die Pyrenäen an die Öffentlichkeit zu bringen. Denn er nahm ihn zum Anlaß für die Vermutung, in der schweren Aktentasche, die nach Benjamins Auskunft ein Manuskript enthielt, das unbedingt gerettet werden müsse, habe sich eine Fassung des Passagenwerks befunden, die einen entscheidenden Schritt über jenes Konvolut aus Zitaten und Materialien hinaus vollzog, dessen Veröffentlichung bevorstand. Obwohl Inhalte von verschlossenen und verloren gegangenen Aktentaschen schwer zu erraten sind, gelang es dem Herausgeber des Passagenwerks, die wenigen Blätter von Benjamins «Geschichtsphilosophischen Thesen» in der schweren Tasche unterzubringen. Scholem dürfte es nicht leicht gefallen sein, sich diesem Resultat zu fügen. Denn ihm ging es darum, die Idee von Benjamins Hauptwerk zu retten, die durch die nachgelassenen Papiere nicht angemessen repräsentiert wurde. Als das Passagenwerk schließlich erschien, nachdem es über Jahre der Fluchtpunkt aller Deutungen Benjamins gewesen war, meldete sich keine Stimme, die die hochgetriebene Erwartung an dem gemessen hätte, was nun vorlag. Benjamin selbst dürfte sich über die Diskrepanz zwischen den Aufzeichnungen und der Idee, die ihn bei ihrer Sammlung leitete, Illusionen kaum gemacht haben. Ob Scholem, der Benjamins spielerhaften Hang zum erfolgreichen Scheitern kannte, die sorgfältig gelegte Spur des Verschwindens des Hauptwerks erkannte und als letzten Freundschaftsdienst aufnahm?

Schützendes Mißverständnis – Daß die Berufung auf Mißverständnisse in der Wirkung geistiger Gebilde nicht weit führe, hat Adorno in seinem ersten Benjamin-Essay fürsorglich festgehalten und damit vorgreifend gerechtfertigt, daß Benjamin in das Medium der Kommunikation nicht passen werde. Nach Maßgabe seines Erfolgs wäre Benjamin heute, ausweislich seiner unvorhersehbaren Wirkungsgeschichte, der mißverstandenste Autor überhaupt. Weil der Nimbus des Essayisten von Adorno so nachdrücklich abgelehnt wurde, blieb nur Benjamins Verwandlung in einen Philosophen oder, nach Gefallen, in einen Antiphilosophen, mit allen unerfreulichen Erscheinungen eines außenseiterischen Rechthabers – ein Alibi für akademische Insider. Als Verfasser von Maximen, von letzten Sätzen im Vorletzten, wurde er zum Statthalter einer unmöglichen Philosophie. Das Unterkommen im Mißverständnis hat Benjamin in seinem bedeutenden Brief an Scholem über Kafka als Ausweg für sich selbst vorgezeichnet. Er glaubte zu erraten, daß Kafka sein Vermächtnis Brod anvertraute, weil dieser ihm nicht Gehorsam leisten würde. Vor allem aber faßte er, folgt man Benjamins Deutung, Zutrauen zu Brod nur deshalb, weil er sich von ihm überhaupt mißverstanden wußte. Wer solches erdachte, mußte eine Idee von der Geborgenheit im Mißverständnis haben. Benjamin, der in seiner Jugend eine Theorie der Lüge entwarf und überhaupt aus übertriebener Hochschätzung des Echten ein aufmerksamer Beobachter des Falschen war, pflegte das Mißverständnis. Sein Verhältnis zu Brecht, das oberflächlich so aussah, als wolle er sich diesem anschließen und das deswegen seine Freunde beiderseits, Adorno wie Scholem, beunruhigte, kann ebenso gut der Versuch gewesen sein, sich hinter einer Brechtschen Maske ein für alle Mal zu verbergen. Das mag auch für seinen Materialismus gelten, in dem er sich widerwillig heimisch machte und den er für ausgewählte seiner Veröffentlichungen reservierte. Der Materialismus mag für ihn anziehend gewesen sein als Mög-

lichkeit, in ihm zu überwintern, um in einer von ihm pro-
gnostizierten Zukunft überhaupt noch vorzukommen. Die
Selbstauslöschung als ein der Zukunft zu entrichtender Tri-
but dürfte nicht der schwächste Antrieb der zum Marxismus
sich bekennenden Intellektuellen gewesen sein. Schon 1919
schrieb Benjamin, daß der Geistige im Sozialismus nur als
Wahnsinniger vorkommen könne. Das war die Kehrseite der
Scholem so beeindruckenden Gewißheit, daß, wer die Wahrheit hat, auch ein Auskommen haben müsse.

Ein gelungener Nietzscheanismus – Benjamins Bildung fiel
in eine Zeit, als Nietzsche eine geradezu ansteckende Wirkung hatte und der Nietzscheanismus so peinlich war wie
der Benjaminismus der Studentengeneration der sechziger
und siebziger Jahre. Wo aber in Benjamins Arbeiten der
Name Nietzsches fällt, da geschieht es auf bedeutsame Weise, etwa in der Bemerkung in der Aphorismensammlung
«Zentralpark», daß Nietzsches Aussage «Gott ist tot» dieselbe Valenz habe wie Baudelaires Katholizismus. Aber weniges hat Benjamin in seinem Verständnis seiner eigenen
Schriftstellerei so im Nerv getroffen wie der Brechtsche Vorwurf «einer tagebuchartigen Schriftstellerei im Sinne Nietzsches». Dennoch bleibt dies alles beiläufig. Daß Benjamin
eine tiefere Beziehung zu Nietzsche hat, verdeutlicht sein
Nachruhm. Wie Nietzsche durch das Rätseln um sein nach-
gelassenes Hauptwerk über den Autor seiner zu Lebzeiten
veröffentlichten Schriften hinauswuchs, so auch Benjamin
durch die Erwartungen, die sein Passagenwerk weckte. Mit
der «Umwertungsschrift» Nietzsches war dieses innerlich
verbunden, indem es das ganze neunzehnte Jahrhundert wie
einen Handschuh umdrehen wollte. Auch wenn Benjamins
Passagenwerk eine Ausgabe erspart geblieben ist, die seine
vorgeblichen Intentionen ausgeführt hätte, hat es als nicht-
existentes Werk den Nachruhm zu wesentlichen Teilen getragen. Das abschreckende Beispiel der Elisabeth Förster-
Nietzsche dürfte im übrigen dazu beigetragen haben, daß

Benjamins Nachlaßverwalter den Weg der philologisch korrekten Edition gingen. Wer die Aphorismensammlung «Zentralpark» aus dem Komplex der «Passagen» in den «Schriften» nachliest, wird mit Blick auf die Nachlaßkonvolute ahnen, welch sirenische Qualitäten eine wohlkomponierte Auswahl hätte haben können. Doch trotz dieser Entscheidung zur Redlichkeit ist den Nachlaßverwaltern das Mißtrauen der Benjamin-Verehrer nicht erspart geblieben. Es gehört zum Ritual der Begründung eines selbständigen Nachruhmes: Der Streit ums Unedierte ist seine wahre Beglaubigung, er ist die Initiation in die Nachwelt. Bestimmender für den Nimbus von Benjamins Namen ist freilich sein Selbstmord in Port Bou geworden. Die erste Nachkriegsveröffentlichung über ihn hatte ihn diskret den Philosophen genannt, «der auf der Flucht vor den Schergen Hitlers sein Leben auslöschte». Seit dieser lakonischen Nennung ist dieser Tod zu einem Ereignis geworden wie Nietzsches Zusammenbruch, seine Wahnsinnszettel, sein Dahinvegetieren in der Umnachtung. Das Denkmal für Benjamin in Port Bou gehört in eine Reihe mit jenen Kultorten der deutschen Literatur, die allesamt Monumente des Versagens sind, von Hölderlins Turm in Tübingen bis zur Villa Silberblick in Weimar, Zeichen versagter Achtung ebenso wie des Bemühens, sie in der Nachwelt wieder gut zu machen. Das Werk Benjamins ist wegen seines eigenen verborgenen Willens zur Wirkung ein besonders reiner Fall des Mißverhältnisses von geistigem Leben und Nachleben. Er selbst war der Meinung, daß im Nachleben der Werke deren Ungeistiges sich behaupte. Sein Mißtrauen wird durch die eifrig bekundete Nähe der Heutigen zu ihm bestätigt. Das authentische Werk in der Nachfolge Benjamins wäre eines, in dem sein Name und Zitate aus seinen Schriften nicht vorkommen.

ICH BESTECHE
DEN KERKERMEISTER

Carl Schmitt

Das Nachleben von Carl Schmitt ist merkwürdige Wege gegangen. War lange Zeit von ihm nur als vom nationalsozialistischen «Kronjuristen» die Rede – eine Bezeichnung, die sein früherer Schüler, Waldemar Gurian, lanciert hatte –, so erlebte sein Werk nach seinem Tod eine erstaunliche Auferstehung: In Italien, in Frankreich, in den Vereinigten Staaten wurden Hauptwerke und Nebenwerke, seine Abhandlungen «Politische Theologie», «Der Begriff des Politischen», «Der Nomos der Erde», «Theorie des Partisanen» übersetzt und diskutiert. Die Erklärung für diesen postumen Triumph, der Carl Schmitts Präsenz in den letzten Jahrzehnten seines Lebens – er starb 1985, drei Jahre vor seinem hundertsten Geburtstag – weit übertrifft, harrt noch einer Erklärung. In Deutschland fällt der systematische Zugriff der meisten Interpretationen auf. Minutiös messen sie ein Gedankengebäude aus, das lange nur in griffigen Formeln und meist in polemischer Absicht überliefert worden war. Der lebendigste Strang der Schmitt-Tradition war von Freunden und von Schülern geknüpft worden, die ihm nach wie vor nahe standen. Die von Piet Tommissen über viele Jahre im Einmannbetrieb vorangetriebene Sammlung der «Schmittiana» dokumentierte Zeugnisse von Freunden, abgelegene kleine Veröffentlichungen von Carl Schmitt und Briefwechsel mit europäischen Gesprächspartnern, darunter Raymond Aron und Alexandre Kojève. Mit der Zeit wurde ein weitgespanntes Netz von geistigen Beziehungen sichtbar, in dessen Mittelpunkt Carl Schmitt sich befand, ein Genie der brieflichen Mitteilung und des Gesprächs. Reiches Material für seine Biographie ist hier zusammengetragen worden.

Als ein Nebenertrag dieser zähen Bemühungen hat sich das Interesse am Nachlaß Carl Schmitts, an seinen Tagebüchern und Briefen verstärkt. Ein Band mit Briefen an seine Schwester aus den Jahren 1905 bis 1913 macht den Auftakt, die Tagebücher von Oktober 1912 bis Februar 1915 setzen nach. Sie überschneiden sich ein Stück weit mit den Briefen an die Schwester und erlauben eine doppelte Lektüre dieses Zeitraums, einmal familiär ordentlich, das andere Mal intim und chaotisch. Werk und Biographie treten durch diese Veröffentlichung in ein merkwürdiges Verhältnis zueinander. Die privaten Aufzeichnungen werfen ein flackerndes Licht auf die ersten wissenschaftlichen und die damals noch gleichrangig daneben sich behauptenden literarischen Versuche. Die Person, die lange Zeit in der Schärfe und Hochspannung der wissenschaftlichen Arbeiten überdeutlich zu spüren war, ohne aber greifbar hervorzutreten, gewinnt an Facetten und abgründigen Zügen.

Merkwürdig ist auch, daß sich heute ein so starkes Interesse auf den jungen Juristen am Ende der wilhelminischen Zeit richtet. Verglichen mit dem brillanten Juristen während der Weimarer Republik oder dem bis zum Jahr 1936 ehrgeizig in den Nationalsozialismus verstrickten preußischen Staatsrat und Hochschullehrer muß sein Auftritt auf der Bühne der wilhelminischen Zeit wie ein vertauschter Schauplatz wirken. Beim jungen Carl Schmitt weiß man nicht, ob er sich stärker zur Wissenschaft hingezogen fühlt oder zur Literatur und Kunst, zu der er intensive Kontakte pflegt. Seine Freundschaft mit dem Dichter Theodor Däubler hat er Zeit seines Lebens wie eine Art Denkmal einer Literatur behandelt, die nicht zum Zuge kam und auf deren Scheitern er mit seinem eigenen charakteristischen wissenschaftlichen Stil antwortete. Die mehrere Wochen andauernde Begegnung mit Däubler in Düsseldorf und Berlin, die in seinem Tagebuch verzeichnet wird, stehen schon deutlich im Zeichen der Desillusionierung. Stundenlange Gespräche, private Lesungen aus Däublers Werk, aber kein erkennbares Ziel der Emphase. Gleichzeitig wechselt Carl Schmitt Briefe mit Walter Rathenau, über den er einen Aufsatz veröffentlicht und der in der Satire «Schattenrisse», die er 1913 zusammen mit seinem Freund Fritz Eisler veröffentlicht, porträtiert wird. Zu den Lektüren, die das Tagebuch mit stärkster Erregung vermerkt, gehört Maximilian Hardens «Zukunft». Fritz Mauthners «Beiträge zur Kritik der Sprache» werden einer ausführlichen Kritik unterzogen.

Die beherrschenden Hintergrundfiguren aber sind Strindberg und Weininger, deren Philosophien des Weibes zeitweise zu praktizierter Überzeugung werden. Die große Liebesaffäre mit Cari, mit der die Tagebücher einsetzen und deren abgründige Zweideutigkeit den roten Faden dieser Aufzeichnungen ausmacht, ähnelt einem praktischen Experiment, das Sexualität und Leidenschaft, Abhängigkeit und Liebe, den Willen zu herrschen und den Verdacht, betrogen zu werden, in ein kaum zu gewinnendes Gleichgewicht zu bringen sucht. Cari verwandelt sich aus einer spanischen Tänzerin, die an vielen Plätzen Europas auftritt, in eine serbische Adlige, um schließlich nach der Heirat als Betrügerin entlarvt zu werden. Solange die Illusion bestand, nannte sich der adelssüchtige Liebhaber Schmitt-Dorotic. Diese Geschichte war bekannt, aber die Tagebücher lassen sie nun am Leser, der das Ende kennt, als ein rührendes und groteskes Stück vorüberziehen. Man kann an die Affären im Tagebuch von James Boswell denken, der eine Liebesaffäre auch dann noch im Ton der Verliebtheit schildert, nachdem sie mit einer Enttäuschung zu Ende gegangen ist.

In der Cari-Affäre gibt es einen hellsichtigen Augenblick, in dem die Entlarvung unmittelbar bevorsteht. Aber dann wird doch wieder der Vorhang vorgezogen. Doch der Niederschlag, den das ernste Abenteuer in den Aufzeichnungen findet, ist in ein Licht von Irrealität und Zweifel getaucht, die aus den Doktrinen Weiningers kommen. Gegen sie die Liebe und den Respekt für das Objekt der Begierde zu behaupten sorgt für die flackernde Atmosphäre der Aufzeichnungen. Dieser Tagebuchschreiber hat gewiß nicht daran gedacht, seine Notizen könnten einmal veröffentlicht werden. Doch es ist nicht die Intimität mancher Passagen, die den Leser verwirrt, sondern der Stil dieser Aufzeichnungen. Man muß dabei berücksichtigen, daß sie in Kurzschrift niedergeschrieben sind von einem angehenden Juristen, der im Protokollstil der Erfassung von Sachverhalten trainiert ist. Es ist eine völlig schnörkellose Sprache, in knappen Sätzen, die jedesmal einen handgreiflichen Sachverhalt erfassen, sei er auch psychischer Natur: «Mein Leib erscheint mir als Feind, (und weil ich als guter Christ meine Feinde liebe, deshalb tue ich ihm schon mal einen besonderen Gefallen). Mein Leib ist der Kerker. Ich besteche den Kerkermeister, der mich quält. Der gönnt mir ein schönes Mädchen. Dann wird der Kerker für einige Zeit ein ganz angenehmer Aufenthalt.»

Kälte wäre das falsche Wort. Vielmehr handelt es sich um eine zum Äußersten getriebene Sachlichkeit – eine betäubte Sprache, die Schmerzempfindungen nicht aufkommen läßt. Assoziationen zum Stil der Abgebrühtheit in Georg Heyms Tagebüchern oder auch zu Kafkas Tagebüchern stellen sich ein: «nutzlos gearbeitet, gelesen, diktiert, angehört, geschrieben. Gleiche sinnlose Befriedigung danach. Kopfschmerzen, schlecht geschlafen, unfähig zu längerer, konzentrierter Arbeit» (18. Januar 1915). Von solchen Feststellungen ist Carl Schmitts Tagebuch voll: «Ich bin müde, ich kann nicht arbeiten, ich bin wie tot, lasse das Leben weitergehen, erkenne hunderttausend Lügen und sehe, daß es ohne Lügen nicht mehr geht» (21. Juli 1914). Es ist jener Sommer 1914, aus dem Kafkas lapidare Zeilen überliefert sind: «Deutschland hat Rußland den Krieg erklärt. – Nachmittags Schwimmschule» (2. August 1914). Bei Carl Schmitt beginnt die Eintragung desselben Tages: «Wir sprachen über den Krieg, ich hörte, England mache gegen uns mobil. Ich aß beim Geheimrat zu Abend (er will Geld vergraben!), war munter und fröhlich und ziemlich stolz...» Tags zuvor notiert er eine charakteristische Überlegung, die nicht die handgreiflichen Vorgänge des Krieges betrifft, sondern in Schicksalhaftes hinausblickt: «Vielleicht siegen die Slawen, weil die Germanen das Gebiet östlich der Elbe germanisiert haben. Da sind die Slawen in den Germanen aufgegangen und zu Preußen geworden. Sie haben das übrige Deutschland unterworfen, und der Preußengeist, diese knarrende, schneidige und gänzlich intellektlose und gefühllose Maschine, wird es verhindern, daß die Deutschen mit den Russen fertig werden. Das wäre auch eine Art metaphysischer Gerechtigkeit.»

Noch das eine oder andere Mal wird über die Kriegslage reflektiert, Gespräche mit Frontsoldaten wirken erschreckend und anziehend zugleich. Im Traum bombardieren Flieger die Stadt. Im September notiert er: «Oft Angst vor dem schrecklichen Krieg, Wer weiß, wie es ausgeht. Die Kriegführung ist der reinste Völkermord. Es wird einfach vernichtet. Die Russen zu Tausenden in die See getrieben und mit Maschinengewehren totgeschossen» (13. September 1914). Der angehende Assessor ist vom Kriegsdienst vorläufig verschont, am Ende des dokumentierten Zeitraums wird er nach München zum Garnisonsdienst einberufen. Die schmale, aber tief sich eingrabende Spur der Kriegswahrnehmungen in einem davon scheinbar kaum berührten Land führt schließlich zu einer unheimlichen Prognose, die rückwirkend die schmerzlose Gefühlslage des Autors aufbrechen läßt: «Es staut sich jetzt in ganz Europa eine ungeheure Menge pathologischer Affekte auf, so daß vielleicht in schon ganz kurzer Zeit eine Wahnsinnsepidemie über die Völker hereinbricht und wir uns alle nicht mehr wiedererkennen werden. Dann kommt ein Flagellantentum, dessen Umfang und Wert sich zu dem des Mittelalters verhält wie ein moderner Millionenkrieg zu einer Prügelei der Landsknechte. Die allgemeine Trägheit und Kleinlichkeit, die man heute beobachten kann, erklärt sich nur als Angst vor diesem Ausbruch, als eine letzte, schwächliche Weigerung, von der jeder fühlt, daß sie nichts hilft und die deshalb so kläglich und abstoßend wirkt.»

Der Autor balanciert auf einem schmalen Grat zwischen gegensätzlichen Affekten, zwischen Niedergeschlagenheit im Weitermachen und dem Selbstmord, der zu den meistbeschworenen Auswegen aus einer in vieler Hinsicht aussichtslosen Lage gehört: aus Armut, Schulden, Betrogensein auf der einen und Ruhmesphantasien eines grenzenlos Ehrgeizigen auf der anderen Seite. Schwer vorstellbar ist, daß der Verfasser des Tagebuchs gleichzeitig nicht nur die vielen brillanten literarischen Talentproben abgeliefert hat, die heute gerne wieder ausgegraben und goutiert werden, sondern auch sein erstes Buch über «Gesetz und Urteil», das sich heute so liest, als sei sein Verfasser ein scharfer Systemtheoretiker. Kein Wunder, daß Carl Schmitt später, wie gelegentliche Notizen ausweisen, die alten Aufzeichnungen wieder vorgenommen hat – um sich in das Rätsel seiner jungen Jahre zu vertiefen.

POSITION

IN BEGRIFFEN

Carl Schmitt

Der Blick in die Werkstatt der Autoren der wirkungsmäch-
tigsten Werke unseres Jahrhunderts ist ein Blick ins Schre-
ckenskabinett. Oswald Spenglers Tagebuch während der
Niederschrift von «Untergang des Abendlandes» enthüllt einen Gequälten, zu normalem menschlichem Umgang Unfä-
higen, der sich mit Menschenscheu und Lügen durchschlägt
und von sich selbst sagt, er habe «von Jugend auf das Innen-
leben eines Verrückten» geführt. Die Tagebücher von Georg
Lukács aus der Zeit der Niederschrift von «Die Seele und die
Formen» zeigen einen Ich-Besessenen, der sich nur perio-
disch und im Schreiben von lähmenden Depressionen befreien kann und in den Text seiner literaturtheoretischen Betrachtungen ein Verlobungsdrama à la Kierkegaard verwebt.
Späte Rekapitulationen solcher Anfänge lassen von den existentiellen Spannungen, in welcher die radikalen Schriften
des Jahrhunderts entstanden, kaum mehr etwas ahnen. Ebenso entdramatisiert wirken auch die späten Stellungnahmen
jener Autoren, die sich mit ihren Werken dem Aufbruch von
1933 eingereiht hatten. Heidegger hinterließ Aufzeichnungen
über seine Rektoratsrede, die denen eines Nachlaß-Archivars
gleichen und nichts mehr von jener Emphase spüren lassen,
mit der die Rede vorgetragen wurde. Ernst Jüngers Rechen-
schaft in den «Strahlungen» spielte sich auf die private Ge-

stimmtheit des Tagebuchs ein, und Gottfried Benns «Doppelleben» war eine glänzend inszenierte Apologie, die seinen Irrtum in ein Geschehen einsenkte, in dem der Autor verschwand wie ein Mastodon im Pleistozän.

Von Carl Schmitt, dem brillantesten Rechtsdenker der Weimarer Republik, erschien 1950 eine kleine Schrift «Ex captivitate salus», die seine Gedanken in der Gefängniszelle sammelte, als er auf die Entscheidung wartete, ob gegen ihn vor dem Nürnberger Gerichtshof ein Verfahren eröffnet würde: kein Wort über die Motive, die ihn 1933 zu den Nationalsozialisten überlaufen ließen, kein Wort über das, was in Nürnberg Gegenstand der Anklage gegen ihn hätte sein können. Statt dessen Geistergespräche – mit Eduard Spranger, Karl Mannheim, Alexis de Tocqueville, mit Kleist und Theodor Däubler, mit Antipoden und Schutzgeistern. Warum haben die wenigen Intellektuellen von bedeutender Statur, die sich dem «Aufbruch» von 1933 einreihten, so wenig darüber zu sagen gewußt? Oder haben die Fragenden die Antwort überhört? Die Antwort, die sie hören wollten, erhielten sie nicht, und die Antwort, die sie erhielten, war ihnen Hekuba.

Man möchte erwarten, daß Carl Schmitts Aufzeichnungen aus den Jahren 1947 bis 1951 Einblick in die Gedanken dieser Intellektuellen geben. Doch mit der Intimität ist es bei ihm nicht weit her. Kaum eine Notiz, die nicht von Lektüren angestoßen wäre und nicht auf die prägnante Formulierung eines Gedankens zielte, meist knappe, aber eindringlich formulierte Fragmente ungeschriebener Werke oder Corollarien zu den publizierten. Offenbar sollten diese Aufzeichnungen die Gespräche ersetzen, von denen Carl Schmitt damals abgeschnitten war und an die er sich wie an etwas für immer Untergegangenes erinnert: «Wie groß war der Reichtum unserer Einfälle, die Fülle unserer Aperçus, die Verschwendung unserer Gespräche! Ich freue mich meiner Verschwendung, wenn ich diese heutigen Allesverwerter sehe, diese filzigen

Kleinkapitalisten, diese Geizkragen ihrer Einfälle, diese Dosierer ihrer Bonmots.» So werden die Einfälle und Bonmots ans Tagebuch verschwendet. Gelegentlich fließen Briefe und Gesprächsnotizen ein, aber kaum einmal trifft der Leser auf Züge zu einem Selbstportrat, allenfalls parabelartig verschlüsselt: «Warum tut mir der kleine Ladenbesitzer, der vergeblich auf den Kunden wartet, so entsetzlich leid, während mich der vergeblich um Ware bittende Kunde gleichgültig läßt, obwohl wir doch immer nur auf der Kundenseite waren?»

Daß diese Aufzeichnungen, wie ihr Herausgeber Freiherr von Medem mitteilt, für eine postume Veröffentlichung bestimmt waren, könnte auch ein Warnsignal sein. Gleich die erste Eintragung am 25. August 1947 bereitet auf hintergründige Ironien vor, die dem Autor auch sonst nicht fremd sind: «Edle Einfalt und stille Größe; ja Stille? Die Stille der Stillen im Lande? Pietistische humanistische Stille. Ich frage mich: Stille gegenüber wem? Stille wird ein polemischer Begriff gegenüber barockem Lärm. Das ist das höchste Konkrete an dieser Stille und edlen Einfalt.» Mit wenigen Strichen wird der scheinbar ganz unpolemische Begriff der Stille in eine Waffe verwandelt. Mit einem ähnlichen Kunstgriff wird der Leser wenige Sätze später auf eines der wiederkehrenden Motive der Aufzeichnungen gelenkt, den Verrat der Intellektuellen, die «trahison des clercs», wie der Titel von Julien Bendas berühmter Anklageschrift gegen die nationalistische Intelligenz der zwanziger Jahre lautete: «Was war denn diese angebliche trahison des clercs? Es gibt eine solche trahison, die clercs sind auf schändliche Weise verraten worden.» Als sie, verraten an das Geld und an die Masse, Schutz gesucht hätten beim Staat, da habe man ihnen das als «trahison» zum Vorwurf gemacht, die Verratenen wurden zu Verrätern gestempelt. Tatsächlich würde kaum jemand darauf verfallen, den vielzitierten Titel als Genitivus objectivus zu lesen und derart umzudrehen.

Damit aber stellt Schmitt eine Frage, die niemand stellen mochte, am wenigsten die Intellektuellen. Denn der Vorwurf des Verrats tastet ihre Rolle nicht an: Auch und gerade als Verräter – und das waren die meisten aus dem Bürgertum kommenden Anhänger des Proletariats sozusagen von Hause aus – bleiben sie die großen Drahtzieher der Ideen und Idole der Epoche. Als Verratene dagegen wären sie einem verhängnisvollen Fatum erlegen, einem politischen Irrtum. Der Autor will Raum schaffen für diesen Irrtum. Das ist seine Mission. Dennoch wird, wer diese Aufzeichnungen in der Erwartung durchblättert, hier konkrete Auskunft über den Verrat in beiderlei Bedeutung zu erhalten, wer wissen will, «wie es dazu kam», wird enttäuscht. Stattdessen hat er Gelegenheit, einen zu beobachten, der seine Position nicht räumt, sich auch nicht von sich selber absetzt, sondern die gedanklichen Motive und polemischen Impulse seines Lebenswerks zusammenzuhalten, das Knäuel von Verstrickungen zu entwirren sucht, ohne den Faden zu durchschneiden. Er vergleicht sich, als einen dreimal vom Leviathan Ausgespienen, dem biblischen Propheten Jona und dessen Abneigung gegen den Auftrag Gottes, Buße zu predigen. «Ich erinnere mich stattdessen lieber an meine Beobachtungen im Bauche des Fisches.»

Nicht als Bußpredigt oder als Frage nach der Schuld, aber in grellen Bildern, die schnellfertige Erklärungen abweisen, ist die Katastrophe im «Glossarium» präsent: «Wer ist der wahre Verbrecher, der wahre Urheber des Hitlerismus? Wer hat diese Figur erfunden? Wer hat die Greuelepisode in die Welt gesetzt?» Oder: «Wie kam nun der Höllensturz in das ganze Unreine?» Die Antworten nehmen jenes «aus dem Dunkel des sozialen und intellektuellen Nichts» aufsteigende Individuum ins Visier, das sich mit den «Worten und Affekten des damaligen gebildeten Deutschland vollsog» und dann «mit tierischem Ernst, mit den Affekten und Formeln, die sich ihm boten», Ernst machte. Unter dem Namen «Bruder

Straubinger» geistert die Figur durch die Aufzeichnungen, ein «im Grunde armer Teufel, den die deutsche Bildung erst aufgebaut und dann im Stich gelassen hat», ein Betrüger, dem erst postum der «erstaunlichste Schwindel» zu gelingen scheint, indem er von denen, die ihn besiegten, zum Träger jener Ideen gemacht werde, deren er sich zu seinem Betrug bedient hatte. «Sollten es die Esel der heutigen Restauration wirklich erreichen, daß Hitler auf künstlerischem Gebiet mit Richard Wagner, auf geisteswissenschaftlichem mit mir identifiziert wird ...» – diese Bedrohung gibt Carl Schmitts Notizen zur deutschen Bildung und Geistesgeschichte ihre Gespanntheit.

In Hitler, so eine Interpretation, sei das neunzehnte Jahrhundert zu Ende gegangen: Die bis dahin «ziemlich rein gedachten Affekte und Formeln» hätten sich ihm ausgeliefert – «überrascht und glücklich, ernst genommen zu werden». Von da an unterlagen sie der Logik des Ernstmachens und Vollstreckens. In dieser Interpretation spricht der Affekt der Generation Carl Schmitts, der expressionistischen Generation, gegen das neunzehnte Jahrhundert mit, eine zweideutige Intimfeindschaft, aber auch Erfahrung eines Mannes, der selbst nicht zögerte, seine Diagnosen Leuten in die Hände zu geben, die er verachtete und denen er sich «unendlich überlegen» fühlte, und der jetzt sein «Wehe den Diagnostikern!» ausruft. Er teilt damit das Schicksal der deutschen Elite, auf deren geistigen Dünkel er mit demselben Gefühl der intellektuellen Überlegenheit herabsah wie auf die Straubingers, die angetreten waren, sie das Fürchten zu lehren.

Die Aufzeichnungen durchzieht eine in der Biographie des Autors frühzeitig beginnende Absetzbewegung von der deutschen Bildung: «Kein Licht habe ich, d.h. ich gehöre nicht in die Welt des deutschen Idealismus; nur eine Stimme.» Die Gestalten, denen er sich in verschiedenen Lebensphasen verwandt fühlte, standen außerhalb dieser Bildungswelt oder an ihrem Rande: Thomas Hobbes, Pascal, Max

Stirner, Bruno Bauer, Alexis de Tocqueville, Donoso Cortés, Kierkegaard, Maurice Hauriou, Georges Sorel, Léon Bloy, Theodor Däubler. Zu seinen Gewährsleuten hat Goethe nie gehört, ihn respektiert er allenfalls als großen Verschweiger. Aber innerhalb des Idealismus nähert er sich in diesen späten Aufzeichnungen Hegel, dessen Wort: «Denn was sich so verirrt, ist doch noch Geist», er als «ungeheuerlichstes Dokument der Abgründigkeit des deutschen Idealismus» verzeichnet und daran die Erwartung knüpft, daß sich aus den Zersetzungsprodukten dieser Philosophie noch einmal «theurgische Kräfte» freisetzen werden, «stärker als alle Restaurationen der Kirchen». Die Hegelsche Philosophie werde ihre theoretische Rolle als Museumsstück der Kathederphilosophie ebenso wie ihre praktische als «Waffe des militanten Moskauer Marxismus» hinter sich lassen.

«Ich kenne die ‹kleine› Tragödie des Rechthabens» ist in «Ex captivitate salus» zu lesen. Aber so klein ist diese wohl nicht, sieht man, was alles die Aufzeichnungen des «Glossarium» für die eigene Rechtfertigung mobilisieren. Da sind zunächst die Gefährten des «Aufbruchs» von 1933, die «großen Jasager» von damals, die nun den Weg zurück in die Öffentlichkeit suchen. «Heidegger besteht die Probe des Comeback mit den Prädikat vollbefriedigend nach beiden Seiten; Gottfried Benn ganz großartig; Ernst Jünger fällt elend durch.» Und er selbst? «Warten wir ab, wie ich abschneide.» Aber der, der sich ein Abwarten verordnet, will die Probe darauf gar nicht machen. Ernst Jünger, der in den Aufzeichnungen als Freund und Weggenosse vielfach präsent ist, wird von Schmitt bei Erscheinen von «Heliopolis» verhöhnt als eine «ihre Einfälle restlos verwertende Vollmonade». Unter der «Nebelkappe einer halbmythologischen Verschleierung» bleibe er in der Deckung – «man redet sehr weise und sehr viel und redet sich doch nicht fest». Am Ende habe man ein dickes Buch geschrieben und doch nichts Gefährliches gesagt, «nur pseudomythologische Kulissen gemalt».

Die Rankünc gegen die «Aufbrecher» von einst übersteigert sich in den Ausfällen gegen die Gegner. Ist die Bemerkung «Wunder der D-Mark: Thomas Mann erscheint wieder in Deutschland» wenigstens noch so witzig wie kürzlich die Formel vom «D-Mark-Nationalismus», so dominiert in Äußerungen etwa über Karl Jaspers oder Gustav Radbruch der Hohn: 1945 seien sie «die geisteswissenschaftlichen pinups des befreiten Deutschlands» gewesen. Unbeherzigt bleibt bei alledem die immer wieder beschworene Devise: Nicht polemisieren, nicht diskutieren! Immer wieder erinnert der Autor sich selbst daran, daß der Beschimpfende sich ins Beschimpfte verwandle – «der Geist des Beschimpften zieht sofort in den Beschimpfer ein» –, daß der Polemiker sein Arcanum gefährde. Aber er zögert auch, sich selbst zu erkennen. Jedenfalls will er es anderen verwehren, ihn zu erkennen. «Die Menschen vertragen nicht, daß einer sie erkennt oder gar entdeckt. Keiner läßt sich gern begreifen. Deshalb sieht er in dem, der ihn begriffen hat, einen Feind.»

Schon im «Begriff des Politischen» hatte Schmitt ein Wort des Dichters Theodor Däubler – «Der Feind ist meine eigene Frage als Gestalt» – herangezogen, um die existentielle Dimension seines politischen Traktats sichtbar zu machen. Die Feindschaft, die seine Diagnose des Endes der Staatlichkeit ihm eintrug, wird ihm nun zu einer Bestätigung ihrer existentiellen Richtigkeit. Es sei «ein sicheres Symptom existentieller Echtheit», daß der «Begriff des Politischen» Freundschaft und Feindschaft erwecke, als Kriterium benutzt werde. Auch jenseits des Politischen, so demonstrieren die Aufzeichnungen, erzeugt die Unterscheidung von Freund und Feind – das «Distinguo, ergo sum» – eine intellektuelle Spannung und Intensität, die das genaue Gegenteil ist zu dem dann in Mode kommenden interesselosen Verstehen, der hermeneutischen Weltsicht der Nachkriegsepoche: ein aggressives Bemühen, zu unterscheiden und zu trennen, anstatt das Auseinandergefallene zusammenzusehen. Mehrfach beruft sich Schmitt auf sein «geliebtes Bruno-Bauer-Zitat von 1849»: «Erobern kann nur derjenige, der seine Beute besser kennt als sie sich selbst.» Das Wort hat einen defensiven Sinn angenommen, die Beute wehrt sich dagegen, nach der Niederlage geistig erobert zu werden.

Aber hat er etwas vorzubringen, was in der Niederlage standhält und eine echte Verteidigung wäre? Fast möchte man sagen: Er bietet zu viel auf, um noch verstanden zu werden. Das persönliche Problem wird an die Kette der Themen und Fragen seines Werks gelegt: Legalität und Legitimität, die Freund-Feind-Unterscheidung, die Verwandlung der Staatenkriege in Bürgerkriege, die neuen Kriminalisierungen aufgrund der globalen Pazifizierung und planenden Weltveränderung.

Kaum irgendwo sonst dürfte sich die für diese Generation charakteristische Verzweiflung an der Kultur so ungemildert und unabgelenkt erhalten haben wie in diesen Aufzeichnungen: «Wie entsetzlich ist eine Welt, in der es kein Ausland mehr gibt und nur noch ein Inland; kein Weg ins Freie, kein Spielraum freien Kräftemessens und freier Krafterprobung.» Die Schrecken des totalitären Räderwerks des Jahrhunderts erscheinen nur als Vorboten einer Epoche, die die «totale Diesseitigkeit» verwirklicht und für die zum Störer und kriminellen Aggressor wird, wer in ihrem verordneten Behagen nicht mitschwingt. Die Aussicht, daß alles auf den «Zustand eines hochzivilisierten, hochgebildeten, aber rein physischen Behagens» hinauslaufe, löst beim Autor des «Glossarium» eine existentielle Panik aus, das Gefühl, in einen großen Betrug verwickelt zu sein. Gegen Ende seiner Notizen gewinnt Carl Schmitt aus einer Fabel Francis Bacons ein ungeheures Bild für das persönliche Drama, das seine Aufzeichnungen vergeblich zu entschlüsseln suchen: «Ich bin die Quelle, in die ein Schuft hineingetreten hat.»

ENDSTATION

DEMOKRATISCHER SNOBISMUS

Alexandre Kojève

Im Jahre 1932 lautete seine Adresse im Pariser Vorort Vanves: 15, boulevard du Lycée; nach dem Krieg: 15, boulevard Stalingrad; nach dem Ungarnaufstand 1957 stand schließlich wieder die alte Adresse im Briefkopf: 15, boulevard du Lycée. Der Wechsel der Briefkopfs war die Kurzschrift der Weltgeschichte. Kaum ein anderer Philosoph hat so intensiv wie Alexandre Kojève, der 1902 in Moskau geboren wurde, über die schicksalhaften Umschwünge des zwanzigsten Jahrhunderts nachgedacht. Er tat es auf eigenwillige Weise – als Interpret der Philosophie Hegels. Denn er glaubte, daß mit ihr die Philosophie überhaupt zum Abschluß gekommen sei.

Dieser Hegelianismus war völlig anachronistisch, er griff einen philosophischen Stil auf, der zuletzt in den vierziger Jahren des neunzehnten Jahrhunderts bei den sogenannten Junghegelianern in Gebrauch war, die sich fragten, «was wohl den ferneren Inhalt der Weltgeschichte bilden werde» (Rudolf Haym). Aber zugleich war dieser Hegelianismus offenbar ganz zeitgemäß, wie die Faszination der Pariser Surrealisten, Künstler und Literaten bezeugt, die zwischen 1933 und 1939 den Hegelvorlesungen von Kojève lauschten. Die von Raymond Queneau verantwortete Ausgabe der Vorlesungen, «Introduction à la lecture de Hegel», gibt allerdings ein ganz unzureichendes Bild dieses Ereignisses, das

Kojève zu einer legendären Figur des französischen Geisteslebens machte.

Vor Zuhörern, die kaum deutsch verstanden, sprach der aus Rußland emigrierte und über Deutschland – er war in Heidelberg von Karl Jaspers promoviert worden – nach Paris gekommene Philosoph über eines der Rätselwerke der philosophischen Literatur, die «Phänomenologie des Geistes», die damals noch nicht ins Französische übersetzt war. Fünfzig Jahre später hat Alexandre Kojève über seine Lektüre dieses Werkes berichtet: «Im Laufe der Jahre habe ich diese Schrift drei Mal von Anfang bis Ende gelesen, ohne irgend etwas zu verstehen (denn wenn man hier nicht alles versteht, versteht man gar nichts). Ich bemerkte aber, daß die Historiker, die darüber sprachen, auch nichts davon verstanden.» Ob Hegel wirklich gesagt hat, was eine solche Lektüre ihn sagen läßt, muß fraglich bleiben. Aber für Kojève war dies nicht weiter erheblich, denn er las Hegel im Licht der Tatsache, daß das Ende der Geschichte erreicht war.

Das war nun keineswegs eine Prognose, sondern eine schlichte Feststellung: «Sehen Sie sich um», pflegte er zu sagen, «alles, einschließlich der Konvulsionen der Welt, weist darauf hin, daß die Geschichte abgeschlossen ist.» Denn alles konnte sich überall ereignen und überall wiederholen: «Berlin heute», meinte Kojève 1968, «ist ganz genau das, was in meiner Jugend das Quartier Latin war.» Das Phänomen, das die endgeschichtliche Lage am schlagendsten deutlich machte, war für ihn die Beobachtung, daß die Geschichte immer weniger vorwärts kam – «le mouvement historique ‹avance› de moins en moins». Das kündigte an, was er ins Auge faßte und was er nicht erst in der Ferne sich abzeichnen, sondern schon greifbar nahe sah: ein stationäres Endstadium, Erstarrung mit bewegtem Faltenwurf von Ereignissen.

Im postrevolutionären modernen Staat, einem homogenen Weltstaat, sah Kojève dieses Stadium institutionelle Gestalt annehmen. Es war für ihn damals nur ungewiß, wer aus der

Konkurrenz der Systeme hervorgehen würde, der Kommunismus oder der Kapitalismus. Entweder würde der Westen kapitalistisch und nationalistisch bleiben, dann werde er von der Sowjetunion besiegt, oder die beiden Ökonomien würden integriert, dann könne der Westen das Sowjetreich besiegen, und der Weltstaat käme auf diese Weise zustande. Daß es alles anders gekommen ist, als der Sowjetblock zusammenbrach, hätte Kojève kaum gestört, entsprach doch das Ergebnis – unter dem Namen der Globalisierung – annähernd seiner zweiten Option. Aber er hatte noch andere Optionen, die sich mit seiner Grundüberzeugung vertrugen. 1948 beispielsweise erklärte er, daß die Vereinigten Staaten das vom Marxismus anvisierte Endstadium bereits erreicht hätten. In einem geistreichen Aufsatz verkündete er, «daß Henry Ford der einzige bedeutende, authentische oder orthodoxe Marxist des zwanzigsten Jahrhunderts» gewesen sei.

Nach einer Japanreise 1959 überraschte Kojève wiederum mit einer neuen Variante des Endstadiums, einer japanischen. In der japanischen Kultur glaubte er damals ein dem amerikanischen diametral entgegengesetztes Modell zu erkennen, freilich eine exklusiv japanische Lösung. Er fand dafür einen Namen, der ihn faszinierte: «demokratischer Snobismus». Damit meinte er den Habitus einer kulturellen Elite, die sich durch ihre Begegnung mit dem «american way of life» demokratisiert hatte, aber gleichzeitig an ihrer traditionellen Lebenshaltung festhielt und auf diese Weise einen «Snobismus für die Masse» erfand. Diese Variante des Endzustandes trug Kojève 1968, in dem Jahr, in dem er starb, als Fußnote in die Neuauflage seines Hegelbuches ein.

In der einen oder anderen Form ist es seither zu vielen merkwürdigen Überblendungen von Traditionalismus und Modernisierung gekommen, die Kojève nicht als Hindernisse auf dem Weg zum Endstadium ansehen würde, sondern als Übergangserscheinungen, wie er auch damals schon die Einwanderung heterogener Ethnien in die westlichen Gesellschaften nicht als Widerlegung seiner These vom homogenen und universalen Weltstaat, sondern als Zwischenstadium auf dem Weg zu ihm betrachtete. Dies alles bereitete in seinen Augen Verhältnisse vor, in denen die Grundstrukturen des Weltstaats für jedermann akzeptierbar sein würden.

Aussagen wie die über das Ende der Geschichte oder den Untergang des Abendlandes haben die Eigenart, daß sie sich einer prognostischen oder gar prophetischen Rhetorik bedienen, in Wirklichkeit aber das Prognostizierte schon für eingetreten halten. So glaubte Spengler, daß die entscheidende Zäsur, die den Untergang des Abendlandes markierte, schon hinter ihm lag, und ebenso glaubte Kojève, daß das Ende der Geschichte schon erreicht sei. Uninteressant dagegen werden solche Diagnosen immer dann, wenn sie auf Ereignisse hin ausgelegt werden. Ein solcher Augenblick war 1990 gekommen, als die Sowjetunion das Feld räumte und viele verführt wurden, von Sieg und Niederlage zu sprechen. Damals hat ein Aufsatz von Francis Fukuyama über das «Ende der Geschichte» Furore gemacht und Kojèves Zeitdiagnosen für einen kurzen Moment publizistisch ins Licht gerückt. Sie wurden aber schon bald durch Banalisierung wieder dem Vergessen überantwortet.

Kojèves Pointen waren von anderer Art, und am besten kamen sie zur Geltung, wenn sie auf die eines anderen einzelgängerischen Denkers trafen, wie Leo Strauss, für den die antike Philosophie im selben Sinne die Wahrheit war wie für Kojève die «Phänomenologie» Hegels. Der Dialog zwischen den beiden Denkern gehört zum Faszinierendsten der Philosophie ihres Jahrhunderts. Anerkennung sei nicht genug, wandte Strauss gegen die Hegeldeutung von Kojève ein, die die Weltgeschichte des Menschen als Kampf um Anerkennung rekonstruierte. Nur Weisheit, gültige Einsicht, könne die Menschen wirklich zufrieden stellen. Deswegen müsse der Weltstaat sich durch die Herrschaft von Weisheit und deren Popularisierung auszeichnen, nicht allein durch Homogenität und Universalität. Denn andernfalls würden die partikularisierenden Kräfte der Religion die Oberhand gewinnen – wie es sich heute abzeichnet. Die Antwort von Leo Strauss war paradox, denn sie postulierte die Popularisierung von etwas, was sich nicht popularisieren läßt, es sei denn als Propaganda. Das Ergebnis wäre eine Abwandlung des totalitären Staates.

Ins Zentrum der Endstaatsvision zielte ein anderer Einwand von Leo Strauss. Der These, daß die Geschichte auf einen Endstaat zulaufe, hielt er entgegen, daß dies Betrug wäre. Warum sollten die Menschen Jahrhunderte um Jahrhunderte unendlicher Mühen und Qualen auf sich nehmen in der Hoffnung, an das Ziel des universalen und homogenen Staates zu gelangen, um dann, am Ende ihrer Reise angekommen, festzustellen, daß sie ihre Menschlichkeit zerstört haben und wieder bei den vormenschlichen Anfängen der Geschichte angelangt sind. Die Rückkehr ins Reich der Begierden nach Erreichen der höchsten Einsicht war eine Konsequenz, die sich für Kojève aus der «Phänomenologie» Hegels ergab, ein Nietzscheanischer Schluß. Gegen diesen Betrug malte sich Leo Strauss eine Revolte aus, eine «nihilistische Negation», durch kein Ziel der Geschichte erleuchtet. Die Verteidigung der Humanität gegen ihr Verschwinden im homogenen Weltstaat wäre nur als Nihilismus denkbar, dessen Parole Leo Strauss ausgab: «Krieger und Arbeiter aller Länder, vereinigt euch, solange noch Zeit dazu ist, um das Kommen des ‹Reichs der Freiheit› zu verhindern. Verteidigt mit aller Macht das Reich der Notwendigkeit, wenn es verteidigt werden muß.» Damit war der nihilistische Kern der Philosophie Kojèves freigelegt.

Nach seiner Flucht vor den Bolschewiki hatte er 1920 in einer Warschauer Bibliothek ein Erleuchtungserlebnis: Er sah, wie eine Descartesbüste und eine Buddhabüste zu einer einzigen Verkörperung verschmolzen. Danach begann er ein philosophisches Tagebuch zu führen und suchte seither nach dem gemeinsamen Prinzip der beiden Philosophien. Er fand es in der «auto-compréhension de la pensée», im sich selbst begreifenden Denken. Sein Hegelianismus war also nur ein Ableger dieses ursprünglichen Gedankens, der eine Verschmelzung des europäischen Rationalismus mit dem Buddhismus erstrebte. Die Möglichkeit, das Denken zu denken, verstand Kojève damals als Beweis dafür, daß es notwendig war, das Denken als Nichtsein zu begreifen. Der Buddhismus und das Studium ostasiatischer Sprachen hielt er für seine Bemühungen um das sich selbst begreifende Denken auch deswegen für unentbehrlich, weil die Schwierigkeiten eines Europäers, das hinduistische Denken zu begreifen, in etwa den Schwierigkeiten glichen, die Begriffe zu finden, mit denen man sein eigenes Denken auszudrücken sucht. Das erklärt manche Eigenwilligkeit der philosophischen Sprache von Kojève, ihren Rätselcharakter.

Der Gedanke der «In-Existenz», den er in jener Warschauer Bibliothek faßte, findet sich wie eine geheime Signatur überall in seiner Philosophie. Die erstaunlichste Gelegenheitsarbeit, in der er den Gedanken der In-Existenz ausführte, war eine Kunstphilosophie, zu der er 1920–1921 bei einem Italienaufenthalt angeregt wurde und die er zunächst auf die Malerei der italienischen Renaissance, nach 1929 aber auch in einem Briefwechsel mit seinem Onkel Wassily Kandinsky auf die abstrakte Kunst anwandte. Das «In-Existente» in der Kunst war für ihn dasjenige an einem Kunstwerk, was durch keine Reproduktion wiedergegeben werden kann, vielmehr in jeder Reproduktion, so genau sie auch sein mag, verschwindet. Denn die Reproduktion lösche das Alter und die «Hand des Malers» aus, die Dimension des Sinnlichen werde in ihr um diese beiden Momente verkürzt. Kojève unterschied deswegen zwischen einer photographischen und einer nicht wahrnehmbaren Kunst. Dies nannte er den «Weg der Philosophie der In-Existenz»: Das einzige, was die Kunst von anderen Schöpfungen des Menschen unterscheide, sei «ein Element der des In-Existenten, des nicht zu Denkenden, oder besser: ein sinnliches Begreifen des reinen Gedankens». Das Kunstwerk war für ihn die «reine Idee des Denkens», ausgedrückt durch Formen, die diese Idee konkretisieren, dabei aber so wenig wie möglich begrenzen. Hinter dem Kunstwerk erscheine ein Nichts, und im Kunstwerk äußere sich das Vermögen der Entwirklichung einer reinen Idee, ihre «déréalisation»: «Die Idee kann nicht gedacht werden, sie existiert nicht im Bild, aber sie läßt sich als jenes Nichts ahnen, das hinter der wirklichen Schöpfung liegt. Dies ist der Unterschied zwischen Kunst und Wissenschaft.»

Was Alexandre Kojève für seinen Onkel Wassily Kandinsky skizzierte, um diesem über die vage Idee des «Geistigen in der Kunst» hinwegzuhelfen, war womöglich die intimste Mitteilung seiner philosophischen Gedanken, die er – darin ein Künstler – mittels der konkreten Erscheinungen des Politischen einer «Entwirklichung» unterzog. Im Schutz seiner Kunstphilosophie konnte er die Ungreifbarkeit, die ihm vorschwebte, wenigstens andeuten. Die Ideen zu konkretisieren, wie es die Künstler taten, und sich dabei der Wirklichkeit so zu bedienen, wie die Kunst es tut, das führte wohl zu dem ironischen Gestus seiner Philosophie, die sich jeder Festlegung entzog. Wie das Kunstwerk wollte auch der Philosoph Kojève etwas Unbestimmtes verwirklichen. Die Idee des Endstaates, die er in vielen Varianten und mit einer gewissen Brutalität vortrug, zielte wohl auf etwas In-Existentes wie ein Kunstwerk.

DER ABENTEURER

IM PANTHEON

André Malraux

Mit jeder neuen Biographie, die über André Malraux erscheint, wird er ein Stück kleiner. Die Bücher über ihn werden dicker – die zuletzt erschienene Biographie von Olivier
Todd hat siebenhundert Seiten –, und seine Heldenbiographie,
sein Mythos, an dem schon der Zwanzigjährige entschlossen
zu arbeiten begann, nimmt ab. So jedenfalls hat es den Anschein. Vieles von dem, was Malraux zu seinem Leben hin-
zugedichtet hatte, wurde schon zu seinen Lebzeiten als Fik-
tion durchschaut. Seine Freunde wußten, wie sich die Dinge
wirklich zugetragen hatten, aber es störte sie nicht, denn sie
partizipierten an einem bemerkenswerten Leben, dessen
Verklärung zu einer Ruhmeslegende nur in Frankreich möglich war. Denn Frankreich ist das letzte westliche Land, in
dem der Ruhm eine tiefe Beziehung zur Nation hat.

Das Pariser Pantheon, in das André Malraux 1996 feierlich
überführt wurde, ist der symbolische Ort für die nationale
Ruhmesgeschichte Frankreichs. Malraux war der zweiund-
siebzigste in einer Reihe, die mit Mirabeau (der bald als un-
würdig wieder hinausgetragen und durch den gewiß unwür-
digeren Marat ersetzt wurde, der sich nur wenige Jahre länger
halten konnte), mit Rousseau und Voltaire begonnen hatte.
Napoleon brachte Generäle und Gelehrte, die Gegenwart
tut sich schwer mit der Wahl der unstrittigen Größe: Jean

Monnet, Marie und Pierre Curie gehören zu den wenigen Erwählten. Rückwirkende Gerechtigkeit fällt leichter: Zum Revolutionsjubiläum ehrte man drei Männer der Französischen Revolution – Condorcet, Monge und den Abbé Grégoire.

De Gaulle verlieh die Ehre der Pantheonisierung während seiner Amtszeit nur ein einziges Mal. Als der Leichnam von Jean Moulin, dem Chef der Résistance, am 19. Dezember 1964 in das Pantheon gebracht wurde, war dies die Stunde von André Malraux, der eine Rede hielt, die durch ihre Rhetorik und das Pathos des Redners beeindruckte und befremdete. Die hohe, zerbrechliche und zugleich von äußerster Willensanstrengung gespannte Stimme verkündete in einer Theatralik, wie sie zu Zeiten der Französischen Revolution geläufig gewesen sein mag, den Ruhm des französischen Widerstandes: «So trittst du hier ein, Jean Moulin, und mit dir dein furchterregendes Gefolge … Tritt ein mit deinem Volk, das im Schatten geboren wurde und mit ihm entschwunden ist – unsere Brüder vom Orden der Nacht.» Zum Gefolge Jean Moulins rechnete sich auch André Malraux, der seine Rolle im Widerstand, so behaupten es seine Kritiker, kräftig übertrieben hat.

Nachdem er 1940 von den Deutschen gefangengenommen worden war, gelang es ihm ohne große Mühe in die unbesetzte Zone zu fliehen, wo er sich bis 1944 in einer, wie er selbst es nannte, «neutralité gaullisante» hielt und den Versuchen seines Freundes Drieu la Rochelle, ihn für die Kollaboration zu gewinnen, nicht nachgab. Im März 1944 schloß er sich schließlich der Résistance an, aber die Schilderung seiner Aktivitäten, seiner Gefangennahme, einer im buchstäblich letzten Augenblick abgewendeten Erschießung, haben den Nachprüfungen der Biographen nicht standgehalten. Und so in vielem: Seine Gespräche mit Nehru, mit Mao oder de Gaulle können, das ahnt der Leser der «Antimemoiren» schon, kaum so schicksalhaft gewesen sein, so sehr den

Charakter politischer Vermächtnisse gehabt haben, wie der Memoirenschreiber Malraux es wollte. Daß er Mao schon zu Anfang der zwanziger Jahre gesehen hatte, daß er damals mit den chinesischen kommunistischen Revolutionären in Kanton zusammenarbeitete, daß er im spanischen Bürgerkrieg eine Fliegerstaffel führte, diese und ähnliche Glanzlichter des Heldenlebens von André Malraux sind zumindest etwas matter geworden. Es war nicht so, wie Malraux wollte, daß es gewesen sei, und wie er es in seinen Büchern und Reden beschwor.

Dabei war das ungeschminkte Leben abenteuerlich genug. Malraux, der seine Eltern kaum je erwähnte, weil seine Herkunft ihm peinlich war, verließ als Siebzehnjähriger Elternhaus und Schule, macht sich durch Handel mit antiquarischen Büchern und Spekulationen an der Börse unabhängig. 1920 veröffentlichte er seinen ersten Aufsatz über kubistische Poesie, im Jahr darauf erschien sein erstes Buch «Lunes en papier», mit Holzstichen von Fernand Léger. Der Zwanzigjährige gehörte schon zur Pariser Avantgarde. Mit Clara Goldschmidt, einer deutschen Jüdin, die mit ihrer Familie aus Magdeburg nach Paris übergesiedelt war und die er 1921 heiratete, brach er im Oktober 1923 zu einer angeblich archäologischen Expedition nach Indochina auf. In Pnom Penh wurde er als Kunsträuber verhaftet, Clara und er hatten aus einem tief im Dschungel verborgenen Tempel Skulpturen herausgebrochen, die sie in Paris an den amerikanischen Kunsthandel verkaufen wollten. Das Urteil von drei Jahren Haft für André Malraux erregte in Paris Aufsehen, führte zu Petitionen von Schriftstellern und Künstlern und wurde in eine Bewährungsstrafe verwandelt. Malraux konnte nach Paris zurückkehren. Aber 1925 war er wieder in Indochina, wo er eine Zeitung gründete und die Bewegung «Jeune Annam» unterstützte.

Der Abenteurer hatte sich in einen politisch engagierten Intellektuellen verwandelt. Und er begann, seine Abenteuer

im Fernen im Osten in Literatur zu verwandeln – 1928 er-
schien der Roman «Les Conquérants» (Die Eroberer), 1930
«La Voie Royale» (Der Königsweg) und 1933 «La Condition
humaine» (So lebt der Mensch), wofür er mit dem «Prix
Goncourt» ausgezeichnet wurde. Er war ein berühmter
Schriftsteller und bald auch ein antifaschistischer Agitator.
Photographien von Gisèle Freund zeigen ihn 1935 als Red-
ner bei dem berühmten antifaschistischen Schriftstellerkongreß. Seine rhetorische Brillanz fesselte die Versammlung.
Malraux war nun ein europäischer Linksintellektueller, den
man an der Seite des exilierten Trotzki sah und beim Moskauer Schriftstellerkongreß 1934 neben Gorki. Die Erfahrungen dieser Jahre gingen in den Roman «Temps de mépris»
ein. Im spanischen Bürgerkrieg organisierte Malraux für die
republikanische Armee eine Fliegerstaffel, mit welchem
praktischen Erfolg ist allerdings umstritten. Das Buch und
der Film «L'Espoir» verarbeiteten auch diese Episode eindrucksvoll.

Am Ende des Krieges ist der mit hohen Auszeichnungen
geehrte Widerstandskämpfer Malraux ein Gaullist der ersten
Nachkriegsstunde. Von seinem ersten Gespräch mit dem
General berichtet er in seinen «Antimemoiren», daß er auf
die Frage nach seiner Vergangenheit antwortete: «Das ist
ziemlich einfach zu beantworten. Ich habe mich engagiert in
einem Kampf, sagen wir einmal, für die soziale Gerechtigkeit, genauer vielleicht: um den Menschen eine Chance zu
geben.» Aber dann fiel ihm eine Antwort ein, die jede weitere Frage überflüssig machte: «Ich habe Frankreich geheira-
tet», wie man verschiedene Geliebte hat und sich dann für
die Ehe entscheidet. Das war eine Formulierung ganz im Stil
de Gaulles, der Malraux in seiner ersten kurzen Nachkriegs-
regierung zum Informationsminister machte. Als de Gaulle
1958 zurückgerufen wurde, wurde Malraux sein Kulturminister. Seine spektakulärste Tat war die Reinigung der Pariser
Häuserfassaden, er schuf «Maisons de culture» in der Pro-

vinz, die er mit visionären Reden zu eröffnen pflegte, er schickte die Mona Lisa und die Venus von Milo zum ersten Mal auf Reisen, nach New York und Tokio. Auch als Kulturminister blieb Malraux ein Reisender, in seinen «Antimemoiren» hat er seine Begegnungen mit Nehru und Mao höchst eindrucksvoll inszeniert – als Begegnungen zwischen Okzident und Orient am Ende der Epoche des Kolonialismus.

Der Gaullismus von Malraux war echt, er war die Summe seines Lebens als Abenteurer und politisierender Intellektueller. Er beruhte auf der Überzeugung, daß die Nation das Resultat der Epoche des Kolonialismus und der Entkolonisierung war, deren Abschluß für Frankreich de Gaulle herbeiführte. Als die kapitale Tatsache der Geschichte des zwanzigsten Jahrhunderts, schreibt Malraux in seinen Memoiren, habe sich der Primat der Nation erwiesen – nicht der alte Nationalismus der Überlegenheit, sondern ein Nationalismus der «particularité», der Besonderheit. Er hatte ihn sogar mitten im Kommunismus wiederauferstehen sehen, als die russische Nationalhymne an die Stelle der Internationale trat und Stalin von «unserem sowjetischen Vaterland» sprach. Das gaullistische Fazit der Entkolonisierung, der Rückkehr Europas zu sich selbst, war die Respektierung der nationalen Besonderheiten. De Gaulles berühmte Rede, die er bei seinem Deutschlandbesuch hielt, wandte lediglich diesen Grundsatz auf den Nachbarstaat an, als eine Voraussetzung für das Zusammenleben in einem Europa der Vaterländer.

Die gaullistische Vision, die ja nicht nur eine Formel für die Einheit Europas enthielt, sondern die Rolle des Westens in der Welt neu bestimmen wollte, ist mittlerweile weitgehend vergessen. Auch für Malraux bedeutete die Rückkehr zur Nation eine Absage an die Illusion des Fortschritts in einer Weltzivilisation: Die Ausbreitung der westlichen Zivilisation, deren dramatische politische Folgen er im Fernen Osten als junger Mann aus der Nähe kennengelernt hatte,

hatte eine andere Bedeutung angenommen. In seinem Roman «Die Eroberer» wird ein Plakat «Generalstreik in Kanton» zum Symbol für die Verwandlung der Welt, in der man sich nun überall mit Rückgriff auf Formen und Techniken des alten Europa politisch von ihm zu befreien anschickte. Asien war wieder in die Geschichte eingetreten – mit den Mitteln, die Europa dorthin gebracht hatte und die jetzt gegen es gewendet wurden. Ein virtuelles Europa legte sich über den Globus. Auch Malraux hat nicht verkannt, daß dies trotz der Niederlage der Kolonialmächte eine Verwestlichung blieb, Vorspiel einer globalen Ausbreitung der europäisch-amerikanischen Zivilisation. Denn alle revolutionären Bewegungen, die sich auf den Marxismus-Leninismus beriefen, übernahmen auch den Universalismus, der von den Befreiungsideologien untrennbar zu sein scheint.

In seinen Erinnerungen läßt Malraux diese Sicht des Prozesses von einem Gefährten seiner Abenteuer in Indochina formulieren. Die Entkolonisierung habe Europa und Amerika nicht wesentlich verändert, meint Méry, der Westen zivilisiere weiter die Völker der Welt, bringe ihnen die Demokratie, Maschinen und Medikamente, sie verließen ihr Mittelalter, von dem nichts bleibe, und würden den Europäern mehr oder weniger gleich: «Es gibt nur eine Zivilisation. Und die ganze Vergangenheit läuft in ihr zusammen, ohne es zu wissen.» Das war die naheliegende Auffassung des immensen Vorganges, dessen Zeuge die Generation von Malraux wurde. Es drängte sich auf, diesen Vorgang in die Zukunft zu verlängern, aber lag dort etwas, was man mit Fug und Recht Zivilisation nennen konnte? Die später von Malraux proklamierte Rückkehr zur Nation war mehr als ein politischer Standortwechsel, sie war eine Absage an das, was heute Globalisierung heißt. Die politische Ordnung, so die Prognose, werde nicht Ausdruck der technischen, ökonomischen und wirtschaftlichen Dynamik sein, die vom Westen ausgegangen war, sondern sich partikular

verwirklichen: Am Ende des Weges lag nicht die Weltzivilisation.

Kein anderer aus der Reihe der auf der Linken politisch
engagierten Intellektuellen der dreißiger Jahre hat dies so
nachdrücklich formuliert wie Malraux. Sein ganzes Denken
kreist um die Negation dieses Fortschrittsziels. Die großen
Gewinner der Entkolonisierung, China und Indien, die dauerhaft in die Geschichte wiedereingetreten waren, gaben
kaum Anhaltspunkte dafür, welchen Weg sie in der Zukunft
einschlagen würden. Auch die weitgehend wohl von Malraux
selbst bestrittenen Gespräche mit Nehru und Mao, die er
wie ein Vermächtnis in die «Antimemoiren» eingefügt hat,
geben keine schlüssige Antwort. Allerdings tauchen dort die
Vereinigten Staaten als neuer Akteur der Weltpolitik auf –
das erste Mal, daß eine Macht die führende Rolle übernimmt,
ohne es selbst angestrebt zu haben. Etwas Neues, ein «Welt-
polizist», wie Mao im Gespräch meint. André Malraux, der
im November 1976 gestorben ist, hat nur die Anfänge der
Weltpolitik nach dem Ende der Kolonialreiche erlebt. Daß
sie jener Vision der Globalisierung ungeheuren Auftrieb geben würden, die er ablehnte, war solange nur in Ansätzen zu
erkennen, als die Sowjetunion bestand. Und auch das entscheidende Ereignis auf der Seite der unter den Druck der
westlichen Zivilisation geratenen Völker fehlte noch: die
Verwandlung des Schahregimes in einen theokratischen is-
lamischen Staat unter Khomeini im Jahre 1978. Dies war das
erste Beispiel einer aus kulturellen und religiösen Vorbehalten gegen die Moderne gespeisten Revolution, die keinen
Bezug mehr zur universalistischen Befreiungsideologie europäischer Herkunft hat.

Die Frage, welche Art von Zivilisation dieses Europa war,
das Kräfte freisetzte, denen die Zivilisationen weltweit nicht
standzuhalten vermochten, hat Malraux schon früh beschäftigt. Im Jahre 1926 hat er in einer Art Manifest, seine frühen
Erfahrungen im Fernen Osten zusammenfassend, seine

Zweifel an der zivilisatorischen Mission des Abendlandes begründet («André Malraux et l'Orient»): «Der Wesenszug unserer Kultur ist es, eine geschlossene Kultur zu sein. Sie ist ohne geistiges Ziel, sie zwingt uns zur Aktion.» Das Gemeinsame der Kulturen Asiens dagegen sei die «Passivität ihrer höchsten menschlichen Ausdrucksformen». Deswegen verlieh der Blick von Asien auf Europa den Problemen seiner Generation eine äußerste Intensität, und diese Erfahrungen liefen darauf hinaus, «den Gedanken der Unausweichlichkeit einer einzigen Welt, einer begrenzten Realität, zu zerstören». Gegenüber der Verwestlichung der Welt gelte es, dem Möglichen wieder zu seinem Recht zu verhelfen. Die europäische Jugend, proklamierte damals Malraux, müsse mit allen Bemühungen ihrer Epoche brechen und sich auf die Suche nach einem «neuen Menschen» begeben – zu der freilich nicht etwa Asien und andere Kulturen beitragen könnten, sondern nur diese Suche selbst.

Die Revolte, die der junge Malraux ausrief, blieb einem optimistischen Nihilismus und der Inspiration durch Nietzsche treu, den einzigen Philosophen, der sein Denken bestimmte. Der junge Malraux bekennt ausdrücklich seinen Nihilismus: «Man hat gesagt, daß niemand ohne Glauben handeln könne. Ich dagegen glaube, daß, genauso wie die Überzeugung, das Fehlen jeder Überzeugung einige Menschen zur Passivität anhält, andere dagegen zu extremen Handlungen.» Das Abenteuer war eine der Möglichkeiten, ohne Überzeugungen und ohne Glauben intensiv zu leben, wobei das politische Engagement als sekundäre Stabilisierung hinzukommen konnte, der Wechsel der Positionen aber immer möglich blieb – man war dort, wo die Intensität am größten war.

Die andere Option war die Kunst. Das archäologische Abenteuer, die Begegnung mit untergegangen Kulturen, ihre imaginative Wiederbelebung, erlaubte es, jene Glaubenslosigkeit, die Malraux bekannt hatte, in Inspiration zu verwandeln und grenzenlos mit Inhalten zu füllen: «Die Leidenschaft», schreibt er in einem Manifest von 1926, «die mir unlängst Asien, die verschwundenen Zivilisationen, die Ethnographie eingeflößt haben, beruhte auf einer tiefgreifenden Überraschung angesichts der Formen, die der Mensch annehmen konnte, aber auch auf dem Licht, das jede fremde Kultur auf die meine warf, auf der Einzigartigkeit oder Zufälligkeit, die es an so vielen ihrer Aspekte offenbarte.» Seine Kunstphilosophie, die Malraux nach dem Zweiten Weltkrieg in immer wieder revidierten Ausgaben und immer neuen Entwürfen herausbringt – «La psychologie de l'art» (1946–49), «Les voix de silence» (1951), «Le musée imaginaire de la sculpture mondiale» (1952–54), «La métamorphose des dieux» (1957–77) – ist nicht, wie ihr Erscheinen seit den fünfziger Jahren vermuten lassen könnte, eine Rückkehr von der Revolte zur Tradition, analog der Rückkehr zur Nation, die der politische Abenteurer Malraux damals vollzog.

Kaum ein Werk der Kunstschriftstellerei des vergangenen Jahrhunderts steht heute so isoliert da wie das von Malraux. Bekannt ist es geworden durch den Begriff des «imaginären Museums», mit dem Malraux die Verwandlung aller Werke der Vergangenheit durch die moderne photographische Abbildung und andere Reproduktionstechniken und ihre Aufnahme in eine Art Supermuseum charakterisierte, in dem zum ersten Mal in der Geschichte alle Werke aus allen Kulturen Aufnahme finden und in dem jedes Werk mit jedem anderen in Beziehung treten würde, eine Vision, die vielleicht erst heute im Zeitalter digitalisierter Bilder zu verwirklichen ist. Dieser Gedanke, der dem von Walter Benjamin entwickelten über das Kunstwerk im Zeitalter seiner technischen Reproduzierbarkeit nahesteht, den Malraux in den späten dreißiger Jahre kennenlernte, ist allerdings keineswegs der zentrale. Er radikalisiert lediglich, was für Malraux das Museum schon bewirkt hatte: die Verwandlung von Werken, die in sakralen oder anderen Funktionen entstanden waren, in

Kunstwerke, als die sie nun mit allen Werken in Beziehung treten können, die diese Metamorphose durchgemacht haben oder sie durch die Begegnung mit anderen Werken durchmachen. Diese Beobachtungen gehören zum Grundbestand der Theorie des Museums seit seinen Anfängen im achtzehnten Jahrhundert.

Die Originalität von Malraux liegt in einer quasi künstlerischen Operation, mit der er sich dieser modernen Museumswelt zuwendet und die auch erklärt, warum seine Bücher in der wissenschaftlichen Kunstgeschichte so gut wie keine Spuren hinterlassen haben: Es ist eine Kunst ohne Daten, ohne Chronologie. Das Museum beruht seit der Zeit um 1800 auf einer Ausstellung der Kunstwerke «nach Zeiten und Stilen», wie man damals sagte. Die Entdeckung der chronologischen Anordnung der Kunstwerke war eine elementare Zugangsbedingung zu ihnen, auf ihr beruhte die neue Sicht der Kunst, die das Museum vermittelte. Niemand hat diesen Zugang so radikal versperrt, wie es Malraux in seinen Schriften tat. In «Die Stimmen der Stille» berichtet er von einem wohl in den Nachkriegsjahren in Berlin gehaltenen Vortrag, in dem er vor der «Vergiftung» warnte, der sich jeder aussetze, der die Werke der modernen Kunst in ihrer zeitlichen Aufeinanderfolge betrachte. Nicht nur war die moderne Kunst selbst ein Protest gegen die Chronologie – das Neue kann nicht in eine Reihenfolge gebracht werden –, sondern sie durfte nach Ansicht von Malraux auch deswegen nicht chronologisch musealisiert werden, weil sie im Zusammenhang «aller Kunst der ganzen Welt» gesehen werden wollte.

Suspendiert man die Chronologie, so wird ein umfassendes Feld des Vergleichens eröffnet, dann kann jedes Werk mit jedem verglichen werden. Der Schock des Vergleichs ist zweifellos der älteste Impuls der Kunstphilosophie von Malraux. Im Winter 1922/23 empfingen Clara und André Malraux den Besuch eines Museumsmannes aus Köln – es war der Kurator Alfred Salmony –, der Photographien von Kunstwerken aus verschiedenen Zivilisationen nebeneinander ausbreitete, Thai-Skulpturen, Han-Köpfe und romanische Skulpturen, die er zur Vorbereitung einer Ausstellung über den Fernen Osten und das Abendland zusammengetragen hatte. Dasselbe Verfahren ist damals nicht nur in den Zeitschriften des Surrealismus und der Avantgarde, sondern bald auch in Blättern wie dem «Querschnitt» anzutreffen – die neue Optik, die im filmischen Wechsel der Einstellungen eingeübt wird. Hier mag der Ursprung des imaginären Museums von Malraux liegen. Eine der spektakulärsten Begegnungen der Kulturen, die damals in Ausstellungen und archäologischen Publikationen dokumentiert wurde, war freilich keine nachträglich: Es waren die griechisch-buddhistischen Skulpturen, die in Gandhara entdeckt wurden.

Malraux' Weg nach Asien stand schon im Zeichen seiner Vision von einer Auferstehung der untergegangenen Zivilisationen durch die Berührung mit Werken anderer Zeiten und Stile. In dem Roman «Der Königsweg», in dem Malraux den Raub von Skulpturen eines tief im Dschungel verborgenen Tempels schildert, wird jene Theorie schon entwickelt, deren Inspiration auch seine späten Kunstschriften noch folgen: «Man könnte meinen, daß die Zeit für die Kunst nicht existiert ... Museen sind für mich Orte, wo die Mythen gewordenen Werke der Vergangenheit schlummern, von einem historischen Leben zehren und darauf warten, daß Künstler sie wieder ins wirkliche Leben zurückführen.» Am Ende werden es nicht nur Künstler sein – ihre Wiederbelebung der Werke der Vergangenheit ist ein durchlaufendes Thema von Malraux –, die diese Macht der Auferweckung haben, sondern jeder Betrachter, der in das Imaginäre Museum eintritt.

Nimmt man diese Vision einer Wiederauferweckung der abgestorbenen Zivilisationen ernst, so ist auch jener Kunstraub, der so großes Aufsehen erregte, ein entschuldbarer Akt, der, von der geschäftlichen Seite abgesehen, nur beschleunigt, was ohnehin die Bestimmung der Werke ist: nicht an ihrem ursprünglichen Ort zu verharren, sondern in das Gespräch mit anderen Werken einzutreten. Das entsprach noch ganz jener Auffassung des Museums, die es zuließ, daß Vivant Denon im Louvre die Beutestücke des napoleonischen Kunstraubs ausbreiten konnte, ohne, auch von Seiten der beraubten Nationen, auf nennenswerten Widerspruch zu stoßen. Auch damals, im anbrechenden Zeitalter der Weltliteratur, gab es eine Phantasie der Weltkultur, die sich in den Museen zu materialisieren begann. Nach der Krise des Historismus hat Malraux, der die globale Ausbreitung auf seinen Reisen verfolgen konnte, diese Vision erneuert – am Ende der Epoche der europäischen Weltherrschaft. Die Weltzivilisation konnte für ihn nur eine imaginäre sein: die Wiederauferstehung der Werke aller untergegangen Zivilisationen. Nichts ist heute, im Zeichen eines naiven und brutalen Globalismus, der Zeit entrückter als dieser Traum vom Nachleben der Kulturen in der Kunst.

DER SPION, DER NICHT
IN DIE KÄLTE GING

Anthony Blunt

«Bin ich nicht ein guter Schauspieler?» fragte Anthony Blunt seinen Bruder Wilfred. Wie oft dieser seine Erinnerungen auch durchging, er konnte nicht den geringsten Anhaltspunkt für eine Verstellung, eine Lüge seines Bruders finden. Im britischen Unterhaus hatte die Premierministerin Margaret Thatcher am 15. November 1979 offenbart, daß der frühere Mitarbeiter des Geheimdienstes MI5, persönlicher Ratgeber der Königin für ihre Kunstsammlungen und neben Sir Kenneth Clark der angesehenste englische Kunsthistoriker, der «vierte Mann» war. Durch die Flucht Kim Philbys 1963 nach Moskau und durch dessen Enthüllungen über sein Leben als Doppelagent war die Unterwanderung des britischen Geheimdienstes öffentlich bekannt geworden. Sie hatte die Spionageabwehr Großbritanniens und der Vereinigten Staaten schon seit der Enttarnung von Donald Maclean und Guy Burgess beschäftigt. Nach der Flucht Philbys mußte auch Anthony Blunt mit seiner Enttarnung rechnen. Er entschloß sich 1964 noch rechtzeitig zu einem freiwilligen Geständnis und erwirkte dadurch die Zusage völliger Diskretion. Als die Öffentlichkeit endlich, durch Ermittlungen von Journalisten, über die Jahre zurückliegenden Vorgänge unterrichtet wurde, mußte es als unbegreiflich erscheinen, daß Blunt nach seinem Geständnis sogar die von ihm seit

1945 versehene Vertrauensstellung als «Surveyor of the Queen's Pictures» weiterhin wahrnehmen durfte, so als wäre nichts geschehen. Der Mann, der 1979 öffentlich, auch in einer denkwürdigen Fernsehsendung, bekannte, seit Mitte der dreißiger Jahre in Diensten des KGB gestanden zu haben, der wie viele seiner Generationsgenossen als «Amateur» von 1940 bis 1945 im Sicherheitsdienst MI5 tätig gewesen war, wurde sichtbar geschont. Nur seine Ritterschaft mußte er opfern. Die wissenschaftlichen Institutionen, in denen er wirkte, und die Britische Akademie der Wissenschaften zögerten, ihn aus ihren Reihen auszuschließen.

Sie taten nicht unrecht daran, denn hätte man ihm den Prozeß gemacht, vor dem sein freiwilliges Geständnis ihn bewahrte, so hätte man ihn wohl mangels Beweises freisprechen müssen. Ein Hochverräter im Sinne des Gesetzes war er nicht, da die Sowjetunion zu keinem Zeitpunkt seiner geheimdienstlichen Tätigkeit mit Großbritannien im Krieg stand, vielmehr verbündete Macht gegen Nazi-Deutschland war. Erst der Kalte Krieg änderte die Lage. Bis dahin konnte die Arbeit für die Sowjetunion als Dienst auch am eigenen Vaterland hingestellt werden. Doch wer in seiner Loyalität zur Sowjetunion während des Hitler-Stalin-Paktes nicht wankend geworden war, als alle Informationen, die der Sowjetunion zur Verfügung standen, auch in die Hände der Nazis gelangen konnten, der hatte bedingungslos optiert und konnte danach eine doppelte oder gespaltene Loyalität nicht mehr entschuldigend ins Feld führen. Der Hitler-Stalin-Pakt markiert die Grenze, bis zu welcher die marxistischen, sozialistischen und kommunistischen Sympathien der Generation, die in den dreißiger Jahren die Universitäten besuchte, als «unschuldig» gelten konnten.

Anthony Blunt beeindruckte durch eine Undurchschaubarkeit, die auch nach seiner Entlarvung nicht angetastet wurde. Was er über sein Doppelleben erzählte, klang so plausibel wie nichtssagend, als sei sein Entschluß, der Sowjetunion zu dienen, mehr der Lust am intellektuellen Abenteuer entsprungen als einem politischen Willen; als sei das alles nicht mehr als die bekannte Exzentrizität der Angehörigen der Oberschicht, vornehme Verachtung der Wirklichkeit und Flucht in politische Luftschlösser. So waren Hinweise und Spuren unbeachtet geblieben, die nicht nur die Untersuchungskommissionen der Geheimdienste, vor denen Anthony Blunt aussagen mußte, sondern auch aufmerksame Journalisten bei ihrer Jagd auf Maulwürfe hätten stutzig machen können.

Im Jahr seines Eintritts in den britischen Geheimdienst, 1940, als er längst für die Russen tätig war, erschien Anthony Blunts bis heute als Standardwerk geltende schmale Schrift über die Kunsttheorie der italienischen Renaissance, «Artistic Theory in Italy». Das Vorwort ist auf den 28. Januar datiert. Der üblichen Reverenz gegenüber Fachkollegen – Fritz Saxl, Rudolf Wittkower, Edgar Wind – schickte Blunt eine ungewöhnliche Danksagung voraus: an den marxistischen Kunsthistoriker Frederick Antal, der als Emigrant in Großbritannien lebte, und an zwei im Fach Unbekannte, Andrew Gow und Guy Burgess. Dem feinsinnigen marxistischen Methodologen Frederick Antal zeigte sich Blunt erkenntlich für die «Einführung in eine Methode, die in diesem Buch, wie ich fürchte, nur schludrig angewandt wird, und für manche Ideen in Einzelfragen». Gow dankte er für «Ermutigung und Rat in einer entscheidenden Zeit» und Burgess für «Anstöße ständiger Diskussion und Anregungen in allen grundlegenden Fragen des Themas». Gow war «don» des legendären Trinity College in Cambridge, an dem Blunt seine Ausbildung erhalten hatte. Wie John Costello in seiner Blunt-Biographie «The Mask of Treachery» berichtet, war Gow die «éminence grise» im linken intellektuellen Cambridge. Costello glaubt, daß er das sowjetische Spionagegesetz unter den jungen Intellektuellen in Cambridge aufgebaut habe.

Der für seine Exzentrik und seine alkoholischen Exzesse bekannte Guy Burgess wurde jener Sowjetspion, dessen Flucht in die Sowjetunion zusammen mit Donald Maclean 1951 die Maulwurfsjagd auslöste, die nach Jahren schließlich Blunts Geständnis unumgänglich machte. Als die Mitarbeiter der britischen Botschaft in Washington, Guy Burgess und Donald Maclean, 1950 in Verdacht gerieten, bot Blunt der Sicherheitsabteilung des Außenministeriums seine Dienste an, um das Loch in der Washingtoner Botschaft zu stopfen. Da hätte auffallen können, daß er in seinem Vorwort von 1940 mit einer für Spione ungewöhnlichen Offenheit seine Verbindung zu Burgess dokumentiert hatte. Oder war diese Offenheit das Schutzschild, hinter dem er sich jetzt verbarg? In elf Verhören seit 1951 gelang es Blunt jedenfalls, allen Verdacht von sich abprallen zu lassen und seine Verbindung zu Burgess herunterzuspielen. Dessen angebliche Enthüllungen seien Phantastereien eines Alkoholikers. In Wahrheit hatte Blunt den «Rückzug» von Burgess und Maclean gedeckt. Einige der verhörenden Beamten waren der Ansicht, daß er log, konnten es aber nicht beweisen. Die bewundernde, in diesem Zusammenhang höchst erstaunliche Erwähnung von Burgess scheint ihnen entgangen zu sein.

Nicht nur den verhörenden Offizieren des Geheimdienstes ist entgangen, wie wohlkomponiert die Spuren einer intellektuellen und politischen Zugehörigkeit da sichtbar gemacht wurden. Die eigentliche Pointe liegt aber darin, daß Blunts Buch wie seine fachwissenschaftlichen Arbeiten insgesamt nicht den geringsten Einfluß jener «Methode» zeigen, die er laut seiner Hommage an Frederick Antal nur «in a splipshod manner» angewandt hatte. Von marxistischer Ästhetik nichts, nicht einmal Kunstsoziologie, allenfalls Künstlersoziologie der herkömmlichsten Art auf ein paar Seiten über die «soziale Stellung des Künstlers». Vom Marxismus ist das kleine kunsttheoretische Büchlein nicht nur unberührt, sondern es ist geradezu lückenlos abgedichtet gegen Betrachtungsweisen, die irgend der Soziologie oder gar dem Marxismus etwas verdanken könnten. Vielmehr ist es ein makelloses Exerzitium einer kunsthistorischen Schriftgelehrsamkeit, wie sie in der «Wiener Schule» oder in der «Warburg-Schule» gelehrt wurde, die nach ihrer Vertreibung aus Hamburg 1933 in London Zuflucht gefunden hatte. Die Huldigung an eine Methode und Ideologie, die der Autor nicht im mindesten praktiziert, ist das Rätsel, welches das unauffällige Vorwort zu seinem schmalen Buch aufgibt.

Dieses Rätsel wird eher noch größer dadurch, daß Anthony Blunt in den dreißiger Jahren als «marxistischer» Kunstkritiker in linken Zeitschriften mit Artikeln über zeitgenössische Kunst aufgetreten war und sich den Namen eines besonders rigiden Ideologen einer sozialistischen Ästhetik erworben hatte. Seine kunsthistorischen Arbeiten haben davon so wenig erkennen lassen, daß die Ausgrabung des kunstkritischen Journalismus des ins Zwielicht geratenen Kunsthistorikers durch George Steiner (im «New Yorker» 1980) als eine Sensation wirkte. Inzwischen ist John Costello der von Steiner gelegten Spur nachgegangen und hat manches zutage gefördert, was das Bild des linken Kunstkritikers vervollständigt und zugleich auch den Abstand, ja die Beziehungslosigkeit zu seinen akademischen kunsthistorischen Arbeiten noch deutlicher werden läßt. Was Blunt zwischen 1932 und 1939 veröffentlichte, charakterisierte Steiner als typisch für den «Salonmarxismus» der dreißiger Jahre, ohne «tieferes Verständnis für die philosophische Seite des dialektischen Materialismus oder die ihm zugrundeliegende Lehre und Arbeitstheorie des Marxismus».

Und doch zählte Blunt zu dem Kreis der ernsthaften Adepten des «Neuen Glaubens», wie er etwa in dem von dem Dichter C. Day Lewis 1937 herausgegebenen Band «The Mind in Chains» (Geist in Ketten) versammelt war. Zu ihm steuerte Blunt ein Kapitel über «Die Kunst unter Kapitalismus und Sozialismus» bei, eine Programmschrift, die den

Marxismus als «eine Waffe zur historischen Analyse der Eigenart eines Stils oder eines einzelnen Kunstwerks» pries. Ein Lippenbekenntnis? Aber dann: von wem erbeten, erzwungen, erpreßt? Blunt zitierte Lenin mit seinem berüchtigten Bekenntnis zur Freiheit der Kunst und der Künstler, der die Kommunisten aber nicht tatenlos zuschauen könnten, wenn sich das Chaos in alle Richtungen entwickle: «Wir müssen den Prozeß nach einem Plan lenken und seine Ergebnisse formen.» Die dramatisch geschilderte verzweifelte Lage der Künstler unter dem Kapitalismus wurde zum Vorwand für den Traum, selbstherrlich über Gelungenes und Mißlungenes zu verfügen. Das Ende der traditionellen Malerei schien Blunt absehbar, in Kürze werde es nur noch Wandmalerei in kommunalem Auftrag in Erholungsheimen für Arbeiter geben, nach dem Vorbild der damals berühmten Wandmalerei der Mexikaner Rivera und Orozco – eine einfache Kunst, die der Wirklichkeit menschlicher Existenz und dem Empfinden einfacher Menschen gerecht werde.

Erstaunlicher jedoch als die salonmarxistische Konvention ist die Apotheose der Aufrichtigkeit, die Anthony Blunts Kunstkritiken dieser Jahre durchzieht. George Steiner hat geschildert, wie der neunundzwanzigjährige Kunstkritiker Picassos «Guernica» im Sommer 1937 in Paris in Augenschein nimmt und in seinem Bericht darüber im «Spectator» als «privaten brain storm» denunziert, der nicht erkennen lasse, ob der Maler die «politische Bedeutung» von Guernica erfaßt habe. Für Blunt war Picasso schon damals ein Künstler der Vergangenheit, befangen in einem substanzlosen Ästhetizismus kleiner avantgardistischer Zirkel. Die «Aufrichtigkeit», die der hochnäselnde Kritiker einer in ihren eigenen Entwürfen steckengebliebenen Avantgarde entgegenhält, lebt freilich nicht aus dem persönlichen Gewissen, sondern sie verordnet den Menschen ihr historisches Schicksal. Sie ist zynisches Kommando höherer geschichtlicher Einsicht. Solche Aufrichtigkeit bescheinigt der Kritiker einem Daumier in seiner Satire auf die herrschende Klasse, «vor allem, wenn er den Arbeitern zeige, daß ihr Leben zum Thema großer Kunst werden könne».

In späteren Jahren hat Blunt seine Picasso-Kritik zu rechtfertigen versucht: Er sei von dem Bild sehr stark bewegt gewesen, zugleich aber von einem theoretischen Standpunkt aus abgestoßen. Es mag dies der Standpunkt gewesen sein, der den spanischen Bürgerkrieg ihm bloß als eine tragische Episode in einer «großen Vorwärtsbewegung» erscheinen ließ. Dieser theoretische Standpunkt, der die Erhebung über die unübersichtlichen Frontverläufe in der Wirklichkeit erlaubte, war auch der Abschied von jenen ästhetischen und intellektuellen Überzeugungen, denen Blunt noch Ende der zwanziger Jahre angehangen hatte, als er wie manch anderer der Cambridge-Elite ein glühender Bewunderer von Seurat gewesen war. Die Ästhetik der makellosen Reinheit, die ein Glaubensartikel des Bloomsbury-Zirkels war und von Roger Fry in einem theoretischen Traktat über «significant form», die in sich selbst bedeutungsvolle Kunstform, gefeiert wurde, hat Blunt in seinen akademischen Schriften freilich nicht der höheren Einsicht in die soziale Mission der Kunst geopfert. Sein kunsthistorisches Werk gipfelt in der lebenslangen Beschäftigung mit dem Werk von Nicolas Poussin, dem er viele Aufsätze und Monographien gewidmet hat. Poussins Kunst stehe hoch über aller anderen, weil sie «eine wohldurchdachte Sicht der Ethik, eine in sich schlüssige Haltung zur Religion und gegen Ende seines Lebens eine vielschichtige, fast mystische Auffassung des Universums» verkörpere. Dem Kult des Theoretischen, dem der Kritiker in seinen Abfertigungen der zeitgenössischen Kunst (mit Ausnahme der politisch dienstbaren) huldigt, entspricht in den akademischen Arbeiten ein Mystizismus der klassischen Form – Ausdruck der Sehnsucht eines in seinem Verhältnis zur Wirklichkeit gebrochenen Intellektuellen nach einer überlegenen Position, von welcher er nach allen Seiten recht haben konnte.

Blunt hat das Verhältnis zwischen Wissenschaft und Politik auf atemberaubende Weise umgedreht. Wie in totalitären Diktaturen wird in den kunstkritischen Artikeln die «Methode» und der «Neue Glauben» gefeiert, während die akademischen Arbeiten von allen Spuren dieses Glaubens freigehalten, allenfalls mit eingestreuten Lippenbekenntnissen unter den Deckworten von Aufrichtigkeit und Ethik in einen nur für Eingeweihte erkennbaren Zusammenhang damit gebracht werden. Czesław Miłosz hat in seinem Buch «Verführtes Denken» die ungeheure existentielle Spannung zwischen dem im Innern verborgenen Zweifel, den ohne jede Mitwirkung der «Dialektik» gewonnenen Erkenntnissen und Einsichten auf der einen Seite und der ständigen öffentlichen Berufung auf die «Methode» drastisch geschildert. Daß Anthony Blunt ohne politischen Druck und Verfolgung das Erscheinungsbild des «sacrificium intellectus» minutiös kopiert, macht den verwirrenden Eindruck einer grausigen Parodie, eines exzentrischen Gestus. Da es nicht erzwungene Taktik war, konnte es nicht Taktik sein. Es war das freiwillige, wohlverhüllte Geständnis seiner wahren Überzeugung, gemessen an deren Ernst die Wissenschaft nur ein Lippenbekenntnis sein konnte. Das alles blieb aber kein gefahrloser acte gratuit, sondern wurde ein snobistisch-elitäres Spiel mit der Gefahr. Denn es hätte doch nahegelegen, daß Blunt in dem Augenblick, in dem er Mitarbeiter des britischen Geheimdienstes MI5 wurde, seine ideologischen Filiationen und die Beziehungen zu seinen Mitverschworenen verbarg. Er tat genau das Gegenteil. Doch die Vermutung ist nicht abwegig, daß der Meister der Verstellung zu Edgar Allen Poes Mittel der Verbergung durch sichtbare Präsentation griff, um den Zipfel der Wahrheit zur Verhüllung der ganzen Wahrheit zu benutzen. Das war seine Taktik bei allen seinen Geständnissen: viel zu sagen, nicht aber alles, sondern gerade genug, um dahinter das Wichtigste zu verbergen. So standen auch noch seine öffentlichen Auftritte im Jahre 1979 im

Schutz des Geständnisses von 1963, dessen Freiwilligkeit ihm die Kontrolle über alles gegeben hatte, was noch geschehen mochte. Aufrichtigkeit war Anthony Blunts Maske.

Der Erfolg dieser Taktik erklärt aber nicht, warum er ein so erstaunliches Maß von Schonung erfuhr. Seit Anfang der fünfziger Jahre war sein Name immer wieder im Zusammenhang mit der Unterwanderung der westlichen Geheimdienste durch den KGB aufgetaucht. Die bloße Vermutung der Existenz noch unentdeckter Maulwürfe genügte damals, um die Zusammenarbeit der westlichen Geheimdienste über Jahre hin zu gefährden. Da konnte die Durchleuchtung auch der nicht mehr aktiven Mitarbeiter der Dienste keine belanglose Sache sein. War es Respekt vor dem bedeutenden Kunsthistoriker, waren es Rücksichten, die sich aus seiner Nähe zum britischen Königshaus ergaben, war es die strafrechtliche Unfaßbarkeit der Delikte von Anthony Blunt oder die Auffassung, Spionage sei in jenen Zeiten mit ihren unklaren Fronten ohnehin ein Kavaliersdelikt gewesen? Schon 1979 tauchte im Zusammenhang mit diesen Fragen ein Gerücht auf, das jetzt in dem Buch von John Costello mit neuen Beweisen wieder aufgetischt wird.

Blunt sei im Besitz von Geheimnissen gewesen, die bei allen Verhören, denen er unterzogen wurde, seine Trumpfkarte gewesen seien. Diese Geheimnisse beträfen das Königshaus, in dessen Auftrag Anthony Blunt in den letzten Monaten des Krieges in Deutschland war. Der Historiker Hugh Trevor-Roper, der fünf Jahre lang während des Krieges im Geheimdienst MI6 (oder S.I.S. dem Security Service) in derselben Abteilung wie Kim Philby tätig war, gab 1979 einen entsprechenden Hinweis Reportern der «Sunday Times»: Im Auftrag von König Georg VI. habe Blunt in Deutschland Briefwechsel von Mitgliedern des englischen Königshauses mit seinen deutschen Verwandten sichern sollen. Edward VI. hatte nach seiner Thronbesteigung 1936 über seine Verwandten Prinz Philip von Hessen und Karl Eduard von Sachsen-

Coburg-Gotha eine nicht-offizielle Verbindung zu Adolf Hitler herstellen wollen. Der Prinz von Hessen war seit 1930 NS-Parteimitglied, und Karl Eduard von Sachsen-Coburg-Gotha reiste als Mittelsmann zwischen Hitler und dem britischen König nach London und erhielt dort den Auftrag, diese Verbindung so häufig wie möglich herzustellen. «Jeder Tropfen Bluts in meinen Adern ist deutsch», hatte König Edward geäußert, ehe er durch seine Romanze mit der zweimal geschiedenen Mrs. Simpson genötigt wurde, den Thron aufzugeben. Es war eine Niederlage der deutschfreundlichen Fraktion des Königshauses. Die politische Dimension der Beziehungen zwischen deutschem und britischem Hochadel wurde noch einmal deutlich mit der Einladung des Paares nach Deutschland 1936, wo es auf eine die britische Öffentlichkeit irritierende Weise als Staatsgäste empfangen wurde. John Costello glaubt in dem Verhalten des Herzogs von Windsor auch ein Element von Landesverrat identifizieren zu können, da ein enger Vertrauter des Paares, der millionenschwere amerikanische Ingenieur Charles Bedaux, in Diensten des deutschen Geheimdienstes stand.

Bis heute sind auch die Gerüchte nicht verstummt und die Vermutungen nicht widerlegt, daß das umfangreiche Windsor-Dossier, das die Alliierten 1945 im deutschen Außenamt fanden und über dessen Inhalt viel spekuliert wurde, mehr enthielt, als darüber an die Öffentlichkeit gelangte, und daß die Korrespondenz, die Anthony Blunt bei seiner bis heute nicht hinreichend aufgehellten Mission in Deutschland sicherstellte, Material enthielt, das keinesfalls in die Hände der Amerikaner oder der Sowjets gelangen durfte. Daß Anthony Blunt die von ihm eingesammelten Papiere gelesen hat, hat er in einem Gespräch mit Hugh Trevor-Roper zu erkennen gegeben, auch wenn er die vermuteten brisanten Passagen dieser Papiere nicht erwähnte, sondern sich in Beiläufigkeiten erging. In einem Stück von Alan Bennett, das 1989 vom Londoner National Theatre mit großem Erfolg aufgeführt wurde, tritt der Kunsthistoriker Anthony Blunt auf. Er doziert vor der englischen Königin über «pentimenti», Übermalungen von Gemälden, und führt das Röntgenbild eines Tizian vor. Unter der Oberfläche des Bildes zweier Männer wird die übermalte Gestalt eines dritten sichtbar, und auf der Rückseite des Gemäldes ist der Kopf eines vierten Mannes zu sehen. Der Kult des Echten und die Entlarvung von Fälschungen, das kunsthistorische Handwerk von Zuschreibung und Abschreibung, Datierung, Unterscheidung von Händen und die Ästhetik des Kennerschaftlichen können dazu verführen, das handwerkliche Ethos des Kunstgelehrten mit der Immoralität des Handwerks des Spions in Analogie zu bringen. Diesem Reiz war schon George Steiner in seinem Essay erlegen. Aus dem Gewebe des Feinsinnigen, das Anthony Blunt in seine akademischen Arbeiten ausbreitete, hatte er das Spionagenetz hervorzaubern wollen.

Anfang der achtziger Jahre blieb die Resonanz auf diesen Versuch gering, am Ende des Jahrzehnts, als die Debatten über die intellektuelle Verstrickung von Heidegger und Carl Schmitt mit frischem Eifer noch einmal geführt wurden und als Paul de Man zum eindrucksvollsten Exempel der Übermalung des Politischen durch Theorie wurde, findet das Pathos der Moralisierung intellektueller Abenteuer eine unvergleichliche Resonanz. Die Undurchschaubarkeit der feingesponnenen Theorie ist zum Objekt der Begierde wie des Mißtrauens geworden. Sogar auf das philologische Ethos des Kunsthistorikers Blunt ließ Steiner den Schatten des Verdachts fallen. «Die Stunden um Stunden, die man über der Kollation einer Handschrift, der Prüfung von Wasserzeichen alter Zeichnungen verbringt, die Disziplin, mit der man die eigenen Träume einzig und allein auf die stets gefährdete Erhellung von abstrusen Problemen lenkt, die ohnehin nur einer Handvoll lauernder Fachrivalen zugänglich sind, können die Absonderung eines eigenartigen Giftes im Geiste zur Folge haben» – eines «odium philologicum», das George

Steiner zum Selbsthass des Gelehrten steigert, der «Kompensation und parodistischen Widerspruch in der Lügenhaftigkeit und Korruption des Maulwurfs» finde.

Eine naive Fassung fand solch moralisierender Umgang mit den Zweideutigkeiten des intellektuellen Geschäfts vor kurzem in der Überschrift eines Artikels im «Journal of Art»: «Wird die akademische Kunstgeschichte vom KGB kontrolliert?» Jahrzehntelang waren solche und ähnliche Fragen tabu, weil sie an das Trauma des McCarthyismus vom Anfang der fünfziger Jahre rührten. Wie die Geschichte der Enttarnung der Spione im britischen Geheimdienst belegt, war die antikommunistische Gesinnungsschnüffelei, die den Beginn des Kalten Krieges anzeigte, der wirksamste Schutz der Spione. Denn in ihrer Umgebung mochte niemand in den Ruf kommen, ein Kommunistenjäger zu sein. Erst recht war die Loyalität unter Gelehrten unerschütterbar. In dem Augenblick aber, wo die gelehrten Institutionen die Kraft, starke Bindungen zu erzeugen, verloren haben, läßt sich das Spiel leicht umdrehen. Das hohe und elitäre Verständnis des gelehrten Geschäfts gerät selbst in den Ruch des Verrats an einem Common-sense-Ideal des Humanen.

Die Selbstzweifel von Gelehrten sind alt, aber daß sie überwunden werden können und sollen, ist ein verführerischer Glaube erst im zwanzigsten Jahrhundert geworden. Ernst Jünger hat es das Jahrhundert der großen Ausbeutung genannt. Wer an Ideale glaube, werde am meisten ausgebeutet. Den Augenblick, wo Ideal und Ausbeutung eins werden, hat Anthony Blunt 1935 in einem hymnischen Bericht über eine Reise in die Sowjetunion festgehalten: Der Intellektuelle brauche nicht länger davor Angst zu haben, sich für die praktischen Dinge der Welt zu interessieren – «der Kommunismus kann ebenso interessant sein wie der Kubismus». Seit kurzem wissen wir, daß Blunt nicht erst unter dem Eindruck der Machtergreifung Hitlers Kommunist geworden ist, in Übereinstimmung mit einem großen Teil seiner Kommilitonen in Cambridge, mit jenen «hochenthusiastischen und hochintelligenten» jungen Leuten, von denen er in seinem «Geständnis» sprach und die sich wie er für den Antifaschismus engagierten.

Kommunist, «oder wohl genauer ein Marxist», wie er in seinem Geständnis sagte, wurde Blunt Anfang der dreißiger Jahre und aus Motiven, die eher als Haß auf das Establishment zu beschreiben wären, dem er selbst angehören sollte. Der Eindruck einer logischen und moralischen Konsequenz aus der Einsicht in die Richtigkeit der marxistischen Geschichtsdeutung dürfte eine bewußte Täuschung gewesen sein. Noel Annan, der zur gleichen Zeit wie Blunt in Cambridge studierte, hat der von Blunt in seiner Abschiedsvorlesung vor seinen Studenten am Londoner Courtauld Institute vorgetragenen Schilderung der intellektuellen Stimmung in Cambridge Anfang der dreißiger Jahre mit Nachdruck widersprochen. In dieser unter dem Titel «Bloomsbury to Marxism» 1973 veröffentlichten Version der Ereignisse berichtet Blunt, daß «ganz plötzlich im Wintertrimester 1933 der Marxismus in Cambridge entfiel». Für das Datum verbürgte er sich, da er im Januar 1934 von einem im Ausland verbrachten Sabbatical zurückgekehrt sei und feststellen mußte, daß fast alle seine jungen Freunde Marxisten geworden und der Partei beigetreten waren: «Cambridge war über Nacht ein anderes geworden.» Noel Annan sieht darin nur den Beweis für eine intellektuelle Arroganz, die nicht wahrhaben wolle, daß die Marxisten seines Umkreises in Cambridge eine Minderheit waren und von den Liberalen und der beträchtlichen Zahl von Konservativen unter den Studenten verachtet wurden. Der Nationalökonom John Maynard Keynes, der im Cambridger Marxismus der beginnenden dreißiger Jahre eine infantile Reaktion von Intellektuellen auf die politische Weltlage sah, hat gleichwohl die Gefahr dieser ideologischen Anfälligkeit nicht unterschätzt. Denn er glaubte darin das puritanische Erbe wiederaufzuleben zu sehen, «den Eifer, eine schmerzhafte Lösung zu suchen, weil sie schmerzhaft ist».

In seinem eindrucksvollen Porträt von Anthony Blunt schildert Noel Annan einen «fascinator» und «manipulator», besessen von der Idee, in allem, was er sagte oder tat, im Recht zu erscheinen. Bestimmend für sein Engagement für die Sowjetunion sei nicht die politische Überzeugung gewesen, sondern eine nihilistische Haltung, die dem Spiel von Intrige und Manipulation, das dem akademischen Leben für manche erst die Würze verleiht, eine ernste und zugleich verborgene Konsequenz gab. Den Typus, für den der Nihilismus eines solchen ernsten Spiels charakteristisch ist, hat Czesław Miłosz aufgrund der Erfahrungen, die seine Generation im Osten Europas mit dem «Neuen Glauben» machte, beschrieben. Die Geistesakrobatik, die von der Wahl zwischen Verschlagenheit und Tod hervorgebracht werde, reiße eine Kluft zwischen der Oberfläche und dem Inneren, die ein Außenstehender nicht auszuloten vermag. Die Anspannung, die auch das Belangloseste bedeutsam werden lasse, vertreibe jenes «taedium vitae», an dem in den Augen der osteuropäischen Intelligenz die Intellektuellen Westeuropas vor allem litten. «Die glücklichsten», schreibt Miłosz, «scheinen noch jene zu sein, die Kommunisten geworden sind. Für sie wird das System, in dem sie leben, zur Mauer, gegen die sie endlich einen Widerstand gefunden haben, der sie selbst zur Klärung bringt. Noch größere Energie gewinnen diejenigen, die ihre kommunistische Überzeugung verheimlichen müssen.» Das Geheimnis steigert das Pathos einer «Selbstverwirklichung gegen die äußeren Umstände», und der «geheime Garten des ungesagt Bleibenden» bewahre seinen eigenen Zauber. Ein Leben in ständiger Spannung und Wachsamkeit, das für die meisten Menschen eine Folterqual wäre, gewährt, so Miłosz, vielen Intellektuellen eine masochistische Lust.

Die Sorgfalt, mit der Anthony Blunt sein Geheimnis zu

wahren wußte, der Leichtsinn, mit dem er es immer wieder in Gefahr brachte, und das außergewöhnliche Geschick mit dem er jeden Teil des Geheimnisses, der ihm entrissen wurde, durch ein anderes Stück zu ersetzen vermochte, ordnet ihn diesem von Milosz beschriebenen Typus zu. Auch die Anziehungskraft des Neuen Glaubens auf Künstler und Wissenschaftler, die Miłosz analysiert, scheint bei Anthony Blunt wirksam gewesen zu sein: die Angst davor, daß die elitären Ansprüche und die erträumten schöpferischen Energien sich als innere Leere erweisen könnten – «die Angst vor der Freiheit ist nichts anderes als die Angst vor der Leere». Die innere Leere sucht sich in der Aura und den Ritualen des Geheimnisses zu verbergen. Das intellektuelle Leben der Cambridger Elite besaß schon seit dem neunzehnten Jahrhundert eine intensive Beziehung zum Geheimnis. Der berühmteste intellektuelle Klub, der seine Mitglieder in jeder Generation aus den Begabtesten der Eliteschulen und Colleges, vor allem aus dem Trinity-College, rekrutierte, waren die «Apostel». Zu ihnen gehörten in unserem Jahrhundert die Philosophen Bertrand Russell und G. E. Moore, der Nationalökonom John Maynard Keynes, der Schriftsteller E. M. Forster und am Rande, als nicht aktives Mitglied, auch Ludwig Wittgenstein.

John Costello zählt unter den vierzig zwischen 1919 und 1939 aufgenommenen Mitgliedern fünf Mitarbeiter des britischen Geheimdienstes MI5, vier Spione und vierundzwanzig Linke, «Marxisants», Marxisten und Kommunisten. Die Gesellschaft, die Anthony Blunt im Jahre 1928 aufnahm, war 1820 als «Cambridge Conversazione Society» gegründet worden, hieß bald nur noch «The Society» und erhielt den später geläufigen Namen «Die Apostel» nach der Zahl ihrer zwölf Gründungsmitglieder. Anfänglich gab es nicht die Pflicht der Geheimhaltung, sondern nur die der regelmäßigen Anwesenheit, die sich erst in dem Augenblick lockerte, als das Geheimnis verbindlich wurde. Seitdem konnte man sich in einen «angel», in einen Engel, verwandeln, indem man Flügel bekam, «by taking wings», wie dieses Ritual umschrieben wurde. Der Name der Apostel war eine Besiegelung des Geheimnisses durch den Anspruch des Apostolats, die Evangelien zu propagieren und zu erläutern. Dieses Vorbild in Anspruch zu nehmen mochte wie Blasphemie wirken. Aber schon die Enzyklopädisten, die verschworene Kerngruppe der Aufklärung, hatten sich den Erfolg Jesu mit seinen Jüngern zum Vorbild genommen: Was jenem gelungen war, wollten sie unter modernen Bedingungen wiederholen, ja überbieten.

In die Gründungsgeschichte der Apostel mischten sich saint-simonistische Elemente, auf die der rituelle Ernst zurückzuführen sein dürfte. Als man 1834 die später nicht wieder aufgegriffene Absicht hatte, auch Frauen aufzunehmen, stand das unter dem Eindruck der Religion umfassender Liebe, die der saint-simonistische Hohepriester Enfantin predigte. George Sand charakterisierte ihn als einen Bankier, dessen Währung die Liebe sei und der mit «billet-doux» zahle. Hinzu kamen, wie Deacon meint, ein romantischer Radikalismus, der zu einer Unterstützung der spanischen Liberalen in den dreißiger Jahren des neunzehnten Jahrhunderts führte, und seit den vierziger Jahren eine nicht nur im religiösen Sinne «nonkonformistische» Haltung: die Infragestellung jeglicher Orthodoxie, eine Kultivierung des Zweifels. Seit der Jahrhundertmitte begann eine Aura des Geheimnisses die Apostel zu umgeben. Nach außen abgeschirmt und unter dem Schutz der absoluten Geheimhaltung der Gesellschaft radikalisierten sich die Zielsetzungen. Es wurde zu ihrem Programm, die Herrschaft der Church of England über die akademischen Institutionen zu untergraben. Die Society selbst wurde zu einer Art Gegen-Kirche, die von Liebe zur Wahrheit und Gemeinschaft mit Freunden inspiriert war. An den Themen, die im Kreis der Apostel vorgetragen wurden und Gegenstand hitziger Diskussionen waren, läßt sich die eigentümliche Mischung aus intellektuellen Snobismus, infantilem elitären Gehabe und Respektlosigkeit gegenüber dem «Establishment» jeder Art ablesen. Die Verruchtheit der Gesellschaft war so groß, daß James Kenneth Stephen, ein Vetter von Virginia Woolf und Vanessa Bell, der 1879 Apostel geworden war, in den Verdacht geraten konnte, Jack the Ripper zu sein. Die Verdächtigung wurde zum Gesellschaftsspiel, deren Mitglieder keine geistigen und moralischen Hemmungen anerkannten.

Das konnte aber ebenso gut ins Abseitig-Komische führen, wenn etwa der nachmals berühmte Philosoph G. E. Moore die Frage erörterte: «Can we turn Monday mornings into Saturday evenings?» (Dahinter verbarg sich die schlichte Überlegung, ob man statt montags auch samstags tagen könne.) Bertrand Russell hat aus dieser Zeit von Argumentationen berichtet, die dem Debattenstil der Apostel zum Verwechseln ähnlich gewesen sein dürften: «George Eliot sagte F. W. H. Myers, daß es keinen Gott gebe und daß wir trotzdem gut sein müssen, während Myers entschied, daß es sehr wohl einen Gott gebe, daß wir aber nicht gut zu sein brauchten.» Das frivole Spiel, brisante Fragen in leichter Einkleidung zu erörtern, praktizierte auch der einflußreiche Hegelianer John McTaggart, wenn er über die Frage «Veilchen oder Orangenblüten» vortrug. Darunter verbarg sich das Thema der Homosexualität, das zu einer Existenzfrage der Geheimgesellschaft wurde, die ihr Treiben in den zwanziger Jahren als «the higher sodomy» charakterisierte. Alles war erlaubt, solange es nicht nur gefiel, sondern dem Anspruch des «Höheren» genügte. «Ist Selbstmißbrauch als letzter Zweck schlecht?», «Muß Kopulation lustvoll sein?», «Sollen wir Gott wählen?», «Sollte sich Vater einen Bart wachsen lassen?», «Ist dies ein schlimmes Zeitalter?» – so lauteten typische Debattenthemen. Auf die Frage «Christ or Caliban?» antwortete James Strachey, über Jahrzehnte eine Säule der Gesellschaft und Übersetzer der berühmten englischen Freud-Ausgabe, Caliban habe mehr zu bieten, denn er stehe für die Freiheit von allen Beschränkungen. Gegen Unsterblichkeit, Religion und Imperialismus – das war der Katechismus der Apostel.

Der begabte Dichter Rupert Brooke dürfte recht gehabt haben, als er in seinem Vortrag über «Anstand und Unanständigkeit» bemerkte: «Unsere Eltern würden sterben, wenn sie wüßten, wie wir wirklich sind.» Was Bertrand Russell für seine ernste und öffentlich vertretene Überzeugung des Pazifismus in Anspruch nahm – dem Gebot seines Gewissens nicht ungehorsam zu sein –, das reklamierten manche der Apostel auch für ihre skurrilen Ansichten über den Weltlauf. Vor allem galten Freundschaft und Freundestreue mehr als alles andere sonst. Berühmt geworden ist der Satz des Schriftstellers E. M. Forster: «Hätte ich zu wählen zwischen Verrat an meinem Vaterland und Verrat an meinem Freund, so hoffe ich, daß ich mich trauen würde, mein Vaterland zu verraten.» Das wurde zur Devise jener «homosexuellen Mafia» der englischen Oberschicht, zu der manche der Apostel und Spione gehörten. E. M. Forster wollte freilich nicht das Glaubensbekenntnis dieser Mafia formulieren. Sein Aphorismus war eine Reaktion gegen das Verächtlichwerden persönlicher Beziehungen in der modernen Gesellschaft, die dazu nötige, «sich ihrer zu entschlagen und sich statt dessen irgendeiner Bewegung oder Sache anzuschließen»: «I hate the idea of causes.» Solcher Hass auf die Unterwerfung des Individuums durch «Bewegungen» und «Sachen» entbindet unvergleichliche intellektuelle Kräfte, ein Denken, das des Komforts der «großen Illusionen» nicht mehr bedarf. Aber als Wahrheit der intellektuellen Illusionslosigkeit erwies sich eine nicht endende Verstrickung in Illusionen und Desillusionierungen gleichermaßen. Jede Desillusionierung bringt neue Illusionen hervor, überspringt den Augenblick der Erkenntnis.

Als Blunt behauptete, nach seiner Desillusionierung durch

den Stalinismus habe er nur weitergemacht aus Rücksicht auf seine Freunde, aus Loyalität zu den «old boys», war dies nicht nur eine Irreführung, die ihm ermöglichte, sie weiterhin zu decken und den Schleier vor den Aktivitäten des «Cambridge network» nicht zu lüften. Es war aber, wie Noel Annan gezeigt hat, nicht Loyalität zu seinen Freunden, sondern zu seinem Bild von sich selbst. Um dieses Bild zu verbergen, wurde die Zugehörigkeit zu der Cambridger Kominterngruppe – Guy Burgess, Donald Maclean, Kim Philby und Anthony Blunt – in ein intellektuelles Abenteuer umstilisiert, in ein Mitgehen mit dem antifaschistischen und pazifistischen Zeitgeist der dreißiger Jahre, für den unwillig entrichteten Preis eines Verrats von objektiv vielleicht geringem Gewicht. Costello hat es durch seine Recherchen wahrscheinlich gemacht, daß Anthony Blunt durchaus nicht der vom Zeitgeist und von eindrucksvollen Intellektuellen wie Guy Burgess Verführte war, nicht der vierte Mann, sondern der erste Mann dieser so ungewöhnlich erfolgreichen Gruppe von Doppelagenten. Er war jedenfalls, das glaubt Costello bewiesen zu haben, der *erste*, er warb Guy Burgess für die Sowjets an, nicht umgekehrt Burgess ihn. Er dürfte der erfolgreichste Werber für den sowjetischen Geheimdienst gewesen sein, so wie Kim Philby der erfolgreichste Agent der Sowjets war, der nur durch eine Verkettung von unglücklichen Umständen um die Chance gebracht wurde, auf den Stuhl des Chefs des Secret Service zu gelangen, «C» zu werden.

Was aber war die Machtphantasie, die einen Anthony Blunt bewegte? Oder war alles nur der Ausdruck eines äußersten Ennui, einer künstlich mit Spannung aufgeladenen inneren Leere? Die ungeheure, heute schon schwer zu deutende Anziehungskraft, die der Marxismus und die «Dialektik» ausübten, beruhte ja nur in den seltensten Fällen darauf, daß einer wirklich nach dieser Methode dachte. Sie versprachen vielmehr, jenseits aller Überprüfbarkeit, eine Antwort auf die «soziologische Situation» (Miłosz), in der die Menschen des ersten Jahrhundertdrittels zu leben glaubten, als sie die Auflösung aller Stabilität erlebten und sahen, wie die Dinge unabsehbar in Fluss gerieten und wie in einem Kaleidoskop in immer neue Beziehungen zueinander traten. Da war es nicht nur für die heranwachsende Generation in den dreißiger Jahren in Mitteleuropa, sondern auch für die britische intellektuelle Elite nicht undenkbar, daß ganz neue dauerhafte Machtkonstellationen im Entstehen begriffen waren. Der Traum, in einer neuen Ordnung eine Art Kardinal, ein Ober-Guru zu werden, war leicht zu träumen. Er verbarg sich in dem Vorbehalt, der heimlichen Reserve gegenüber der alten Ordnung, der man zu dienen vorgab, in der man alles, was man erträumte, schon zu werden versuchte, doch bloß zum Schein, da das geschichtliche Urteil über sie schon gesprochen schien. Die geistige Situation der dreißiger Jahre ist nicht nur in Mittel- und Osteuropa ein dunkles Kapitel. So gut wie verschüttet und mit wachsendem Abstand immer unzugänglicher ist nicht nur das, was in den Köpfen der Intellektuellen vorging, die dem Druck der totalitären Staatsmaschinerie ausgesetzt waren.

Rätselhaft und in Großbritannien erst durch die Debatte über die Generation der Spione ins Bewußtsein der Öffentlichkeit getreten ist auch die Verfassung jener geistigen Elite, die von ihrem noch ungefährdeten Beobachtungsposten die Bildung neuer Machtkomplexe auf dem Kontinent sich abzeichnen sah und selbst in einer Gesellschaft aufwuchs, die sich wie keine zweite in Europa aus den ideologischen Kämpfen des Jahrhunderts herausgehalten hatte. Im Zentrum des Kapitalismus war der Sozialismus kaum mehr als eine Kunstgewerbe-Bewegung, die sich für schönere Bucheinbände und gute Formen einsetzte. Als der berühmte Anarchist Peter Kropotkin 1881 an dem Anarchisten-Kongress in London teilnahm, der Stadt, die Sozialisten, Anarchisten, politischen Schwärmern aus ganz Europa Unterschlupf gewährte und von deren Träumen doch ganz unbeeindruckt blieb, sah er den einzigen Hoffnungsschimmer in Cambridge: «Wäre doch nur Cambridge die Hauptstadt Englands, und wären jene Gelehrten dort, die die Neuen Apostel sein wollen, in der aktiven Politik, dann wäre die traurige Saga des Sozialismus in England eine ganz andere.» Doch erst in den dreißiger Jahren traten die Apostel den Weg in die Politik an – aber weiterhin nur im Schutz des Geheimnisses, das ihnen schon erlaubt hatte, «Immoralisten im strengen Sinne des Wortes» (Keynes) zu sein.

Dieser Ruf mochte sie als Objekt der Werbungsversuche des sowjetischen Geheimdienstes empfehlen. Das Gespür, das die Kommunisten in den Ländern Osteuropas für die Anfälligkeit der Intellektuellen bewiesen, dürfte ihnen auch hier den richtigen Weg gewiesen haben. Im krassen Mißverhältnis zu der bescheidenen politischen Chance des Kommunismus in Großbritannien stand die erstaunliche Anhängerschaft, die der Marxismus ebenso wie der Stalinismus unter britischen Wissenschaftlern fanden. 1937 äußerte beispielsweise der Sinologe und Wissenschaftshistoriker Joseph Needham, wie bedeutend jene «Konzeption der größten kulturellen Autonomie für verschiedene Völker Seite an Seite mit wirtschaftlicher Einheit» sei, die «wir weitgehend dem Genie keines anderen als Joseph V. Stalin verdanken». Das weithin sichtbare Zeichen für diese Orientierung der britischen Wissenschaften war der im Juli 1931 in London tagende «Kongreß für Geschichte der Wissenschaften und Technologie», bei dem als Delegierter der Sowjetunion der später von Stalin liquidierte Nikolai Bucharin auftrat. Da wurde das Vorbild der «intellektuellen und wissenschaftlichen Kultur der Sowjetunion» weithin sichtbar hochgehalten, und so bedeutende Wissenschaftler wie Joseph Needham, Jack Haldane, Julian Huxley, Lancelot Hogben assistierten.

Die politische Kultur und die Wissenschaftskultur hatten

sich so weit voneinander entfernt, daß diese Kluft nur noch in einer schizophrenen Aufteilung der Loyalitäten notdürftig und unter Opferung des Intellekts zu überbrücken war. Was diesen Konflikt aber zu verschleiern erlaubte und auch den Spionen Deckung gab, war die Tradition einer intellektuellen Exzentrik, wie sie die Oberschicht seit Generationen sich leistete. Den Schutz dieser Tradition hat Anthony Blunt mit unvergleichlichem Geschick sich zunutze machen können. Unter der arroganten Attitüde ist erst ganz allmählich und bloß andeutungsweise sichtbar geworden, was als das verborgene Drama der gespaltenen Loyalitäten seiner Generation zu schildern wäre.

ALS HÄTTE EINER ALLEIN
DIE GRIECHEN ENTDECKT

Elias Canetti

Canetti hat auf ein Werk der Theorie, «Masse und Macht», eine Erwartung gerichtet, wie sie nur ein literarisches Werk erfüllen kann. Er hatte dreißig Jahre daran gearbeitet, als handelte es sich um das Epos seiner Zeit, um ihr «Rot und Schwarz» oder ihr «Krieg und Frieden». Als er sich, wie in den «Nachträgen aus Hampstead» zu lesen ist, angesichts des fertigen Buches befragte, wie er dazu stand, fiel die Zeit, die er daran gesetzt hatte, wie ein Alb auf ihn: Als ein Buch unter fünf oder sechs anderen – «wie stolz könnte ich darauf sein». Aber gemessen an der Zeit eines halben Lebens? «Was mich erschreckt und erschüttert, ist die Zeit, die ich darangesetzt habe.» Ihm fällt Stendhals «Kartause von Parma» ein als ein Buch, das den Sprung über die legendären hundert Jahre geschafft und die Fähigkeit «glücklich zu machen» unter Beweis gestellt hat.

Aber wie konnte solche Erwartung sich auf «Masse und Macht» richten? Nur scheinbar war die außerordentlich lange Frist der Vorbereitung und Niederschrift erfordert, um sich der Sachen, der ethnologischen Quellen, zu bemächtigen. Vielmehr hatte Canetti deren Lektüre zum Auffangbecken gemacht, in das die Erfahrung der Zeit allmählich einsickern sollte. Der Autor leitete die Zeiterfahrung in die Lektüre jener abgelegenen Quellen und ihre Darstellung um,

167

so daß Ältestes und Neuestes aufeinander trafen. Dem lag die Überzeugung zugrunde, daß die Gegenwart die Probe auf Urerfahrungen der Menschheit machte, vielleicht gar sich anschickte, über sie zu entscheiden. Aber diese Voraussetzung wird in «Masse und Macht» kaum erkennbar. Denn die Pointe des Buches liegt darin, daß es das Verhältnis von Gegenwart und Urzeit umkehrt und die Urzeit zur Prüfungsinstanz für die Gegenwart erhebt. Gerade das vorgeblich Barbarische der alten Gesellschaften wird zum Kriterium dafür, ob unsere Zeit sich noch innerhalb des Menschlichen hält.

Tatsächlich liegt in «Masse und Macht» eine Anmaßung. Aus den verwehten Spuren der alten Völker will das Buch ihr Eigenstes herausschälen, authentisch freilegen. Auf das fertige Werk richtete sich also nicht nur die Erwartung, daß eine gedankliche und literarische Leistung anerkannt würde, es wollte vor allem einem als außerordentlich erkannten Anderen zur Anerkennung verhelfen. Umso größer, umso selbstloser muß die Enttäuschung über die ausbleibende Resonanz gewesen sein – als hätte einer alleine die Griechen entdeckt, und niemand achtete darauf. Daher das «Gefühl ergebnisloser Verschwendung». Das fertige Werk erschien Canetti nun als Sünde wider die Zeit, in mehrfacher Bedeutung: als Gleichgültigkeit gegen den Ablauf der Zeit, ja als dessen Ablehnung; als Zutrauen in ihre Unerschöpflichkeit, daß sie nie versiegen werde; als Hingabe an gleichgültige Ewigkeiten, an die alten Götter der alten Völker. All dies wurde jetzt, angesichts des fertigen Buches, zum ersten Mal als Anmaßung erfahren – gegenüber der eigenen Zeit und ihrem Verfließen. Schließlich rächte sich die Ablehnung der Zeit in der Ablehnung durch die Zeit. Daß es am Ende nur ein Buch war, wurde zu der furchtbarsten Enttäuschung, nachdem die Vorbereitung der Niederschrift viele Jahre hindurch alles beherrscht hatte. Als unfertiges war es ein Gefäß aller Erregungen gewesen. Als fertiges war es wie versiegelt.

Es erinnerte den Autor an die australischen Gedächtnissteine, die Churingas, über die er geschrieben hatte. Es saß weiter im Kopf, aber «wie eine schreckliche Tat», die man begangen hat, von der es sich zu lösen galt, die zu vergessen und deren Spuren zu tilgen waren. Was mochte Canetti von dem fertigen Buch wohl erwartet haben, daß ihm, als es so weit war, alles wie eine Erniedrigung vorkam? Warum hatte er das Gefühl, sich an «seinen Buschmännern» versündigt und das von seinen Gewährsleuten Bleek und Lloyd in «Bushman Folklore» Überlieferte befleckt zu haben?

Noch etwas anderes trug zu dem Desaster mit «Masse und Macht» bei. Es wurde dem Autor unmöglich, vom Gedruckten aus weiterzudenken. Als gedruckte waren es seine Sätze und doch nicht seine Sätze, «ein peinliches Zwischending». Hinzu trat die Unlust, an sich selber anzuknüpfen, statt an Fremdes. Das Eigene war zu einem Fremden geworden, also mußte es noch einmal fremd werden. Es mußte vergessen werden. «Wie vergißt man ein solches Werk?», fragt Canetti. «Wie verwischt man die Spuren? Es ist wie eine schreckliche Tat. Man kriegt sie nicht aus dem Kopf. Du kannst lange alles verstecken, was damit zusammenhängt. Du bist überall damit wie mit Ungeziefer überzogen. Innen, außen, es ist alles dieselbe Seuche – vielleicht solltest du eine neue Lebensgeschichte von dir erfinden. Du selbst, aber alles anders, als es war. Andere Orte, andere Herkunft. Erfinde das Unwahrscheinlichste als deine eigene Lebensgeschichte. Such nach allem, was nicht so war. So weichst du den hundert Wegen aus, die dich alle in jenes Werk geführt haben. Bist du etwa auch in einer anderen Zeit geboren worden? Oder genügt ein ganz anderer Ort? Ich brauche neue Churingas. Neue Ahnen. Neue Schicksale. Neue Erinnerungen.» Zehn Jahre nach Erscheinen von «Masse und Macht», im Jahre 1970 – so lange hat dieses Vergessen angehalten –, taucht ein Einwand gegen das Buch auf, der ein Licht auf die ursprüngliche Absicht wirft: «Es hat nie größere Barbaren gegeben als uns. Man muß die Menschlichkeit in der Vergangenheit suchen.» Hatte er mit diesem Buch nicht genau dies getan? Oder hatte er eine Genealogie der Barbarei statt einer Verteidigung der Menschlichkeit geschrieben? In der Rückschau erscheint es ihm so, als hätte er sich den alten Gesellschaften nur zugewandt, weil er sich mit einem Maximum an Barbarei gegen die Barbarei der eigenen Zeit wappnen wollte.

Die schockierende Erfahrung des fertigen Buches könnte damit zusammenhängen, daß seinem Autor bewußt wurde, daß er eine verkehrte Perspektive eingenommen und die Menschlichkeit der alten Völker an die Barbarei unserer Zeit verraten hatte. Das würde das grausame Unbehagen erklären, seine Buschmänner «befleckt» zu haben – mit seiner eigenen Zeit. Als sich Canetti 1960 fragte, wie er zu dem fertigen Buch stand, wirkte diese Frage so verstörend, daß er sie mit einem Bekenntnis zu Stendhal beantwortete, als dem einzigen, den er beneide. Stendhal wird ihm zur Hauptgestalt, weil er den Barbaren und Religionen am fernsten stand, mit denen sich der Autor von «Masse und Macht» angefüllt hatte. Stendhal erscheint ihm als einer, der frei ist von allen Obsessionen, außer von einer, der Obsession des Lebendigen. Ganz im Zeitlichen zu Hause, bringt Stendhal zuwege, was Jacob Burckhardt «Ewigungen» nennt, eine flüchtige Ewigkeit, in die eintritt, was ganz der Zeit und nur ihr angehört. Ein größerer Abstand als der, den Canetti mit seinem Neid auf die Existenz Stendhals überbrückte, war kaum denkbar. Er will dem anderen ähnlich werden sogar um den Preis der Identität: «Vielleicht könnte ich ihm ähnlich sein, wenn ich nicht ich wäre.» Mit einer fast komischen Sachlichkeit notiert Canetti: «Es ist das erste Mal, daß ich eine andere Geburt für mich erwäge, und das nur aus Liebe für Stendhal.»

Dieser Ausweg war in «Masse und Macht» schon vorbereitet. An der Nahtstelle der beiden Teile, zwischen dem Buch über die Masse und dem Buch über die Macht war eine

Zwischenbetrachtung eingefügt: «Von der Unsterblichkeit». Sie handelte von Stendhal und unter seinem Namen von der Überbietung des zwischenmenschlichen Kampfes ums Überleben und von der Überwindung des Impulses zu töten, indem der Schauplatz des Überlebens aus der Gegenwart in die Nachwelt verlegt wird. «Es ist gut von einem Manne wie Stendhal auszugehen», schreibt Canetti. Vollkommen frei von allen Bindungen und Verheißungen irgendeiner Religion, seien seine Gedanken und Empfindungen ausschließlich dem Leben zugewandt gewesen. Stendhal habe das Leben auf das genaueste empfunden und genossen, weil er das Vereinzelte für sich bestehen ließ und nicht zu fragwürdigen Einheiten zusammenfaßte, sich nicht der «Tricks irgendeiner Ordnung» bediente. In die Züge dieses Porträts zeichnet Canetti das Traumbild seiner eigenen literarischen Absicht ein: Nichts voraussetzen, auf alles selber stoßen, im Herzen jeder Begebenheit sein, die Sprache auf eigene Faust reinigen, vor allem aber: im Glauben an die literarische Unsterblichkeit den Lebenden nicht übel gesinnt sein, sich ihnen zum Kampf nicht stellen, sich die Gesellschaft jener wählen, die überlebt haben, und selbst überleben – in der Zukunft durch ein Werk, das sich kampflos mit Leben angefüllt hat.

Die Zwischenbetrachtung über die Unsterblichkeit wird für Canetti zum Ausweg aus der «Haut» seines Werkes, das er wie ein Sediment vergangener Gedanken, wie versteinert zurückgelassen hat. Im Augenblick der Krise liest er Cesare Paveses Tagebuch «Handwerk des Lebens», das mit dem Entschluß zum Selbstmord endet. Die Begegnung mit Pavese ist eine Begegnung mit dem Tod. Paveses Selbstmord sieht Canetti als eine Zähmung des Todes; er erscheint als «natürlicher Tod», als wäre es Pavese gelungen, seinen Tod ganz im Privaten zu halten, damit dieser Sieg nicht der Macht des Todes zugute kam. Dies war der einzige Tod, dem Canetti eine erlösende Kraft eingeräumt hat: «Und doch, als ich gestern nacht in meiner tiefsten Erniedrigung sterben wollte, griff ich nach seinen Tagebüchern und er starb für mich. Es ist schwer zu glauben: durch seinen Tod bin ich heute neugeboren.» Dieses Erlebnis machte Canetti hellwach für die Wahrnehmung, daß seine Aufzeichnungen von 1942 bis 1950 parallel zu denen Paveses liefen; nie habe ein Parallelismus so sehr sein Staunen geweckt. Wie Paveses Tagebücher verzeichnen, suchte dieser damals nach dem Buch von Bleek und Lloyd über «Bushman Folklore», das ein Schlüsselwerk für «Masse und Macht» war, wo es als eines der großen Dokumente der Menschheitsgeschichte bezeichnet wird. Der Gleichklang seines Interesses mit dem Paveses erschütterte Canetti. Für einen Moment scheint er geglaubt zu haben, es hätte Paveses Leben retten können, wenn das Buch den Weg zu ihm gefunden hätte.

In der Vorbemerkung zur ersten Sammlung der Aufzeichnungen, fünf Jahre nach der Veröffentlichung von «Masse und Macht», hat Canetti seinen Entschluß kurz vor Beginn des Krieges in Erinnerung gerufen, die Beschäftigung mit dem Problem der Masse (das ihn seit 1925 umtrieb) und der Macht (das in den dreißiger Jahren hinzukam) zu einer ausschließlichen zu machen und sich daneben jede dichterische Arbeit zu verbieten. Mit dem Ausbruch des Krieges wurde alles noch einmal anders: «Es war nun nicht mehr möglich, auch auf Augenblicke nicht, sich zu entfernen oder zu verkleiden. Ein Recht auf irgendein Leben hatte man nur, wenn man mit dem Begreifen ernst machte.» Canetti erwähnt die «wahre Lernwut» dieser Jahre bis zum Beginn der Niederschrift von «Masse und Macht» Ende 1948. Das Buch ist als Dokument auch danach zu beurteilen, wie es den Kampf mit der Sinnlosigkeit des Überlebens bestanden hat. Es entsprang einem bis zum Äußersten angespannten Mitgehen mit der eigenen Zeit in größter denkbarer Entfernung von ihr. Mit Beginn der Niederschrift von «Masse und Macht» endete die Zeit der Aufzeichnungen, aus denen Canetti später die erste Auswahl traf. Der schmale Band der «Aufzeichnungen

1942–1948» dokumentiert die Periode jener «Lernwut» und des strikten Verbots einer ablenkenden literarischen Tätigkeit. Diese Aufzeichnungen gehören in den Umkreis von «Masse und Macht», doch nicht als Fortführung der Arbeit daran, sondern als Ausbruch aus ihrer Disziplin. Sie waren Flucht aus der Zeitdisziplin des Hauptwerks. Nach Canettis Auskunft begannen sie, als der Druck dieser Disziplin kaum mehr erträglich war. Wie die Vorbemerkung zum ersten Band der Aufzeichnungen verrät, verbrachte Canetti an jedem Tag, an dem es nur möglich war, ein oder zwei Stunden damit niederzuschreiben, was ihm «durch den Kopf ging». Es war eine «Stunde der Freiheit», in der alles erlaubt war, «wenn es nur spontan war und später nicht wieder aufgenommen wurde».

Die entscheidende Bedingung war, daß nichts davon wieder aufgenommen wurde. Dadurch sollten die Voraussetzungen der Spontaneität auch im Fortgang der Aufzeichnungen gewahrt bleiben. Man darf diese Spontaneität nicht mit Offenherzigkeit, gar mit Intimität verwechseln. Die Spontaneität der Aufzeichnungen erweist sich in ihrer Unpersönlichkeit, in der Unpersönlichkeit des unvorhergesehenen Einfalls, der nichts enthüllen, nichts bewirken, nicht einmal eine Intimität schaffen will. Im übrigen war dem Notieren alle Freiheit gegeben, es durfte «kurz oder lang sein, hitzig oder kalt, böse oder gut». Und es wurde, um diese Lizenz nicht zu gefährden, nicht wiedergelesen. Es sei, versichert Canetti, seine «redliche Überzeugung» gewesen, daß er diese Dinge nur für sich selbst niederschrieb, «einfach um am Leben zu bleiben und nicht zu ersticken». Dies ließ den Aufzeichnungen ihre Unmittelbarkeit. Er habe nie die Absicht gehabt, «sie wieder vorzunehmen, irgend etwas an ihnen zu ändern und sie so zu verfälschen». Allmählich habe er dann gespürt, daß ein besonderer Teil seines Lebens in diese Aufzeichnungen ging, denn «mit Lernen und streng abgegrenzten Erkenntnissen allein, die einem fernen Ziel untergeordnet sind», habe «sich noch kein Geist seinen Atem bewahrt».

Die Absichtslosigkeit war nicht die einer «écriture automatique». Sie war vielmehr die Absicht selbst, doch so unwillkürlich wie das Atmen: «Es muß so auftauchen, als käme es von nirgends her und führe nirgends hin, es wird meist kurz sein, rasch, blitzartig oft, ungeprüft, ungemeistert, uneitel, und ohne jede Absicht. Derselbe Schreiber, der sonst ein strenges Regiment führt, wird für eine kurze Weile zum willigen Spielball seiner Einfälle. Er schreibt Dinge nieder, die er nie in sich vermutet hätte, die seiner Geschichte, seinen Überzeugungen, selbst seiner Form widersprechen, seiner Scham, seinem Stolz und seiner sonst hartnäckig verteidigten Wahrheit.» Solche Spontaneität erscheint nicht als Aktivität, sondern als Passivität. Das Subjekt ist nur das Medium. Die selbstrezeptive Spontaneität, so rechtfertigt der Autor später die Veröffentlichung seiner Aufzeichnungen, erlaubte es gerade wegen der Passivität des Absichtslosen, aus der Fülle dessen, was sich da niedergeschlagen hatte, etwas Mitteilbares zu gewinnen, einen «Sinn für andere», den Autor eingeschlossen, ein Brauchbares, von dem Canetti noch sagt, daß es sich ohne Mühe auswählen ließ. Der Leser erhält also nicht Einblick in eine Werkstatt, sondern er stößt auf isolierte, voneinander abgedichtete Einfälle, die nur durch ihre Herkunft, die Person des Autors, verbunden sind. Die Angabe des Jahres ist das Scharnier zur Erfahrung des Lesers.

Aus den Aufzeichnungen dieser ersten sieben Jahre traf Canetti die erste Auswahl, die 1962 erschien und die er 1972 in die weit umfänglichere Ausgabe aufnahm. Aufzeichnungen aus den Jahren 1973 bis 1985 unter dem Titel «Das Geheimherz der Uhr» schlossen sich 1987 an. Der Band «Die Fliegenpein» verzichtete dann zum ersten Mal auf jede zeitliche Einordnung der Notizen. Sie sind in neun Abschnitte gegliedert und auffallend kürzer, von ganz wenigen zusammenhängenden längeren Passagen (etwa über Isaak

Babel oder Sophokles) abgesehen. Der schmale Band, der 1992 erschien, wirkt nur noch wie ein fernes Echo der früheren Sammlungen, die fühlbar in der Spannung standen, aus der Disziplin eines konzentrierten Begreifenwollens ausbrechen zu wollen. Mit den nachgelassenen Aufzeichnungen «Nachträge aus Hampstead» 1994 schließlich griff der Autor zum ersten Mal wieder auf die Zeit der Niederschrift von «Masse und Macht», auf die Urschicht der Aufzeichnungen, zurück. Der Kreis hat sich geschlossen. Eine Änderung des Reglements, das den Aufzeichnungen zugrunde lag, muß erstmals 1960 mit Erscheinen von «Masse und Macht» eingetreten sein, als aus dem nicht zum Wiederlesen bestimmten Material die erste Auswahl hervorging: Denn dies alles wurde nun wiedergelesen, ausgewählt, komponiert und wahrscheinlich auch überarbeitet. Seitdem die erste Auswahl erschienen war, stand alles, was weiterhin notiert wurde, unter einem anderen Gesetz. Canettis Aufzeichnungen näherten sich nun immer stärker der Tradition der klassischen Moralistik. Mit deren Maximen, Anekdoten und Reflexionen waren sie ohnehin verbunden, indem sie nicht ein Werk ersetzten oder begleiteten, auch nicht tagebuchartig ein Leben ergänzten, sondern als isolierte Niederschläge von Denkprozessen nur für sich einstanden. Am ähnlichsten sind ihnen die Aufzeichnungen Jouberts, Gefäße und Kristallisationen der Spontaneität von Gedanken in einem ihnen nicht bereiteten Augenblick.

Zur klassischen Maximenliteratur gehört freilich ein geselliger Umkreis, der noch in der einsamsten Reflexion gegenwärtig ist. Denn auch sie enthält eine Pointe für das Gespräch oder ist eine Charakterisierung des geselligen Umgangs. Verglichen damit bieten Canettis Aufzeichnungen gleichsam herrenlose Pointen, allenfalls für imaginäre Gesellschaften. Oder nicht einmal für solche. Denn ihnen fehlt das Gesellige, sie entraten des Esprit, der sich nur in Gesellschaft entfaltet. Insofern stehen Canettis Aufzeichnungen dem Tagebuch näher als der klassischen Moralistik: Es sind Monologe, so vielstimmig sie auch wirken mögen. Ihre Vielstimmigkeit ist eine transzendentale – die Vielstimmigkeit der Verwandlungsfähigkeit eines zufälligen Subjekts. Aber vom Tagebuch scheidet sie das völlige Fehlen von Personal und Begebenheiten, von denen berichtet wird und die immer wiederkehren oder sich wiederholt auswirken: «Tagebücher dienen dazu», schreibt er, «die Kontinuität eines Lebens vorzuführen. Sie bewegen sich gern um bestimmte vertraute Figuren. Es wird berichtet, und der Ton des Berichts soll etwas Gleichmäßiges haben. Die Aufzeichnungen dagegen leben aus ihrer Gegensätzlichkeit und Spontaneität, es ist nichts vorgesehen, nichts erwartet, und es soll nichts vervollständigt oder abgerundet werden. Die Sprünge zwischen ihnen sind das Wichtigste; sie entstammen ganz disparaten Teilen des Menschen, zielen in viele Richtungen zugleich und akzentuieren deren Unvereinbarkeit.» Den Charakter des Disparaten, des nirgendwoher Kommenden und nirgendwohin Führenden können die Aufzeichnungen trotz der ihnen zugetrauten Brauchbarkeit in der Lektüre auch wieder verlieren. Der hinzutretende Leser sucht die Kontinuität des Gesprächs mit dem Autor. So bedurfte das Disparate einer anderen, tieferen Fundierung. Es wurde zu einem Entschluß, zu einer Absicht, so wie es die Aufrichtigkeit für das klassische Tagebuch und dessen Kult der Kontinuität war. Die «eigentliche Einheit eines Lebens», sagt Canetti, sei eine geheime, die dort am wirksamsten ist, «wo sie sich absichtlich verbirgt». Das absichtliche Verbergen tritt an die Stelle der Absicht sich zu zeigen, alles zu sagen.

Seit der Veröffentlichung der «Nachträge aus Hampstead» kann man zwei verschiedene Aufzeichnungsfolgen des Jahres 1960 miteinander vergleichen und die Sprünge ausmessen, in denen dieses disparate Ich sich bekundet. Die nachgelassene Auswahl ist dem Tagebuch näher, ungleich persönlicher, ja intimer. Sie läßt zum ersten Mal den Schock der Ablösung von «Masse und Macht» deutlich hervortreten, der in der früheren Auswahl kaum zu erahnen war, wo sich etwa ein Bemerkung wie diese fand: «Entfremdung vom Werk, ohne eigentliches Mißfallen. Man liest darin, ohne zu merken, was man liest. Eine Kühle geht davon aus, wie von einer untergegangenen Sonne.» Allenfalls die letzte Wendung ließ ahnen, wie viel hier untergegangen war. Es vergingen viele Jahre, bis Elias Canetti zu erkennen gab, wie tief verwundet der Stolz des Autors war, der seinen ganzen Glauben an den Geist in die Arbeit an diesem Buch gelegt hatte. In seinem Essay über Tagebücher, «Dialog mit dem grausamen Partner», hat Canetti die Charakterisierung seiner Aufzeichnungen noch einmal wiederholt, aber auch neue Akzente gesetzt. Vor allem entfaltete er das Motiv des Atmens weiter. Die Aufzeichnungen seien so etwas wie ein Atemholen in der Beengung einer Arbeit gewesen, die durch Jahre von Tag zu Tag fortgesetzt wurde und ihm durch das Anhaltende ihrer Fortführung den Atem nahm. Sie vermittelten ein Gefühl von Aussichtslosigkeit, Verspätung, Abgeschnittensein von den Dingen in der Welt. Plötzlich aber schien diese menschlich viel wichtiger als das Vorhaben, dem Canetti sich mit so großer Ausschließlichkeit widmete.

Da wurden die Einfälle zu Befreiungen: «In solchen Augenblicken, da er sich als Sklave seiner Absicht sieht, hilft ihm nur eines: er muß der Vielfalt seiner Anlagen nachgeben und wahllos verzeichnen, was ihm durch den Kopf geht.» In der Vorbemerkung zu der Sammlung mit den «Aufzeichnungen» aus den Jahren 1942 bis 1972, die also auch die Zeit nach Erscheinen von «Masse und Macht» umfaßt, betont Canetti, daß seine Aufzeichnungen nun, nachdem der «Durchbruch der Aufgabe» von ihm genommen war, den «Charakter eines Ventils» verloren hätten. Sie hatten jetzt ihr eigenes «unantastbares Recht». Die Vorstellung, daß das eine oder andere daraus einmal veröffentlicht werden könne, beeinträchtige ihre Freiheit nicht, da die Auswahl eine unbestimmte war und nur den allergeringsten Teil von ihnen erfaßte. Unübersehbar war hier eine eigene und eigenwüchsige literarische Form herangewachsen, die allmählich ins Zentrum von Canettis Werk rückte und der gegenüber der Roman und die große Abhandlung über «Masse und Macht» wie Einschnürungen seiner Möglichkeiten wirkten, die er weniger durch ihre Einheitlichkeit als durch ihre Sprünge charakterisiert sah: «Viele haben versucht, ihr Leben in seinem geistigen Zusammenhang zu fassen, und die, denen es gelungen ist, werden schwerlich veralten.»

Am meisten mißtraue er dem Erfolg, schreibt Canetti, dem Erfolg durch Taten, wie ihn die Geschichte überliefert, denn dieser lasse sich nicht überprüfen. Er ist ein Hingenommenes, das wir ungeprüft lassen, als wären wir selbst noch ein Teil des Erfolgs, den die Großen der Geschichte errungen haben. Dagegen: «Die Werke der Großen, die als Texte vorhanden sind, kann ich selber wie jeder andere nachprüfen». So ist die Lektüre Machiavellis etwas durchaus anderes als eine Stellungnahme zur Macht. Wenn Machiavelli von der Macht rede, gelinge es ihm vielleicht sogar, die Feindschaft zur Macht, die sein Leser mitbringt, einzuschläfern. Daran zeigt sich, daß Machiavellis Buch über die Macht etwas ganz anderes ist als ein Wille zur Macht. Das Reden über die Macht wird immer etwas anderes sein als die Macht: Seine Macht kann die Macht vergessen machen.

«Ich hasse die Geschichte; ich lese nichts lieber; ich schulde ihr alles.» So hat Canetti sein Verhältnis zur Geschichte zusammengefaßt. Den Mythos dagegen charakterisiert er als ein freundlich Aufnehmendes, ein Beglückendes, das einen auch wieder losläßt, als wäre nichts gewesen. Sein Mißtrauen gegen die Geschichte gleicht dem Valérys, freilich mit einer konträren Begründung. Für Valéry ist die Ungreifbarkeit des Geschehens in den haltlosen Meinungen darüber der eigentliche Skandal. Wer die Geschichte danach beurteile, was über sie gesagt wird, könne keinen Respekt vor ihr haben. Für

Canetti dagegen ist die Geschichte hassenswert, solange sie nicht ins Lesbare Eingang gefunden hat, in Geschichten verwandelt wurde, die als sie selbst und nicht vom Geschehen her beurteilt sein wollen. Die ideale Geschichte für Canetti müßte demnach die Geschichte der Zukunft sein. Die Zukunft wäre die mythische Dimension der Zeit für die modernen Menschen. Aber seitdem sie glauben, die Geschichte selber zu machen, ist sie dem Gesetz des Erfolgs unterworfen. Ein Trost kann darin liegen, daß sie damit zugleich unvorhersehbar geworden ist.

Canettis Werk ist wie kaum eines sonst die Spur eines leidenschaftlichen Lesens. Auch das Lesen ist eine Massenerfahrung, die Erfahrung der Vielstimmigkeit. Der Leser wird zu einem Gefäß fremder Stimmen wie nach Canettis Beschreibung der Schizophrene, der sich an diese vielen Stimmen verliert und als ihr Gefäß zu erstarren droht. Der Akt des Schreibens entspräche dann dem «Gegenzustand» des Schizophrenen, wie Canetti ihn charakterisiert, seiner «extremen Suggestibilität», wenn er unter Befehlen der in ihm vorhandenen Stimmen zu handeln scheint. Im Schreiben als Gegenzustand des Lesens setzt dessen Isoliertheit sich fort. Es ist also keine Befreiung vom Lesen. Aber im Durchgang durch dieses Stadium befreit es sich zu einem anderen Schreiben, das gegen diese Erfahrung aufbegehrt und der Versuch ist, die endlos vielen Stimmen zu überstehen, die Vielstimmigkeit zu reduzieren, die Stimmen zu verwandeln, die Starre des Ausgeliefertseins an sie aufzubrechen. Während der Schizophrene sich der Masse in ihm überläßt und darin eine falsche Befreiung findet, ist dieses andere Schreiben eine Überwindung der Masse.

DIE GESCHICHTE

HAT KEIN LIBRETTO

Isaiah Berlin

Die intellektuelle Kultur Europas im zwanzigsten Jahrhundert hat immer noch weiße Flecken, trotz der unvergleichlichen Industrie der Aneignung, Rezeption und Verarbeitung, die unsere Jahrzehnte kennzeichnen. Es gibt einen Alexandrinismus des Umgangs mit geistigen Innovationen, der sie schon im ersten Augenblick zum Objekt philologischer Bemühungen macht. Weniges vermag eine von den Rubrizierungen des akademischen Betriebs unabhängige Wirkung zu entfalten. Die von ihm ausgehenden Impulse werden rasch in bekannte Bahnen gelenkt, in denen Eigenständigkeit und Irregularität eingeebnet werden. Die Gefahr, daß subtile Einsichten im Betrieb nivelliert werden, ist nicht zu übersehen. Lebenswerke, die solchem Verschleiß sich entziehen, sind selten geworden. Es mag die Unbekannten geben, die lange im Verborgenen bleiben, um dann etwas Fertiges vorzuweisen, das nicht durch die Kompromisse der intellektuellen Debatte schon im Vorhinein abgeschliffen ist. Seltener noch ist der Fall des im Zentrum öffentlicher Aufmerksamkeit artikulierten Werkes, das seine Unabhängigkeit von Moden und Trends zu behaupten weiß. Man kann diese rare Qualität für das Werk des achtzigjährigen Isaiah Berlin in Anspruch nehmen. In der angelsächsischen Welt hat der Oxforder Politologe einen bedeutenden Ruf als unabhän-

giger Geist, als vielseitiger Kenner der europäischen Geistesgeschichte, als geistvoller Erzähler und Causeur. Sein Ruf als
anregender und unerschöpflicher Gesprächspartner übertrifft vielleicht noch den seiner publizierten Arbeiten. Man
vergleicht ihn in dieser generösen Intellektualität gerne dem
Porträt, das er von Alexander Herzen, dem politischen Ak-
tivisten des neunzehnten Jahrhunderts, gezeichnet hat: Ein
brillanter und nicht zu bremsender Sprechender sei er gewesen, der in den Moskauer Salons mit seinen Freunden auf
russisch und französisch ohne Unterlaß geredet habe, in
einem überwältigenden Strom von Ideen und Bildern. «Vom
Standpunkt der Nachwelt», bemerkt Berlin, «muß der Verlust ungeheuerlich gewesen sein.»

Solche Vergeudung war in der Salonkultur eine Selbstver-
ständlichkeit. Das Gespräch und die nur in ihm zu ent-
wickelnden Tugenden der geistigen Präsenz, der Schlagfertigkeit, das Momentane als Reiz rangierten höher als das
Argument und dessen konsequente Entfaltung. In der akademischen Welt haben sich die vom rationalen Diskurs zu-
rückgedrängten Gesprächstugenden nur ausnahmsweise erhalten, im Umkreis radikaler Zweifler und in Augenblicken
des Zusammenbruchs eingespielter theoretischer Sicher-
heiten. Eine solche Situation hat Isaiah Berlin in einem Porträt des nachmals berühmten Philosophen J. L. Austin, des
Hauptes der Oxforder Schule der Sprachanalyse, geschildert.
Austin praktizierte auch in seinen späteren einflußreichen
Veröffentlichungen die philosophische Beobachtung des
Sprachgebrauchs mit einer Subtilität, die sich der schrift-
lichen Fixierung verweigerte. In Berlins Schilderung der Diskussionen des Zirkels um Austin in der Mitte der dreißiger
Jahre wird deutlich, wie sehr die sich damals neu formierende
Oxforder Philosophie eine skeptische Revolte gegen jede
Art von Orthodoxie, gegen das akademische Establishment
war, auch wenn sie sich selten so rein als skeptische Geste
ausprägte wie bei Austin, der die Diskussionen mit seinem

unvergleichlichen destruktiven Scharfsinn beherrschte. Alfred J. Ayer, der in diesen Debatten den Standpunkt des logischen Positivismus vertrat, charakterisierte den Diskussionsstil seines Kontrahenten, indem er ihn einem Windhund verglich, der selber nicht rennen wolle und die anderen beiße, damit sie auch nicht rennen könnten. Diese wöchentlichen Diskussionen zeichneten sich nach Berlins Bericht dadurch aus, daß sich keine festen Fronten bildeten, man vielmehr von Woche zu Woche seine Ansichten zu den diskutierten Fragen änderte. Nicht zufällig scheint Kafkas Erzählung «Die Verwandlung» das damals beliebteste philosophische Beispiel gewesen zu sein, an welchem der Realitätssinn einer unerbittlichen Prüfung unterzogen wurde. Man vertraute sich den Argumenten, die der momentanen Prüfung standhielten, rückhaltlos an, gleich, wohin sie führten.

Für Außenstehende wäre dies wohl ein beunruhigendes Schauspiel gewesen. Isaiah Berlin verschließt sich dem nicht, denn er weist darauf hin, wie «exzessiv selbstbezogen», auch eitel und verrückt die Mitglieder des damaligen Kreises und die Oxforder Philosophie jener Jahre gewesen seien. Eine philosophische Welt außerhalb ihres Kreises existierte für sie nicht, die traditionelle Auffassung der Philosophie als umfassender Welterkenntnis hatte für sie keinen Bestand mehr, und doch fuhren sie fort, mit ihrem ausgefeilten Instrumentarium philosophischer Argumentation neue Wege zu suchen, von denen sie nicht wußten, wohin sie führen würden. Im Bann einer solchen illusionären Welt zu stehen sei eine unvergleichliche Erfahrung – wer sie nicht gemacht habe, wisse nicht, was wahres intellektuelles Glück sei, beschließt Berlin seinen Rückblick auf diese ihn prägende Lebensphase, in der er sich fast ausschließlich mit abstrakten philosophischen und musikalischen Fragen beschäftigte. Ein größerer Kontrast als die Weltzugewandtheit, die er dann auf seinem weiteren intellektuellen Weg praktizierte, läßt sich kaum denken.

Der Einschnitt muß abrupt und tief gewesen sein. Den Entschluß, sich von der reinen Philosophie abzuwenden, hat er mit der Erwägung begründet, daß er nicht daran Genüge finden konnte, sein Leben mit an sich faszinierenden und wichtigen Studien zu verbringen, die am Ende doch keine Bereicherung einer positiven humanen Erkenntnis wären. Die Hoffnung, am Ende seines Lebens doch mehr wissen zu können, gab den Ausschlag für die kritische Auseinandersetzung mit der Ideengeschichte, der Geschichte der politischen Theorien und der Geschichtsphilosophie. Schon während er sich an den philosophischen Diskussionen in Oxford beteiligte, hatte er an einer Marx-Biographie gearbeitet, die 1939 erschien und lange seine einzige selbständige Publikation sein sollte. Seine Grundthese war dem Klima der damaligen Diskussionen durchaus verpflichtet. Denn Berlin suchte die Prätentionen des Wissenschaftlichen aufzulösen, mit denen die Marxsche Lehre beeindruckte. Die Aura des Zwingenden, der historischen «Unausweichlichkeit» der marxistischen Prognosen sollte, ganz im Geiste der Oxforder Skepsis, aufgelöst werden.

Seine Distanz zum Glasperlenspiel der Argumente war schon damals zu spüren in der Einbeziehung des Biographischen und der Person als des eigentlichen Schauplatzes eines intellektuellen Dramas, das sich nur unzulänglich in Begriffen darstellt. Die Erfahrung des Politischen mag diese Orientierung noch bekräftigt haben. Während der Kriegsjahre übernahm Berlin einen Posten an der Britischen Botschaft in Washington, der ihn in regelmäßigen Austausch auch mit Winston Churchill brachte, dem er später eine eindringliche Charakterstudie gewidmet hat. Ihr Thema ist die historische Größe des Churchill des Jahres 1940. Freilich gibt Berlin seinen Betrachtungen über den außergewöhnlichen Charakter des britischen Premiers eine Wendung, die dem Skeptiker in ihm gerecht wird. Denn er rühmt an Churchill, daß er die ungeheure Ballung der kollektiven Energien des britischen Volkes zwar unter Aufbietung aller Bereitschaft zum Illusionären, einer romantischen Beschwörung großer Vergangenheit und visionärer Zukunftsziele zustande gebracht habe, deren sich auch totalitäre Systeme bedienen – er habe dies aber vermocht, ohne die freiheitlichen Institutionen der britischen Gesellschaft dauerhaft zu beschädigen. Der liberale Freiheitssinn habe hier einen Sieg über die romantische Versuchung errungen und vor deren Nemesis bewahren können.

Man muß die in der Aufsatzsammlung «Personal Impressions» neben dem Porträt Churchills stehenden Aufsätze über den amerikanischen Präsidenten Franklin D. Roosevelt und den Gründer des Staates Israel Chaim Weizmann hinzunehmen, um die Gedanken Berlins über historische Größe in ihrer besonderen Nuance zu erfassen. Immer gehört zu ihr eine starke historische Imagination, nicht aber die Fixierung auf ein visionäres Ziel. Vielmehr weiß historische Größe sich von den doktrinären Vorgaben der Visionäre frei zu machen. Sie vollbringt das Unwahrscheinliche kraft eines untrüglichen Realitätssinnes und nicht auf seine Kosten. Historische Größe ist für Berlin ein Beweis der Freiheit gegen den historischen Determinismus. Als Chaim Weizmann das aus extremer Verzweiflung geborene visionäre Versprechen des Zionismus übernahm, gab er ihm das menschliche Maß, in dem es sich verwirklichen ließ. Die Last des Doktrinären konnte, in der entscheidenden Phase jedenfalls, abgeworfen werden. So wurde durch pragmatische Politik und nüchterne Menschenkenntnis Wirklichkeit, was in seiner visionären Zuspitzung an der Realität zu zerbrechen drohte und immer wieder in Gefahr ist, sich ihr zu entfremden. Obwohl seit seiner frühen Jugend Anhänger des Zionismus, dessen Geschichte und dessen Denkern (wie dem Zeitgenossen von Marx Moses Heß) er einfühlsame Studien gewidmet hat, hat Isaiah Berlin auch in dieser Frage jede doktrinäre Verallgemeinerung verweigert und das Recht der individuellen

Entscheidung verteidigt. Seine eigene ist die seiner Eltern geblieben, die aus Reval stammten und 1919 nach Großbritannien einwanderten. Und auch während des Krieges, als die britische Politik sich Chaim Weizmann entgegenstellte und als die Frage der doppelten Loyalität auch in der diplomatischen Sphäre, in der Berlin tätig war, aufgeworfen wurde, ist sein Enthusiasmus für die britische Liberalität nie von einem Zweifel berührt worden.

Mit Widersprüchen zu leben, sie vor allem nicht durch die Selbstauslieferung an Doktrinen, die eine einzige, umfassende Lösung versprechen, zu eliminieren, das ist das große Thema der ideengeschichtlichen Abhandlungen von Isaiah Berlin. Sie haben fast alle die Form einer dramatischen biographischen Erzählung und besitzen eine suggestive Kraft, als beruhten sie auf persönlichen Begegnungen wie seine Porträts von Zeitgenossen. Der Inszenierungsstil dieser Essays und ihr Versuch, aus der Innensicht der Porträtierten die Probleme, denen sie sich gegenübersahen, dramatisch zu akzentuieren, können als eine Erfindung Berlins gelten, so beweglich und mit einer solchen Eindringlichkeit handhabt er diesen Perspektivismus. Zugleich beherrscht er aber die Technik einer relativierenden Distanzierung, die die jeweilige Wirklichkeitssicht an Grenzen stoßen läßt, an denen sie sich bricht. Berlin schildert nicht abstrakte Ideengebäude, nicht Weltanschauungen, sondern die individuelle Weltsicht von Denkern der Vergangenheit, ihre Ideen in der Spannung zur Wirklichkeit. Ob er sich mit Machiavelli, Vico, Montesquieu, Hume, Hamann, der russischen Intelligenz des neunzehnten Jahrhunderts, mit Marx, Disraeli oder Sorel beschäftigt, das Thema ist in immer neuen Abwandlungen das des Konflikts zwischen theoretischer Phantasie und Wirklichkeit.

Als 1980 seine Sammlung ideengeschichtlicher Essays unter dem Titel «Against the Current» (Wider das Geläufige) erschien, entstand der Eindruck, hier werde eine Linie gegenaufklärerischen Denkens von Machiavelli bis Sorel gezogen, aufgeladen mit allen romantischen Vorbehalten von Phantasie und Gefühl gegen den beherrschenden Rationalismus der europäischen Neuzeit. Die dominierende Rolle, die in dieser Reihe von Autoren deutsche und russische Denker spielten, die für das britische Publikum sicher besonders überraschende Übersetzung der antimetaphysischen Skepsis von David Hume in die eigenwilligen Lehren seiner deutschen Nachfolger wie Hamann oder Jacobi, die Konfrontation Disraelis mit Marx, das alles konnte den Verdacht bestärken, hier werde einer ihrer Tradition überdrüssigen Moderne die Genealogie für ihre Flucht in den Irrationalismus geliefert. Karl Heinz Bohrer ist damals diesem Verdacht mit Emphase entgegengetreten. Er sah, daß hier nicht ein Ressentiment gegen Theorie und rationale Analyse sprach, sondern ein «lakonischer Sinn, widersprüchliche Probleme auszuhalten, verbunden mit einem hochherzigen, selbstbewußten Sinn für den unantastbaren Wert individueller Freiheit und Würde».

Der Einspruch gegen definitive und universelle Lösungen ist ein Plädoyer für den Handlungsspielraum des Einzelnen. Jedes menschliche Problem hat viele Lösungen, und Humanität beweist sich in dem Mut, den eingeschlagenen Weg konsequent, aber in dem Bewußtsein zu gehen, daß es auch andere Wege gibt, die nicht weniger berechtigt sind. Hieraus keine abstrakten relativistischen Konsequenzen zu ziehen, aber im Ernst der eigenen Überzeugung nicht nachzulassen, macht das besondere Pathos von Berlins Pluralismus aus. Er ist, wie Noel Annan in einer Würdigung Isaiah Berlins bemerkt, nicht zu verwechseln mit jenem zeitgemäßen Klischee, wonach wir in einer pluralistischen Gesellschaft leben, in welcher dem Staat die Aufgabe zufällt, den Interessen aller Minoritäten Spielraum zu gewähren, unter der Voraussetzung, daß gravierende Konflikte sich vermeiden lassen. Berlin mißtraut den technokratischen Lösungen, die für die

Interessen der Einzelnen und der Gruppen eine alle gleichermaßen versorgende Lösung bereithalten. Sein Pluralismus ist eine Theorie des unvermeidlichen Konflikts zwischen letzten Zielen des Handelns und konkreten Weltauffassungen. So hat er überraschenderweise Machiavelli gegen dessen Selbstverständnis zu einem der Begründer des Pluralismus erklärt. Machiavellis These von der Unvereinbarkeit der christlichen Ideale mit der antiken Staatstugend sei der entscheidende Bruch mit der Auffassung, daß es nur ein einziges höchstes Gut gebe. Erst mit dieser Einsicht werde der Weg frei für eine realistische Sicht der Dinge, für Empirismus, Toleranz und Kompromiß.

Berlins ideengeschichtliche Porträts praktizieren diese Haltung, indem er jenen Figuren, die in Opposition zum Hauptstrom der europäischen Geistesgeschichte standen, eine Art poetische Gerechtigkeit widerfahren läßt. Es geht ihm nicht um eine Stärkung der gegenaufklärerischen und antimodernen Linie, sondern um die Ausleuchtung dessen, was von dem vorherrschenden Universalismus verdeckt wird. In besonders frappierender Weise ist ihm dies in einer Konfrontation des britischen Premiers der viktorianischen Zeit, Benjamin Disraeli, mit Karl Marx gelungen. Die Extravaganz, das genuin Romantische des einen, der sich ein aristokratisches Judentum erfindet und dessen fiktiven orientalischen Glanz dem britischen Landadel vorgaukelt und den Konstruktionen seiner Phantasie selbst erliegt, und die unvergleichliche theoretische Energie des anderen, der jede Rücksicht auf die eigene Person, auch das eigene Judentum unterbindet und der die ganze Sphäre, in der Disraelis historisches Phantasieren sich ergeht, zum Schein erklärt – was kann diese beiden Zeitgenossen verbinden?

Berlin interpretiert den diametral entgegengesetzten Stil ihrer Sicht der Wirklichkeit als Antworten auf jenes von den Juden in besonders dramatischer Weise erfahrene Problem der Identität in einer Epoche, für welche die Zugehörigkeit zu einer Nation alle anderen Loyalitäten überwog. Es bleibt ein blinder Fleck der einzigartigen theoretischen Anstrengungen des neunzehnten Jahrhunderts, Geschichte und Gesellschaft gedanklich zu durchdringen, daß es die im aggressiven Nationalismus kulminierenden Kräfte verkannte. «Lies keine Geschichtswerke; nur Biographien, denn das ist Leben ohne Theorie.» In dieser Zuspitzung konnte das nur Disraeli sagen, der sich seine Identität erfand. Doch Leben ohne Theorie, das ist auch die Vision der vom Allgemeinen nicht beherrschten Besonderheit, die sich nach eigenen, nicht in abstrakte Formeln zu pressenden Gesetzen entfaltet. In diesem Sinne könnte auch Isaiah Berlin den Satz unterschreiben. Denn die Biographie ist, auch als gelebte Theorie, der Schauplatz, auf dem der Ideenkampf ausgetragen wird. Nicht umsonst ist Alexander Herzen Isaiah Berlins Lieblingsgestalt unter den Intellektuellen des neunzehnten Jahrhunderts. Er bewahrte sich als revolutionärer Journalist gegenüber Doktrinären und Fanatikern die Unabhängigkeit seiner individuellen Sicht der Dinge, auch den optimistischen Glauben an subjektives Glück. Denn, so seine Devise, «die Geschichte hat kein Libretto».

WARUM NICHT NOCH
EIN WENIG IN DER LUFT BLEIBEN?

Isaiah Berlin

Als Isaiah Berlin im November 1997 im Alter von 88 Jahren starb, stimmten die großen britischen Tageszeitungen in ihren Nachrufen darin überein, daß der Oxforder Ideenhistoriker eine der herausragenden Gestalten der englischen Geistesgeschichte unseres Jahrhunderts ist. Die «Times» begann ihre ganzseitige Würdigung mit der Feststellung, er sei «einer der einflußreichsten Männer im intellektuellen Leben des Landes und außerdem einer der originellsten» gewesen. Der «Guardian» nannte ihn den berühmtesten englischen Akademiker der Nachkriegsepoche, einen exzellenten Vortragsredner, einen unübertrefflichen Meister des Gesprächs und glänzenden Essayisten. Das amerikanische Magazin «Newsweek» brachte schließlich die vielen ähnlich lautenden Ruhmesformeln in die bündige Formel: «Er war höchstwahrscheinlich der funkelndste Geist des zwanzigsten Jahrhunderts.» Unverkennbar war Isaiah Berlin in der angelsächsischen Welt schon zu Lebzeiten ein Mythos geworden und, wie bei Mythen üblich, ist auch hier nicht leicht zu erkennen, wann dies begonnen hat und wie sich sein Ruhm bei dem großen Publikum verbreitete. Denn abgesehen von einigen Jahren, die er während des Krieges und unmittelbar nach Kriegsende im diplomatischen Dienst stand, hat Isaiah Berlin in der Öffentlichkeit keine spektakuläre Rolle gespielt. Er war ein Akademiker, der die meiste Zeit seines Lebens an Colleges in Oxford verbrachte. Einen über diese Kreise hinausreichenden Ruhm erwirbt man üblicherweise durch aufsehenerregende Erkenntnisse oder Publikationen. Aber auch dies war bei Berlin nicht der Fall. In seinen jungen Jahren hatte er eine Biographie über Karl Marx veröffentlicht, nach dem Krieg folgten eine Anthologie über die Aufklärung, ein Buch über Vico und schließlich die «Four Essays on Liberty», die nach und nach ein Publikum auch außerhalb der Universitäten fanden. Sehr beachtet schon bei Erscheinen wurden allerdings seine Porträtessays, die in angesehenen Blättern, meist in der «New York Review of Books» erschienen und von Intellektuellen rund um die Welt gelesen wurden.

Zweifellos gibt es esoterischen Ruhm. Aber auch dies ist nicht der Fall von Isaiah Berlin. Die Art des Echos, das er gefunden hat, glich eher dem literarischen Ruhm. «I am a Berliner», sagte man in akademischen Kreisen Oxfords, um zu zeigen, wes Geistes Kind man war. Umso überraschender mußte solche Resonanz wirken, da die Themen und Gestalten, denen Berlin sich zugewandt hatte, im geistigen Leben der Englisch sprechenden Welt durchaus kein zentrales Interesse beanspruchen konnten. Gewiß, Isaiah Berlin hatte über Churchill, Roosevelt und Chaim Weizmann geschrieben, die für jemanden seiner Generation und Herkunft bedeutendsten Politiker, und hatte über bedeutende Schriftsteller und Philosophen seiner Generation glänzende Porträts verfaßt. Aber die Mehrzahl der von ihm Porträtierten konnten für englische Ohren kaum mehr als ein Gerücht sein. Das galt nicht nur für die russischen Denker, mit denen sich eine Sammlung seiner Aufsätze befaßt, für Belinski, Turgenjew oder Alexander Herzen, es galt noch mehr für die deutschen Namen, für Herder, Hamann und Moses Hess, die Isaiah Berlin in der angelsächsischen Welt zum ersten Mal in einer persönlich engagierten Weise vorstellte, aber auch für europäische Figuren wie Vico, de Maistre oder Georges Sorel.

Beispielhaft für den Abstand der Vorlieben Berlins zum heutigen kulturellen Kanon ist Alexander Herzen, die Lieblingsfigur des Essayisten. Er hat ihn in der angelsächsischen Welt und darüber hinaus wieder bekannt gemacht durch Aufsätze, die vielleicht deswegen so faszinierend wirken, weil der Leser spürt, daß der Autor ihm Einblick in seine eigene Seele gewährt und ein verstecktes Selbstporträt entwirft. Der Autor spiegelte sich in dem wohlhabenden und von Tragik gezeichneten «Westler» Herzen, der wegen seiner sozialistischen Überzeugungen ins europäische Exil ging, in Italien, Frankreich und England lebte, die Revolution von 1848 in Paris erlebte und durch ihren Ausgang von seinem revolutionären Optimismus geheilt wurde. Herzen, den unnachgiebigen Kritiker von Marx und den Feind jeder politischen Dogmatik, hat Berlin aus dem historischen Parteienstreit um den wahren Sozialismus befreit und ihn zu einem Zeitgenossen der Erfahrungen des zwanzigsten Jahrhunderts gemacht. Das intime Verständnis für diesen Mann entsprang einer vergleichbaren historischen Erfahrung. Die totalitäre Erfahrung des zwanzigsten Jahrhunderts machte hellhörig für die Vorahnungen, die Herzen in seinem Buch über die Lage nach der Revolution von 1848 zu der Erkenntnis gebracht hatten, daß sich in Europa eine neue Art von Menschenopfern ankündigte. Er sah, daß man in der Gesellschaft, die sich nach 1848 herausbildete, auf dem Altar von Abstraktionen – Nation, Klasse, Fortschritt, Geschichte – Opfer bringen wollte. In diesem wie auch in anderen Fällen gelang es ihm, seinen Helden zu einer prophetischen Gestalt werden zu lassen. Einen der großen Männer aus der Mitte des neunzehnten Jahrhunderts, der mit Tocqueville und Tolstoi umging, wieder in das allgemeine Bewußtsein zu heben ist eine nicht zu unterschätzende Leistung.

Es war mehr als etwa nur Kenntnisse, wozu Isaiah Berlin seinen Lesern verhalf, er machte sie vielmehr mit einer ursprünglichen Einsicht vertraut, die der Porträtist mit dem

Porträtierten teilte. Am bündigsten läßt sie sich in dem Satz Berlins zusammenfassen: «Die konkrete Situation ist beinahe alles.» Es gibt keine Ausflucht vor ihr, wir müssen uns, wie immer wir uns auch entscheiden, in einer konkreten Situation entscheiden. Moralisches Risiko ist dabei nicht immer zu vermeiden, jede Entscheidung stellt durch ihre Beziehung auf bestimmte Ziele und Wertschätzungen im selben Atemzug andere Ziele und Werte in Frage. Wir können uns nicht auf alle Werte gleichermaßen beziehen oder sie gar verwirklichen. Während wir eines ins Sichere bringen, setzen wir etwas anderes einer tödlichen Gefahr aus. Wir können nur hoffen, daß wir dieses Spiel von Sicherheit und Risiko einigermaßen übersehen und erkennen, wie sich das, was wir tun, zu einem Leben formt, das wir das unsere nennen können. Wegen dieser Philosophie, die der Porträtmaler mit dem Porträtierten teilt, gelingt es ihm, sich bis in die feinsten Nuancen von dessen Physiognomie einzufühlen. Solche Erkenntnis kommt nur durch wirkliche Affinität zustande.

Wenn Isaiah Berlin die Sprechweise von Alexander Herzen charakterisiert, gibt er ganz unstreitig auch eine Selbstbeschreibung: «Ein Sturzbach von beschreibenden Sätzen, frisch, luzide, direkt, untermischt mit höchst lebendigen und nie belanglosen Abschweifungen, Variationen über dasselbe Thema in vielen Tonarten, Kalauer, Neologismen, wirkliche und imaginäre Zitate, sprachliche Erfindungen, Gallizismen, die seine nationalistischen russischen Freunde irritierten, bissige Personenbeobachtungen, Kaskaden lebendiger Vergleiche und unvergleichliche Epigramme, die den Leser durch ihre virtuose Handhabung nicht nur nicht ermüdeten oder ablenkten, sondern die Kraft und Geläufigkeit seiner Schilderungen nur noch steigerten.» Auch Isaiah Berlins Worte und Sätze türmen sich zu gewagten Konstruktionen, um dann auf einmal ein deutliches und klar umrissenes Bild eines Gedankens hervortreten zu lassen. Oder man sieht einem pointillistischen Maler lange bei rätselhaften Operationen zu, bis sich auf einmal das Gewirr der scheinbar beliebig gesetzten Farbtupfer lichtet, um ein luzides Gesamtbild erscheinen zu lassen. Etwas Ähnliches vollbringt die nervöse und zugleich sonore Rede Isaiah Berlins. Und wie bei seinem Liebling Alexander Herzen gibt es auch hier eine Affinität zwischen sprachlichem Gestus und Gedanke.

Mit Alexander Herzen teilte Berlin die Vorliebe für das Gespräch. Nach dem Zeugnis der Zeitgenossen und Freunde Herzens wird seine Präsenz im Gespräch durch keine der Schriften auch nur annähernd wiedergegeben, und auch bei Isaiah Berlin war es noch um viele Grade freier und beweglicher als seine Vorträge und Essays, die für diejenigen, die ihn selbst gehört und gekannt haben, unterlegt sind von einem Gemurmel nüchterner und verhaltener geistiger Exaltation. Im Falle der Gesprächsbegabung Herzens, meinte Berlin, sei der Verlust für die Nachwelt ungeheuer. Was von jener unaufhörlichen und fiebrigen Tätigkeit noch faßbar sei, sei weder ein System noch eine Lehre, sondern bloß eine Handvoll Essays, ein paar bemerkenswerte Briefe und das außergewöhnliche Amalgam aus Erinnerungen, Beobachtungen, moralischer Leidenschaft, psychologischer Analyse und politischer Schilderung, verbunden mit einer einzigartigen literarischen Begabung. Das wenigste davon hätte Isaiah Berlin für sich selbst in Anspruch genommen. Aber wenn viele von denen, die ihn gekannt haben, in seinem Bild von Alexander Herzen auch ihn selbst erkennen wollen, so kann dies nicht ganz zufällig sein. Jede seiner Charakterisierungen des europäischsten unter den Russen seiner Zeit trifft auf ihn selbst zu. Aber eine seiner Eigenschaften fehlte Herzen: die Bescheidenheit.

Isaiah Berlin hat das Rühmende, was über ihn gesagt wurde, nie glauben wollen, und seine unmißverständlich geäußerten Zweifel an der Bedeutung seines Werkes waren so entwaffnend und kamen aus einem fast kindlichen Staunen über sein Ansehen, daß man ihnen Glauben schenken mußte, so unwahrscheinlich es auch war, daß Intellektualität sich von Eitelkeit ganz freihielt. Demut ist allerdings eine Begleiterscheinung echter geistiger Erfahrung. Mit all dem dürften Isaiah Berlins Ruhm und Nachruhm mehr zu tun haben als mit bestimmten philosophischen Anschauungen, die er vertreten hat. Die ihn persönlich kannten hat er durch seine Redeweise und die Intensität seines Gesprächs bezaubert. Im übrigen lag die Bedeutung seiner Mitteilungen im Widerstand gegen alles Schnellfertige und Doktrinäre. Nie wird in seinen Essays ein Gedanke dargelegt, ohne daß er eingebettet würde in eine Situation und konkrete Lebenslage. Auch im Reich der Ideen ist die Situation alles. Am Ende, nach längerer Vertrautheit mit seinem Werk, muß man auch bei Isaiah Berlin zu dem Fazit kommen, das er für Herzen zog: leidenschaftliches und nicht zu erstickendes Temperament, Sinn für die Bewegungen der Dinge und ihre unvorhersehbaren Möglichkeiten. Alexander Herzen habe dies so intensiv gefühlt, daß nicht einmal «seine einzigartig reiche und flexible Prosa es auszudrücken vermochte».

Es muß freilich Spekulation bleiben, ob die Tatsache, daß Isaiah Berlin sein eigenes Denken auf ebenso subtile wie zwingende Weise mit dem Herzens verband, eine Ähnlichkeit des Nachruhmes zur Folge haben wird. Verbunden sind beide jedenfalls durch das, was sie der Nachwelt vorenthalten, durch ihre einzigartige Präsenz im Gespräch. Aber auch als Außenseiter bleiben sie verbunden, die vom Rande Europas ins Zentrum vordrangen und ihr Leben im Exil vollendeten. Berlin hat allerdings ein Kunststück vollbracht, das Herzen trotz seiner unvergleichlichen Gaben gesellschaftlicher Präsenz verwehrt blieb: Von außen kommend ist er in das Zentrum der Gesellschaft vorgedrungen, die ihn zunächst nur als eine exotische Bereicherung aufgenommen hatte. Am Ende wurde er sogar zu dem vielleicht letzten ihrer Repräsentanten traditionellen Zuschnitts, ein Nachfolger von Bertrand Russell, Somerset Maugham und Graham Greene.

Diese Repräsentanz der britischen intellektuellen Attitüde hat durchaus etwas Rätselhaftes.

Nie hat der Mann, der eine makellose Verkörperung der britischen Liberalität, eine einzigartige Verbindung von Nonchalance und Traditionsbewußtsein war, eine Rolle übernommen, die dies in der Öffentlichkeit sichtbar gemacht hätte. Vielleicht hat Berlin deswegen einen so starken Eindruck auf die englischen Intellektuellen gemacht, weil er sich in einer Zeit unübersehbaren Niedergangs der britischen Liberalität und eines schwindenden Glaubens an sie ein so ungebrochenes Vertrauen in die britischen Tugenden erkennen ließ, wie Churchill es in der «schwersten Stunde» im Jahre 1940 besessen haben muß, als alles dagegen sprach. Isaiah Berlin hat damit noch einmal ein Urmotiv des Nationalismus bestätigt: Man gehört einer Nation bis in die letzten Fasern des eigenen Wesens an durch das Vertrauen, das man in die Aufgabe setzt, die sie sich gestellt hat, und nicht so sehr durch die Hingabe an das, was sie ist, sondern an das, was sie aus sich zu machen fähig ist – so wie die Franzosen an «la douce France» glauben oder die Italiener ohne eine Spur von Selbstzweifel an die guten Gaben, die ihnen von der Natur anvertraut wurden.

Isaiah Berlin wurde 1909 in Riga geboren, am Rande des Zarenreiches, dessen Ende er schon bald und mit wachem Sinn in Petrograd erleben sollte. Sein Vater Mendel Berlin war ein reicher Holzhändler. Während Isaiahs Eltern schon völlig säkular eingestellt waren, hatten seine Großväter noch zu den frommen Chassidim gehört. Nach Petrograd war die Familie im Jahr der Oktoberrevolution gezogen, an das sich Isaiah Berlin noch deutlich erinnern konnte. Der Vater brachte die Familie aus den für sie unerträglich gewordenen Verhältnissen 1921 nach England, und sein Sohn wurde nun zu einem Zögling jenes Erziehungssystems, in dem er sein Leben lang eine führende Rolle spielen sollte. Er studierte klassische Sprachen und Philosophie in Oxford, gewann

1932 einen Preis am All Souls College und wurde 1938 in das New College aufgenommen. Wie er in einem Essay über John L. Austin, den subtilsten und englischsten der Oxforder Philosophen, geschildert hat, tauchte er tief in das geistige Milieu ein, aus dem die nachmals berühmte Schule der Analytischen Philosophie hervorging. Bis 1939 gehörte er ebenso wie der später einflussreichste englische Philosoph Alfred J. Ayer zu dem erlesenen Zirkel, den Austin um sich versammelt hatte.

In diesem akademischen Milieu konnte Berlin jene Gesprächsgaben heranbilden, die zu seinem Ruhm beigetragen haben: Geistige Präsenz, Schlagfertigkeit und den Zauber des Momentanen. Die Spannung zum argumentativen Stil des rationalen Philosophierens, die sich dadurch ergeben mußte, ist nicht zu übersehen. Eindringlich hat Berlin das Milieu geschildert, in dem sich beides miteinander verband: die Subtilität momentaner Einfälle mit der Stringenz rationaler Argumente. An Berlins Schilderung der Diskussionen des Zirkels um Austin in der Mitte der dreißiger Jahre wird auch deutlich, wie sehr die sich damals grundlegend neu formierende Oxforder Philosophie eine Revolte gegen das akademische Establishment und gegen jede Art von Orthodoxie war. Austin beherrschte die Diskussionen mit seinem unvergleichlichen destruktiven Scharfsinn. Seinen Diskussionsstil hat Alfred J. Ayer, der den logischen Positivismus in die britische Diskussion einführte, mit einem Windhund verglichen, der selber nicht rennen will und die anderen beißt, damit sie es auch nicht können. Die wöchentlichen Diskussionen zeichneten sich dadurch aus, daß sich keine festen Fronten bildeten, sondern man seine Ansichten zu den diskutierten Fragen von Woche zu Woche änderte. Man vertraute sich den Argumenten, wenn sie momentaner Prüfung standhielten, rückhaltlos an, gleich wohin sie führten. Welche Rolle Isaiah Berlin in diesen Debatten gespielt haben mag, läßt sich nur ahnen. Immerhin gibt es von ihm eine

Reihe philosophischer Aufsätze, die einen fast routinierten Argumentationsstil der Oxforder Schule zeigen. Die Merkmale der späteren Essayistik von Isaiah Berlin sind noch kaum zu erkennen, vor allem fehlen die Bewegtheit der Darstellung und die menschliche Wärme des Vortrags. Diese konnten sich nur in der Schilderung von Personen und ihren Gedanken entfalten.

Die Trennung von diesem Kreis war die Konsequenz aus einem Unbehagen, das in seinen philosophischen Abhandlungen jener Jahre spürbar wird. Berlin hat später über die damaligen Oxforder Philosophen gesagt, sie seien «exzessiv selbstbezogen», eitel, ja verrückt gewesen. Die traditionelle Philosophie existierte für sie ebenso wenig wie eine Philosophie außerhalb ihres Kreises. Aber gerade darin lag auch das Faszinierende. Man vertraute nur sich selbst und den eigenen Argumenten, denen man sich völlig überließ. Wer diese Erfahrung einer illusionären Welt der Philosophie nicht gekannt habe, meinte Isaiah Berlin, wisse nicht, was intellektuelles Glück sei. Die Hingabe an ganz und gar abstrakte Probleme ist bei Berlin von einer ebenso rückhaltlosen Hingabe an konkrete Personen und Schicksale von Ideen abgelöst worden. Man kann sich diese Kehrtwendung nicht dramatisch genug vorstellen. Ohne eine Zeile von Marx gelesen zu haben, ließ er sich, noch während er an den Diskussionen mit Austin teilnahm, von einem Verleger dazu überreden, eine Marxbiographie zu schreiben, die 1939 erschien. Sie wurde für ihn die Brücke zur Ideengeschichte. Das konventionelle Marxbuch unterließ dabei noch weitgehend, was Berlin später gewiß nicht versäumt hätte: Einblick zu geben in das intellektuelle Klima der Zeit, in der Marx zu einer Figur mythischen Zuschnitts heranwuchs, die noch manche der besten Köpfe der Generation von Isaiah Berlin in ihren Bann schlug. Er selbst blieb gegen die marxistische Versuchung offenbar völlig immun, nicht zuletzt wohl aufgrund der Eindrücke, die seine Familie von den revolutionären Ereignissen mitgebracht hatte. Gegen Ende der dreißiger Jahre, scheinen auch die russischen und jüdischen Elemente seines Charakters deutlicher hervorgetreten zu sein. Eine Phase geistiger Anpassungsversuche ging offenbar zu Ende.

Die Weltereignisse nötigten dazu, über den Oxforder Horizont hinaus zu sehen. Seinen Beitrag zum Krieg leistete Berlin im Auftrag des Informationsministeriums, das ihn, den englischen Patrioten und entschiedenen Gegner der Nazis, nach New York entsandte, damit er amerikanischen Intellektuellen den Entschluß zum Kriegseintritt erleichterte. Vom Außenministerium wurde er schließlich damit betraut, aus der Botschaft in Washington über die politische Meinung Amerikas wöchentlich Bericht zu geben. «Wie Gibbon auf dem Motorrad», so hat jemand den atemlosen Stil dieser Berichte charakterisiert. Sein Churchillporträt, das unter den Porträts von Zeitgenossen durch seinen Enthusiasmus herausragt, charakterisiert nicht nur den entschlußkräftigen und unerbittlich zähen Politiker, sondern dürfte nicht minder ein Ausdruck der damaligen begeisterten Teilnahme des Autors an Churchills Politik sein, den er gegen alle Versuche, ihn zu entmythologisieren, verteidigte. Am Churchill des Jahres 1940 fesselte Berlin nicht nur die Charakterstärke, der er eindringliche Betrachtungen widmete, sondern die Tatsache, daß er gegen die totalitäre Versuchung, der das Jahrhundert zu erliegen drohte, völlig gefeit war. Berlin rühmte nicht nur, was nahe lag, daß Churchill die ungeheure Ballung der kollektiven Energien des britischen Volkes mit allen Mitteln der Illusion und der romantischen Beschwörung großer Vergangenheit zustande gebracht hatte, sondern seine Größe lag für ihn darin, daß er diese beispiellose Leistung vollbrachte, ohne die freiheitlichen Institutionen der britischen Gesellschaft dauerhaft zu beschädigen. Der liberale Freiheitssinn errang hier einen Sieg über die romantische Versuchung.

Zwei weitere Porträts von politischen Protagonisten der Zeit vervollständigen das Bild der politischen Anschauungen

Isaiah Berlins: die Essays über den amerikanischen Präsidenten Franklin D. Roosevelt und den Gründer des Staates Israel, Chaim Weizmann. Zur historischen Größe gehört demzufolge immer eine starke historische Imagination, nicht aber die Fixierung auf ein ausschließliches visionäres Ziel. Historische Größe, das lehrte schon das Beispiel Churchills, weiß sich von doktrinären Vorgaben freizumachen, sie vollbringt das Unwahrscheinliche, ja für unmöglich Gehaltene nicht unter Preisgabe des Wirklichkeitssinns, um sich dadurch zum Äußersten zu steigern, sondern im Gegenteil kraft eines untrüglichen Gespürs für die Realität. Historische Größe – bei Churchill, Roosevelt, Weizmann – war für Berlin ein Beweis der Realität der Freiheit und eine Widerlegung der trübsinnigen Lehren des Determinismus, die alles vorgezeichnet sehen und es nur noch ausführen zu müssen glauben. Als Chaim Weizmann das aus der Verzweiflung geborene Versprechen des Zionismus übernahm, gab er ihm das menschliche Maß, das eine Verwirklichung ohne Opfer der Freiheit ermöglichte. Durch pragmatische Politik und nüchterne Menschenkenntnis konnte Wirklichkeit werden, was in seiner visionären Zuspitzung an der Realität zerbrochen wäre und was immer wieder die Gefahr heraufbeschwor, sich ihr zu entfremden. Die Jahre, die Berlin in der diplomatischen Sphäre verbrachte, müssen auch geistig für ihn prägend gewesen sein. Denn was seine Philosophie – er hat freilich mit Nachdruck bestritten, eine zu haben – auszeichnete, waren Impulse, die er aus der Erfahrung der Kriegsjahre und der Konfrontation mit dem totalitären Feind in die ideengeschichtliche Betrachtung hinübergenommen hatte. Vor allem gehörte dazu, was er die «negative Freiheit» genannt hat, die elementare Freiheit der Wahl zwischen verschiedenen Möglichkeiten, der Ablehnung des jeweils Einengenden, die Negation.

Mit einem treffenden Wort hat man Isaiah Berlins Freiheitsidee als «agonistischen Liberalismus» bezeichnet. In der

Tat mangelte es dem Freiheitsbegriff im zwanzigsten Jahrhundert auf verhängnisvolle Weise an kämpferischem Temperament wie auch an naivem Zutrauen. Entweder drohte die Freiheit sich ins Spielerische und Beliebige aufzulösen oder sie verband sich mit der Verwirklichung großer Ziele, für die dann bald Opfer gebracht wurden. Berlin hat demgegenüber immer wieder betont, Freiheit sei Selbstverwirklichung durch Wahl, aber auch kämpferische Stellungnahme, um die elementaren Freiheitsräume des Einzelnen zu erhalten. Die Geringschätzung, ja Verachtung und Verfolgung dieser bloß «negativen», scheinbar inhaltsleeren Freiheit hatte, wie die Erfahrung der Zwischenkriegsjahre und des Zweiten Weltkriegs zeigte, Europa und die Welt in das größte Unglück gestürzt. So hat sich Isaiah Berlin zeitlebens zum Verteidiger der elementaren, scheinbar inhaltsleeren Wahlfreiheit gemacht. Was er «Ideengeschichte» nennen und in vielen Porträts von Machiavelli bis Tolstoi, von Hamann bis Disraeli, von Hume bis Turgenjew darlegen wird, ist letztlich eine einzige Abwandlung dieses Kerngedankens der Freiheit, die sich in einem bewußten, sich selbst und den anderen gegenüber in Klarheit gelebten Leben äußert und sich also wesentlich in der Biographie und nicht in Institutionen darstellt.

Berlins zuerst als Oxforder Antrittsvorlesung publizierte und seitdem erweiterte Freiheitsschrift fand ganz allmählich auch breitere Aufmerksamkeit und Zustimmung als Streitschrift gegen alle substantiellen Freiheitsphilosophien, die der Freiheit die Verwirklichung letzter Zwecke zumuten und regelmäßig mit der freiwilligen Aufgabe der Freiheit enden. Isaiah Berlin verteidigte dagegen die von den Philosophen verächtlich angesehene Wahlfreiheit zwischen Gütern, die einem objektiven Vergleich nicht zugänglich sind, so daß man wählend nicht etwa eine vorgegebene Hierarchie von Gütern und Werten durchläuft. Man wählt vielmehr sich selbst, man konstituiert, man erfindet sich in der Folge solcher Dezisionen. Diese Lebensanschauung enthielt auch die

Ermunterung, mit weniger Gewißheiten auszukommen und sich von den Leitsternen großer unerreichbarer Ziele unabhängig zu machen. Das Plädoyer für den Handlungsspielraum des Einzelnen war ein Einspruch gegen alle definitiven und universellen Lösungen, wie sie mit besonderem und verhängnisvollem Fanatismus von den Ideologien des zwanzigsten Jahrhunderts verkündet wurden. Demgegenüber ist Berlin nicht müde geworden zu wiederholen, daß jedes menschliche Problem viele Lösungen habe und Humanität sich in dem Mut beweise, den einmal eingeschlagenen Weg in dem Bewußtsein zu gehen, daß es auch andere Weg gibt, für die nicht weniger gute Gründe sprechen. Hieraus keine abstrakten relativistischen Konsequenzen zu ziehen und in dem Ernst der eigenen Überzeugung nicht nachzulassen, ist das Pathos von Berlins Pluralismus. Dieser war, wie Noel Annan bemerkt hat, nicht zu verwechseln mit jenem zeitgemäßen Klischee einer «pluralistischen Gesellschaft», in der dem Staat die Aufgabe zufällt, den Interessen aller Minoritäten Spielräume zu gewähren unter der Voraussetzung, daß sich schwere Konflikte vermeiden lassen. Berlin mißtraute den technokratischen Lösungen, die für die Interessen der Einzelnen und der Gruppen gleichermaßen eine Lösung bereithalten.

Sein eigener Pluralismus war demgegenüber eine Lehre vom unvermeidlichen Konflikt zwischen letzten Zielen des Handelns und zwischen konkreten Weltauffassungen. Überraschend hat er dabei Machiavelli zum Bahnbrecher dieses Pluralismus erklärt. Dessen These von der Unvereinbarkeit der christlichen Ideale mit der antiken Polissittlichkeit war für Berlin der entscheidende Bruch mit der Auffassung, daß es nur ein einziges höchstes Gut gebe. Erst mit der Einsicht in die Unvereinbarkeit gleichermaßen anspruchsvoller Ideale sei der Weg frei geworden für eine realistische Sicht der Dinge, für Empirie, Toleranz, Kompromiß. Zwar nicht ausdrücklich, aber in der Sache unverkennbar hat Isaiah Berlin mit seiner Lehre von Freiheit und Pluralismus auch an Benjamin Constant angeknüpft, den Erfinder des modernen Liberalismus. Constants große Entdeckung, daß die moderne Freiheit des Individuums sich nicht mit der politischen Freiheit des antiken Polisbürgers vertrage, sondern etwas Neues, Niedagewesenes sei, war eine Antwort auf die Erfahrung des jakobinischen Terrors der Französischen Revolution.

Der Terror war, so entdeckte Benjamin Constant, die unausweichliche Konsequenz des Versuchs, die politische Freiheit der Alten unter modernen Bedingungen zu verwirklichen. Constant betonte dagegen die grundlose, unreglementierte Freiheit des modernen Individuums, das nach Befriedigung seiner Bedürfnisse verlangt. Diesen Gedanken «garantieloser» Freiheit hat Isaiah Berlin wieder aufgenommen – ebenfalls vor dem Hintergrund einer terroristischen Erfahrung, nämlich der totalitären Regime des zwanzigsten Jahrhunderts. Auf sie antwortete seine Theorie negativer Freiheit. Ein Liberalismus des bloßen Gewährenlassens konnte unter diesen Umständen nicht genügen, ihm mußte ein kämpferisches Element zur Verteidigung der Freiheit eingefügt werden. Dieser agonistische Liberalismus scheute keinen Konflikt, denn er war ja aus einem äußersten existentiellen Konflikt hervorgegangen. Während sich das höchste Gut, auf das sich alles Streben vereinen könnte, in einen ungeheuerlichen Dämon verwandelt hatte, verteidigte das Individuum seine elementare, sinnlose Wahlfreiheit wie das höchste Gut und ließ sich Ziele von angeblich überindividuellem Rang nicht einreden.

In einem großartigen Essay über seine Begegnungen mit russischen Schriftstellern im Jahre 1946 berichtet Berlin, wie ihm Pasternak seinen Auftritt bei dem Pariser antifaschistischen Schriftstellerkongress des Jahres 1935 schilderte, wo sich die gesamte Linke Europas eingefunden hatte und zu dem Pasternak von Stalin entsandt war. Pasternak hielt eine Rede, die nur aus ein paar Sätzen bestand: «Wenn ich es richtig verstehe, soll dieses Treffen von Schriftstellern den Widerstand gegen den Faschismus organisieren. Dazu habe ich nur eines zu sagen. Organisiert nicht. Organisation ist der Tod der Kunst. Nur persönliche Unabhängigkeit zählt. 1789, 1848, 1917 waren die Schriftsteller nicht für oder gegen etwas organisiert. Ich flehe euch an, daß auch ihr nicht organisiert.» Auf diese Wahrheit zielt auch Isaiah Berlins Lebenswerk.

Man begreift nun auch, warum er immer wieder betont hat, daß die vielen Essays, aus denen die fünf Bände seiner Gesammelten Schriften bestehen, allesamt nur Kinder der Gelegenheit seien. Jahr und Jahr sind, seitdem ein rühriger Herausgeber sich dieser Aufgabe annahm, Essaysammlungen des Autors erschienen, der nicht müde wird, seine Autorschaft zwar nicht zu leugnen, aber jede ernsthafte Absicht bestreitet, ein «Werk» geplant zu haben. Daran ist jedenfalls soviel richtig, daß der Gedanke, der Isaiah Berlins Gespräche, Reden, Essays trägt, von stupender Einfachheit ist und keiner umfänglichen und schulmäßigen Darlegung bedarf. Das Geheimnis besteht darin, es auf eine mit sich selbst übereinstimmende Weise anders zu machen. Auf die Frage, was Genie sei, hat er mit einer Anekdote geantwortet, die das Geheimnis auch seiner Schriftstellerei enthüllt. Als Nijinski einmal gefragt wurde, wie er es denn fertig bringe, so hoch zu springen und so lange in der Luft auszuharren, antwortete er, er sehe da überhaupt kein Problem. Die meisten Menschen, die in die Luft springen, kämen sofort wieder herunter, aber warum sollte man denn gleich wieder herunterkommen? Warum nicht ein wenig in der Luft bleiben? Ähnlich könnte auch Isaiah Berlin antworten: Warum nicht noch ein wenig Freiheit?

DAS EXOTISCHE,

EIN VERGEBLICHER TRAUM

Claude Lévi-Strauss

Leider haben uns Anthropologen noch nicht darüber belehrt, warum wir die Geburtstage von Künstlern und Gelehrten zum Anlaß nehmen, mit Nachdruck von Autorschaft, von Werk und Leben, Lebenswerk gar, zu sprechen. Dieses Ritual in mehreren Stationen zu durchlaufen ist das Privileg von nur wenigen – die einen sind nicht früh genug berühmt, die anderen werden nicht alt genug. Als Claude Lévi-Strauss aus Anlaß seines sechzigsten Geburtstags weltweit gewürdigt wurde, galt er als «Vater des Strukturalismus». Aber die öffentliche Aufmerksamkeit für eine Methodologie, die er zusammen mit einigen Linguisten und Sozialwissenschaftlern praktizierte, erschien ihm bald als ein Mißverständnis. Die Jugendbewegung, die in den «Strukturen» ihr Totem hatte sehen wollen, konnte sich nicht lange darüber täuschen, daß, wie es an der Sorbonne 1968 zu lesen war, «die Strukturen nicht auf die Straße herabsteigen». Mit Roland Barthes, mit Louis Althusser, Jacques Lacan und Michel Foucault in einem Atemzug genannt zu werden war dem Anthropologen nur peinlich. Immer wieder hat er geäußert, daß er die Schriften von Barthes nicht mochte, mit Althussers Problemen nichts anfangen konnte, Lacan nur zu gelegentlichen Sonntagsspaziergängen en famille traf und dabei das Gespräch über Sachen vermied. Gegen die Berufung von Michel Foucault ans Collège de France wehrte er sich vehement, aber ohne Erfolg. Ähnlich erging es ihm mit allem, was in diesen Jahren und später als Philosophie auftrat. Die weitläufige Exegese, die Jacques Derrida einigen Seiten seines Buches «Tristes Tropiques» gewidmet hatte, wehrte er mit der knappen Erklärung ab, er sei kein Philosoph und habe nie einer sein wollen. Selten war das Verhältnis eines Lehrers zu seinen selbsternannten Schülern und zu seinen Bewunderern so gestört wie dieses. Keinem von all denen, die mit seinem Strukturalismus liebäugelten, hat Lévi-Strauss Zutritt zu seinem Œuvre auch nur in einer unscheinbaren Fußnote gewährt. Sartre war immerhin noch ein Gegner, dem das Schlußkapitel von «Das wilde Denken» galt, jene Abrechnung mit dem Mythos des historischen Bewußtseins, die in Frankreich das Ende einer Epoche bezeichnete.

Als Lévi-Strauss 1978 siebzig wurde, war die strukturalistische Mode abgeflaut. Die Reihe der von ihm respektierten Geister begann sich zu lichten. Wissenschaftliche Weggenossen, wie Émile Benvéniste, Georges Dumézil oder André Leroi-Gourhan, ein Raymond Aron, der Lévi-Strauss als Verkörperung des bürgerlichen Intellektuellen nahe stand, Gefährten aus der Zeit der surrealistischen Revolte, wie Roger Caillois oder Michel Leiris, lebten nicht mehr. Was solche Verluste für jemanden bedeuten, der so wenig Wert auf Zeitgenossenschaft zu legen scheint, ist schwer zu ermessen. Wie eine Selbstberuhigung kann der Satz aus Marcel Prousts Romanwerk wirken, den Lévi-Strauss an den Anfang seines jüngsten Buches «Regarder, écouter, lire» gestellt hat: «notre vie étant si peu chronologique», da unser Leben so wenig chronologisch ist. Der Essay kehrt das Verhältnis von europäischen Themen und Themen der primitiven Gesellschaften, mit denen das Lebenswerk des Anthropologen befaßt war, entschlossen um. Während die Bände der «Mythologica» von Exkursen zu Wagner und zur europäischen Musik nur eingerahmt waren, spricht Lévi-Strauss hier, abgesehen von einem Ausflug in die Kunsttheorie der Indianer Nordamerikas, über Prousts Roman, über einige Gemälde Poussins, über Ingres, Delacroix, die Musik Rameaus und die ästhetischen Ideen Diderots, die Theorie der Oper des wenig bekannten Chamboredon, über Wagner, Rimbaud und schließlich über Memoranden zur surrealistischen Kunstdoktrin, die er mit André Breton während ihrer gemeinsamen Überfahrt nach Amerika auf der «Capitaine Paul-Lemerle» im März 1941 austauschte.

Ist dies das Buch der Heimkehr eines Ethnologen, der seine Laufbahn mit einer unerbittlichen Absage an die abendländische Zivilisation begonnen hatte? Lüftet er nun am Ende den Vorhang über den künstlerischen Vorlieben in seiner eigenen Kultur, denen er verschwiegen gefolgt war? Wie das erste Buch von Claude Lévi-Strauss, das er, in Anspielung auf Rousseau, «Bekenntnisse eines Ethnologen» genannt hat, handelt es sich auch diesmal um Bekenntnisse, freilich nicht um Selbstbekenntnisse, sondern solche zur Kultiviertheit des alten Frankreich, das sich hier so lebendig zeigt, als wäre der Tod der Ideale der Klassizität nie verkündet worden. Seit Paul Valéry dürfte es in Frankreich keinen Kunstessay gegeben haben, der sich so ausschließlich und selbstbewußt an angeblich überholten Maßstäben orientiert hätte. Wie bei Valéry verbindet sich ein handwerkliches Verhältnis zur Kunst als «métier» mit einer ästhetischen Doktrin, die sich gegen Einsprüche des modernen Kunstempfindens mit einer zweiten Naivität wappnet. All dies könnte wirken wie die ostentative Kultiviertheit von jemandem, der nicht fürchten muß, bei seinen Zeitgenossen einen Ruf zu verlieren.

Aber zugleich ist er auch von konventionellem Respekt vor den klassischen Autoren frei. Über Diderot, den sonst stets Bewunderten und Gefeierten, äußert sich Lévi-Strauss, zum Entsetzen französischer Kritiker, mit herablassender

Nonchalance: «Diderot ist von den Ideen anderer so beeindruckbar, daß er oft glaubt, sie seien von ihm. Mit einer entwaffnenden Treuherzigkeit wirft er den Autoren dieser Ideen dann vor, daß sie auf sie nicht gekommen seien, und schreibt ihnen Gedanken zu, die er selbst hegte, als er sie noch nicht gelesen hatte – ein Kunststück, für das es auch heute manches Beispiel gibt.» Er ist den Heutigen zu ähnlich, um den Respekt von Lévi-Strauss zu verdienen. Seine Verteidigung der klassischen Maßstäbe erspart es sich nicht, der Moderne vorzuhalten, daß ihr unablässiges Bemühen um ästhetische Authentizität nur die Kehrseite ihres künstlerischen Scheiterns sei und daß sie nur das Recht der Chronologie für sich geltend machen könne. Auch hier fühlt sich der Leser an Paul Valéry und dessen Gestus des souveränen Ignorierens erinnert, eine ästhetische Intransigenz, die sich Polemik ersparen kann, weil die Würfel längst gefallen sind.

Das Jahrhundert ging zu Ende, und was wird im Rückblick als Zeichen seiner Authentizität erscheinen? Am wenigsten wird es das sein, wozu es sich lautstark bekannt hat und worin es seine Unverwechselbarkeit sehen wollte. Ins Auge springt vielmehr der Verbrauch des Authentischen, dem es in Gestalt des Primitiven, des Exotischen bis in die entlegensten Winkel nachgejagt ist und das es in der Kunst als Regelverstoß zum Idol erhob. Das Reservoir des Authentischen, im Eigenen wie im Fremden, scheint erschöpft zu sein. Das jedenfalls lehrt eine Betrachtungsweise, die sich, statt der die Normen durchbrechenden Authentizität zu huldigen, die Naivität der Zeitlosigkeit erlaubt. Die Kategorie des «Fremden», die zu Beginn der Laufbahn des Ethnologen Lévi-Strauss noch einen realen Gegenwert versprach, eine Würde, die der des Europäers überlegen wäre, ist seither zu einer Spielmarke in moralischen Transaktionen geworden, bei denen es um nichts weiter geht, als den eigenen Wert durch einen zusätzlichen Wert noch zu erhöhen. Es wäre ein ebenso naheliegendes wie simples Mißverständnis, dieses letzte Buch von Lévi-Strauss als eine Absage an die Impulse seines ersten, der «Traurigen Tropen», als die lange aufgeschobene Heimkehr zu den Gewißheiten der eigenen Kultur zu deuten.

Die Illusionslosigkeit, ja Kälte, mit der er die Vergeblichkeit der exotischen Phantasien schon in den «Traurigen Tropen» durchschaut hatte, verbietet eine solche Auffassung. Sie wäre überdies zu bequem. Denn sie würde nur auf nutzlose Anklagen der modernen Zivilisation hinauslaufen, deren es genug gibt. Der Bericht über eine Expedition nach Zentralbrasilien entfaltete das Paradox einer unmöglichen, aber gleichwohl wahren Erfahrung, deren Kennzeichen zugleich die äußerste Armut an Inhalt und die uneinholbare Privilegierung des Ortes waren, wo Selbst und Anderes aufeinander trafen. In der ersten deutschen Ausgabe war der Satz, der das Spiel der Paradoxe eröffnete, nicht zu finden, er fiel einer Kürzung zum Opfer, die den reinen Reisebericht wollte, ohne die Reflexionen des Aufbruchs, der Herkunft, der Unmöglichkeit, das Ziel zu erreichen: «Ich hasse die Reisen und die Exploratoren.»

Diesem Satz antworteten im Fortgang des Berichts andere Sätze, wie diese: «Wenn heute die polynesischen Inseln im Beton ersticken und sich in schwerfällige, in dem Meer des Südens verankerte Flugbasen verwandeln, wenn ganz Asien das ungesunde Aussehen einer verseuchten Zone annimmt, wenn Afrika von Bidonvilles zerfressen wird, wenn Passagier- und Militärflugzeuge die amerikanischen und melanesischen Urwälder brandmarken, noch bevor sie deren Unberührtheit zu zerstören vermögen, wie kann dann die Flucht einer Reise etwas anderes sein als eine Begegnung mit den allerunglücklichsten Formen unseres eigenen historischen Daseins? Was uns die Reisen zuallererst zeigen, ist daher der Schmutz, mit dem wir das Antlitz der Menschheit besudelt haben.» Darin sprach sich nicht nur eine Rückwendung zur Wunschwelt der Erstmaligkeit jener «wahren» Reisen des

Anfangs der Neuzeit aus, die den Prozeß einleiteten, an dessen Ende wir angelangt sind. Denn schon Jean de Léry, der 1557 als Theologiestudent den Boden Brasiliens betrat und zwanzig Jahre später eines der kostbarsten Dokumente der Begegnung mit einer neu entdeckten Kultur veröffentlichte, folgte einer Devise, in der sich die Reinheit der Absicht mit der Ahnung ihrer Korrumpierung verband: «Plus voir qu'avoir», mehr sehen als haben. Schon in dieser Devise zeichnete sich das Paradox ab, das einen späten Nachhall in den «Traurigen Tropen» fand. Reichtum und Bedeutung der Vielfalt der menschlichen Kulturen lassen sich nur in dem Maße würdigen, in dem diese Kulturen miteinander in Berührung kommen, wodurch sie sich aber gegenseitig verderben. Diese Alternative, so schrieb Lévi-Strauss damals, lasse keinen Ausweg: «In der Vergangenheit hätte ich mich einem gewaltigen Schauspiel gegenübergesehen, von dem ich nichts oder fast nichts verstanden oder für das ich – was schlimmer gewesen wäre – nichts als Spott und Verachtung übrig gehabt hätte; in der Gegenwart aber jage ich den Spuren einer Wirklichkeit nach, die längst versunken ist.»

Während es für den Autor der «Traurigen Tropen» noch einer ungewöhnlichen intellektuellen Anstrengung bedurfte, um der exotistischen Versuchung zu widerstehen, liegt es heute für jedermann auf der Hand, daß der Zauber des Exotischen nur über denjenigen noch etwas vermag, der betrogen sein will. Fünfzig Jahre haben genügt, um zu einer banalen Einsicht werden zu lassen, daß es das Fremde nicht gibt, weil es nur um den Preis seiner Deformation zu haben ist. Wir leben überall die Umkehrung der Devise von Jean de Léry: Das Haben hat sich des puren Sehens vorweg bemächtigt. Den Bidonvilles, den Betonburgen des sozialen Fortschritts, sind die Ghettos der völlig Mittellosen gefolgt, die den Müllbergen der Zivilisation und den Schlachtfeldern der Naturzerstörung ähnlicher sind als allen noch so rudimentären Lebensordnungen, welche die Anthropologen bisher zu erfassen suchten. Die «teilnehmende Beobachtung», auf die sie sich so viel zugute hielten und die auch früher schon ihren Preis gehabt hat, würde heute von ihnen verlangen, die Hungerepidemien zu teilen, denen die Reste der ehedem mit fürsorglichem Paternalismus «primitiv» genannten Völker erliegen. Oder sie müßten sich als Berater an der Seite der Hilfsorganisationen engagieren, deren Interventionen heute jedoch schon mit dem Etikett des «philanthropischen Imperialismus» versehen werden.

Das Dilemma der «Traurigen Tropen» nimmt immer neue Formen an, ohne je eine moralisch befriedigende Auflösung zu finden. Im Rückblick erscheint gerade jener Objektivismus, jene Kälte des Blicks auf die Strukturen, den sozial engagierte Kritiker der Anthropologie von Claude Lévi-Strauss vorgeworfen haben, den wirklichen Erfahrungen des Jahrhunderts näher als alle noch so gut gemeinten Versuche, den Knoten zu durchhauen. Mehr Respekt jedenfalls konnte man den zum Verschwinden verurteilten Kulturen nicht entgegenbringen, als ihre Eigenart dem anekdotischen Interesse zu entreißen und das, was sie sind, mit dem anspruchsvollsten intellektuellen Instrumentarium zu analysieren, das zur Verfügung stand, um von den bizarrsten kulturellen Erscheinungen zu einer Ebene der Allgemeinheit vorzustoßen, auf der alles Menschliche miteinander kommuniziert. Während der viktorianische Mythenkompilator James Frazer am Ende nur einen Widerwillen gegen seine lebenslangen Forschungen bekundete – er nannte sie «eine tragische Chronik der menschlichen Irrungen: Verrücktheiten, vergebliche Mühen, verlorene Zeit, enttäuschte Hoffnungen» – kann Lévi-Strauss für sich geltend machen, daß er wenigstens nicht die Würde seiner Primitiven angetastet hat.

Ein der strukturalen Analyse verwandter Objektivismus durchzieht auch die Betrachtungen von «Regarder, écouter, lire» mit ihrer Vorliebe für die Trompe-l'oeil-Malerei und, jenseits der Ebene der Gegenständlichkeit, für die Phänomene der Synästhesie und ihre künstlerische Verlebendigung. Die Aufmerksamkeit auf die handwerklichen und ästhetischen Sachgesetze von Malerei, Musik und Dichtung sucht zu einer Schicht der Gegenständlichkeit vorzudringen, in der die Gattungen sich einander öffnen, so wie sich in der strukturalen Mythenanalyse ein Mythos durch raffinierte Transformationen in einen anderen übersetzen läßt. Es sieht, ohne Rücksicht auf Chronologie und historische Vermittlungen, so aus, als kreise die schöpferische Aktivität des Menschen immer darum, ein einziges Objekt freizulegen, in welchem sich die Sinnlichkeit mit den Gesetzen des Geistes verbindet: ein Ding an sich, das der Erfahrung zugänglich ist – etwa in der sinnlich-spirituellen Magie einer Erdbeere auf einem Stilleben Chardins. Im Schlußabschnitt seines Essays – «Regards sur les objets», Blicke auf die Dinge – läßt Lévi-Strauss sich die für seine Betrachtungsweise unabdingbare Auffassung des Kunstwerks und des künstlerischen Genies von den Indianern Nordamerikas vorgeben, um sich nicht in endlose Streitereien darüber einlassen zu müssen, daß die entsprechenden europäischen Ideen historisch überholt seien. Das Einverständnis mit den Ästhetikern der Tlinkit-Indianer befestigt die Überzeugung, daß die Kunst ein autonomes Reich sei und daß sich das Kunstwerk «diesseits und jenseits der Intentionen seines Schöpfers» behaupte: Sobald er es geschaffen habe, verliere er die Kontrolle darüber, und es entwickle sich nach seiner eigenen Natur – anders gesagt, die einzige Möglichkeit, daß das Kunstwerk Dauer erlangt, besteht darin, daß es andere Kunstwerke entstehen läßt, die den Zeitgenossen lebendiger zu sein scheinen als ihre unmittelbaren Vorläufer».

Im Schutz der Demutsgeste, sich von den Mythen der nordamerikanischen Indianer über das Wesen des Kunstwerks belehren zu lassen, bekennt sich Lévi-Strauss in diesem Vermächtnis zu einer radikalen und unerbittlichen Artistenmetaphysik, wie wir sie von Nietzsche kennen, dessen

Name im gesamten Œuvre des Anthropologen nicht fällt. Nur die Kunstwerke, vom bescheidenen Ornament bis zu den Bildern eines Ingres und vielleicht noch Delacroix, können für das Vergebliche des Weges der Menschen durch die Jahrtausende entschädigen: «Wollte man willkürlich zehn oder zwanzig Jahrtausende der Geschichte auslöschen, es würde unsere Kenntnis der menschlichen Natur nicht beeinträchtigen. Der einzige unersetzbare Verlust wäre der der Kunstwerke, die die Jahrtausende entstehen sahen. Wie das Bildwerk aus Holz, das in einem Baumstamm schlummerte, erbringen allein sie den Beweis, daß sich bei den Menschen im Laufe der Zeit wirklich etwas ereignet hat.» Damit endet «Regarder, écouter, lire». Letzte Worte.

DER ETHNOLOGE

ALS SPÄTHEIMKEHRER

Claude Lévi-Strauss

Wird er der letzte sein? Am Ende des zwanzigsten Jahrhunderts ist Claude Lévi-Strauss jedenfalls der letzte einer Reihe von Philosophen und Ethnologen, die aus den Quellen der Exotik ein kritisches Bild ihrer eigenen Kultur zu gewinnen suchten. Die Zeit des europäischen Blicks auf die Gesellschaften und Kulturen der Welt geht nicht deswegen zu Ende, weil andere an die Stelle der Europäer treten, sondern weil die europäische Selbstreflexion als Konfrontation mit dem Exotischen und Primitiven verbraucht ist. Was ihr heute zu folgen scheint, ist eine Reflexion vom Anderen ins Eigene. «Il faut retourner», man muß zurückkehren, diese Worte Diderots hatte Lévi-Strauss schon in seinem ersten Buch, den «Traurigen Tropen» zitiert. Die Bewegung, die mit dem Bangen um die Rückkehr begann und sich im Gedanken der Rückkehr stabilisierte, ist auf eine tragische Weise zu Ende gegangen durch den Untergang der Gesellschaften, die mit den Anfängen in Berührung standen. Die Reihe europäischer Selbstvergewisserungen in der Begegnung mit dem Anderen beginnt mit Montaignes Essay über «Die Wilden», der in der Infragestellung der Vernunft kulminiert. Die Reihe wird fortgesetzt mit den Entdeckern und Denkern, mit Bougainville und Diderot, mit Rousseau, mit den Forschern des neunzehnten Jahrhunderts.

Fast jede Generation in unserem Jahrhundert schließlich identifizierte sich mit Gelehrten, die das Wissen über fremde Kulturen beispielhaft verkörperten. Der Name von James G. Frazer stand für die Faszination der Mythenwelt. Seine Kompilation «Der goldene Zweig» wurde Literatur, als eine der folgenreichsten Dichtungen der Epoche, T. S. Eliots «The Waste Land», aus dieser Quelle schöpfte. Nicht geringer war der Einfluß der Soziologie und Anthropologie von Durkheim und Mauss oder von Lucien Lévy-Bruhl, dem Philosophen des Bewußtseins der Primitiven, der den Unterschied der Mentalitäten und ihren Ausgleich zum Thema machte. In den sechziger Jahren folgte der unerhörte Auftritt der strukturalen Anthropologie von Claude Lévi-Strauss, die in der Theorie eine umfassende Wissenschaft vom Menschen und in der Praxis eine, wie sich erwies, zu spät kommende Gerechtigkeit für die primitiv genannten Völker forderte. Eine Zeitlang war dieser Gelehrte, dem die Attitüde des Engagements fremd war, eine gefeierte und bewunderte Figur. Aber da er sich nicht auf die Rituale öffentlicher Wirksamkeit verpflichten ließ und von der Mode, die er auslöste, unbeeindruckt zeigte, überließ man ihn bald wieder seinen anthropologischen Forschungen. Es dämmerte manchen seiner Verehrer, daß sie ungewollt von einem erzkonservativen Denker angezogen wurden.

Mittlerweile liegt das wissenschaftliche Werk von Lévi-Strauss abgeschlossen vor. Nach den Untersuchungen von Verwandtschaftsstrukturen, die an seinem Anfang stehen, zu den Analysen von Denksystemen der ehedem als «primitiv» bezeichneten Völker, die Lévi-Strauss als «schriftlose Völker» zu beschreiben vorschlug, hatte er sich schließlich einer monumentalen Darstellung der Mythologie beider Amerika zugewandt, in der er das praktizierte, was er als Verfahren struktualer Analyse für die Ethnologie fruchtbar gemacht hatte. Das Urteil über seinen Rang in der Wissenschaftsgeschichte des Jahrhunderts wird von diesen Arbeiten bestimmt. Nebenbei haben seine Ideen das intellektuelle Klima der Epoche verändert. Im Schlußkapitel von «Das wilde Denken», einem höchst eleganten und scharfsinnigen Essay über primitive Klassifikationssysteme, der an Durkheim, Mauss und Lévy-Bruhl anschloss, lancierte er einen zu Beginn der sechziger Jahre als unerhörte Provokation empfundenen Angriff gegen den Geschichtsglauben der westlichen Gesellschaft, zumal ihrer Intellektuellen. Er beschleunigte in einer lebhaften Debatte den Abschied von Sartre. Die Folge war eine radikale Umschichtung der geistigen Landschaft. An dem, was eine neue Intellektuellengeneration – Jacques Lacan, Roland Barthes, Michel Foucault, Jacques Derrida – bewegte, nahm er, der den Anstoß gegeben hatte, allerdings nicht den geringsten Anteil. Für ihn handelte es sich bei dem allen um eitle Spekulationen und Manöver.

Man wird vielleicht eines Tages an der Verbindung von strenger Logizität der Darstellung und einer höchst konservativen Denkweise, von theoretischer Disziplin und sinnlicher Anarchie einen Zeitstil erkennen. Überdies gibt sich in dem Werk von Claude Lévi-Strauss eine Affinität der theoretischen Tätigkeit zur Kunst zu erkennen. Es machte die Kunst zu seinem privilegierten Gegenstand – Lévi-Strauss hat sich immer wieder mit exotischer Kunst beschäftigt – und wählte selbst eine künstlerische Form. Zu Anfang der vierziger Jahre in New York stand der Anthropologe als Kulturattaché zu den ebenfalls aus Frankreich geflohenen surrealistischen Künstlern, zu André Breton oder Max Ernst, in enger Verbindung. Unabhängig von den künstlerischen Vorlieben teilten sie eine gemeinsame ästhetische Haltung. Erst in seinen letzten Veröffentlichungen hat Claude Lévi-Strauss das Ästhetische als Antrieb seines Denkens ausdrücklich zum Thema gemacht in Essays, die die klassische Überlieferung Europas umkreisen. Sohn eines erfolglosen Malers und Enkel eines erfolgreichen Kunsthändlers, Nachfahre eines berühmten Rabbiners, hat er es, wie der Blick aus der Ferne deutlicher sehen läßt, bei keinem seiner Bücher versäumt, ihm einen eigenen künstlerischen Stempel aufzudrücken.

«Traurige Tropen», Forschungsbericht und Selbsterkundung eines Ethnologen, stellte sich in die Tradition der Reiseliteratur, aber auch der Bekenntnisse Rousseaus. Nicht zuletzt die Fotografien des Autors verwandelten den Reisebericht in ein Album, das vom Exotischen einen Abdruck genommen hatte, der aller Illusionen bar war. So sehr sich dieses bedeutendste Werk der ethnographischen Literatur unseres Jahrhunderts vom Exotismus fern hielt, war es in einer literarischen Geste, die nicht anders als nostalgisch genannt werden kann, mit der Welt von Proust verbunden. Kaum ein Buch des Jahrhunderts kann wie dieses beanspruchen, eine erschöpfende Reflexion über Glanz und Elend des Kultes der Authentizität zu sein. Indem es sich von existentieller Geschwätzigkeit freihielt, rührte es an letzte Existenzfragen des Menschen und der ihm zugemessenen Zeit. Schon hier wurde die Lektion erkennbar, welche die Forschungen von Lévi-Strauss bereithielten. Sie wollten die subjektive Erfahrung dem Schock der Totalanschauung der menschlichen Gesellschaften aussetzen und die Gegenwart an den einfachen Formen und den Anfängen messen.

Die Größe der Anfänge ist das Leitmotiv des anthropologischen Œuvres von Lévi-Strauss. Seine Anthropologie darf zu den großen Umwertungsversuchen gerechnet werden. Aber ebenso bedeutend dürfte die Wertverschiebung in diesem Werk selbst sein. Anfangs spricht ein selbstbewußter Relativismus, der jede privilegierte Perspektive rigoros unterbindet. Einer der eindrucksvollsten polemischen Essays von Lévi-Strauss richtete sich zu Anfang der fünfziger Jahre gegen Roger Caillois, der die Entprivilegierung Europas im Spiel der Kulturen mit dem Argument zurückgewiesen hatte, daß sich Europa gerade durch diese Forderung, die seinem kritischen Erbe entstamme, in seiner herkömmlichen Stellung behaupte. Gegen dieses sophistische Argument des ehemaligen Surrealisten und nunmehrigen Erforschers der phantastischen Literatur schleuderte der junge Anthropologe seine Blitze. Der Aufsatz «Diogenes schläft», in dem er diese Hinrichtung vollzog, ist in keiner seiner Sammlungen je wieder erschienen. Damals glaubte der an Spieltheorie interessierte Anthropologe, daß die Gesamtheit der Gesellschaften und ihre Einwirkung aufeinander in einem mathematisch inspirierten Modell dargestellt werden können. Er sprach von einem Spiel, bei dem jede der Kulturen ihren Einsatz mitbringe und durch Kooperation mit anderen eine Strategie entwickeln könne, um den eigenen kulturellen Einsatz zu vervielfachen. Dieses Modell schien alle Gesellschaften zu Partnern zu machen, ohne das Glück des Tüchtigen ganz zu vernachlässigen. Zugleich wurde dadurch sichtbar, daß die Verschiedenheit etwas Wertvolles, ja Unersetzliches ist.

Der Kult der Differenz und der Nuance offenbarte jenseits der Mathematik eine loyale Verbindung zur Gesellschaft des alten Frankreich, in der die Differenz das Abzeichen der alten Aristokratie war. So wird eine antimoderne Vornehmheit erkennbar, deren Spur Lévi-Strauss durch sein scheinbar so kühles, rationales Œuvre gelegt hat. Die exotischen Stämme und ihre Angehörigen erscheinen, wie die von ihm selbst gemachten Fotografien der nackten und elenden Indianer am Amazonas belegen, als vornehm in einem für uns verlorenen Sinn: Vornehmheit der Anfänge. Der Autor des weitläufigen Werkes über die primitiven Gesellschaften ist offenbar ein neuer Herzog von Saint-Simon, der Menschheitsmemoiren schreibt. Dazu paßt auch die Besessenheit des Anthropologen vom Genealogischen, von Verwandtschaft und Herkunft und den komplizierten Systemen, in denen sie geordnet werden. In Wahrheit hat sich Claude Lévi-Strauss in den Faubourg Saint-Germain begeben, als er nach Brasilien aufbrach, und ist der Chronist des Regenwaldes geworden.

So geschieht es nicht ganz unvorbereitet, wenn am Ende des Werkes von Lévi-Strauss eine neue Entdeckung Europas steht. Die Partie, welche die Kulturen miteinander spielen, kann nur aufgehen, wenn die Werte der jeweils eigenen Kultur auch gewollt sind. Werden sie nicht nur von anderen, sondern auch von ihren eigenen Angehörigen zurückgewiesen, dann sind alle um ihre Chancen betrogen. Der Ethnologe ist am Ende ein Spätheimkehrer. Zu Anfang der achtziger Jahre hat Lévi-Strauss sein Bekenntnis zur europäischen Identität eindringlich vorgetragen: «Ich habe zu einer Zeit nachzudenken begonnen, als unsere Kultur andere Kulturen attackierte, zu deren Verteidiger und Zeugen ich mich dann aufgeworfen habe. Heute habe ich den Eindruck, daß die Bewegung sich umgekehrt hat und daß unsere Kultur angesichts äußerer Bedrohungen in die Defensive geraten ist. Und auf einmal empfinde ich mich als fest entschlossenen, ethnologischen Verteidiger meiner eigenen Kultur.»

NACHWEISE

Sigmund Freud: «Am Seelenende dieser Welt», Frankfurter Allgemeine Zeitung, Bilder und Zeiten, 31. Dezember 1999. «Das Behagen in der Kultur», Frankfurter Allgemeine Zeitung, 6. Mai 2006

Franz Kafka: «Der Brief des Vaters», Vom Schreiben 5 oder «Mehr nicht erschienen». Mit einer Vorrede von Henning Ritter und einem nachgelassenen Essay von Hans Blumenberg. Bearbeitet von Friedrich Pfäfflin. Marbacher Magazin 80/1997

Ludwig Wittgenstein: «Wo Andre weitergehn, dort bleib ich stehn», Frankfurter Allgemeine Zeitung, 22. April 1989. «Der Philosoph als Architekt», Frankfurter Allgemeine Zeitung, Magazin, 21. April 1989

Aby Warburg: «Horoskop des Briefmarkenhimmels», Frankfurter Allgemeine Zeitung, 31. Mai 2001. «Wider das Gefällige», Frankfurter Allgemeine Zeitung, 20. März 2001

Walter Benjamin: «Inkognito des Denkens», Akzente, Zeitschrift für Literatur, 42. Jg., 1995, Heft 1, Februar, Carl Hanser Verlag, München. «Statthalter einer unmöglichen Philosophie», Frankfurter Allgemeine Zeitung, Bilder und Zeiten, 18. Juli 1992

Carl Schmitt: «Ich besteche den Kerkermeister», Frankfurter Allgemeine Zeitung, 8. Dezember 2003. «Position in Begriffen», Frankfurter Allgemeine Zeitung, 8. Oktober 1991

Alexandre Kojève: «Endstation demokratischer Snobismus», Frankfurter Allgemeine Zeitung, 11. Mai 2002

André Malraux: «Der Abenteurer im Pantheon», Frankfurter Allgemeine Zeitung, 3. November 2001

Anthony Blunt: «Der Spion, der nicht in die Kälte ging», Frankfurter Allgemeine Zeitung, Magazin, 23. Februar 1990

Elias Canetti: «Als hätte einer allein die Griechen entdeckt», Michael Krüger, Hrsg., Einladung zur Verwandlung. Essays zu Elias Canettis ‹Masse und Macht›, Carl Hanser Verlag, München 1995

Isaiah Berlin: «Die Geschichte hat kein Libretto», Frankfurter Allgemeine Zeitung, 16. Juni 1986. «Warum nicht ein wenig in der Luft bleiben?», Vorwort zu Isaiah Berlin, Wirklichkeitssinn, Berlin Verlag, Berlin 1998

Claude Lévi-Strauss: «Das Exotische, ein vergeblicher Traum», Frankfurter Allgemeine Zeitung, Bilder und Zeiten, 27. November 1993. «Der Ethnologe als Spätheimkehrer», Frankfurter Allgemeine Zeitung, 28. November 1998

Henning Ritter
Nahes und fernes Unglück
Versuch über das Mitleid
2. Auflage. 2005. 224 Seiten. Leinen

«Er liefert keine Nutzanwendung in drei Sätzen,
sondern lockt den Leser auf Schleichpfade aufgeklärten
Denkens, bis er am Ende wohl auf einer Lichtung
angekommen ist, aber trügerische Gewissheiten unterwegs
verloren hat. Es ist lange kein Buch mehr erschienen,
in dem sich so leicht und so frei zugleich denken ließ.»
Süddeutsche Zeitung, Jens Bisky

Kwame Anthony Appiah
Der Kosmopolit
Philosophie des Weltbürgertums
Aus dem Englischen von Michael Bischoff
2007. 222 Seiten. Gebunden

«Es geht Appiah nicht um einen Zusammenprall
der Kulturen, sondern er will klarmachen, dass kulturelle
Differenzen nur zu gern überbewertet werden.
Sein neues Buch *Der Kosmopolit* enthält nun jede Menge
intellektuellen Sprengstoff, den man fast übersieht,
weil es derart locker und elegant erzählend daherkommt.»
DIE ZEIT, Gunter Hofmann

VERLAG C. H. BECK MÜNCHEN

Amartya Sen
Die Identitätsfalle
Warum es keinen Krieg der Kulturen gibt
Aus dem Englischen von Friedrich Griese
2. Auflage. 2007. 208 Seiten. Gebunden

«*Die Identitätsfalle* ist eine subtil komische,
politisch tief besorgte Kampfschrift gegen die
eindeutige Festlegung des Menschen auf nur einen Teil
seiner Eigenarten, auf die religiös verstandene Kultur
nämlich, der er jeweils angehöre, ob nun dem Islam,
dem Hinduismus, dem Westen. Zugleich ist
Die Identitätsfalle ein leichtfüßiger intellektueller
Spaziergang durch die Landschaften der Wirtschaftstheorie
und der Poesie, der Philosophie, der Politik und des
Alltagslebens. Das Denken kommt selten so elegant,
so menschenfreundlich und einnehmend des Wegs wie hier.»
DIE ZEIT, Elisabeth von Thadden

VERLAG C. H. BECK MÜNCHEN